歷史學者、教授
周樑楷——著

從湯恩比
到霍布斯邦

英國左派史家
的世紀

揚棄以菁英、政治領袖為核心的歷史書寫，他們主張：平民才是改變歷史的主角。

當M型社會變本加厲、國際秩序失衡，

左派史家關懷社會及觀察歷史的智慧，在二十一世紀的今日更顯珍貴。

FROM
TOYNBEE
TO
HOBSBAWM

· 新版序 ·

歷史的蹺蹺板原理：
歷史意識與現實意識的辯證關係

　　半年前，商周出版的編輯有意把我的舊作換成新裝，另外附加四篇相關的文章。我好奇地問，二十一世紀還需要左派嗎？答說，那當然。

　　緊接著，立刻想起霍布斯邦（Eric Hobsbawm）。二〇〇七年，他在《霍布斯邦看21世紀》（*Globalisation, Democracy and Terrorism*）中，曾經說：「我預測在未來的一、二十年內，政治抵抗……將會以某種方式減緩自由市場全球化的速度。」又說：「再晚近的美國修辭學中，『民主』一字已經完全脫離現實。」果然，在二〇一七新的一年即將來臨之前，回顧當代世界局勢，這位左派史家的言論和預測，仍然擲地有聲，相當應驗有效。

　　舊作原名《史學思想與現實意識的辯證關係：近代英國左派史家的研究》，於二十一世紀的第一年（二〇〇一年）問世。那時候霍布斯邦還健在。其實，在這之前，遲遲不願意定稿出版，就是一直在等著，爲了瞧一瞧這位「藍調史家」的馬克思學者，在經歷了一九八九年至一九九〇年間全世界共產國家發生了重大變故之後，到了一九九八年他會說些什麼？又怎麼重新檢討共產主義

3

或馬克思主義？因爲那一年正是《共產黨宣言》（The Communist
Manifesto）發行滿一百五十周年的時候，霍布斯邦照理應該會公開
表示一些感想。結果正如所料，他替這本宣言的英文本新版撰寫了
一篇長達二十九頁的〈導論〉。內容中，明白地表示，「必須經由
大眾創造歷史，歷史才會有所改變。」又說，「馬克思的理論並無
意告訴人們『歷史會如何發展』，而是要說『我們該做什麼』。」
我想，馬克思能給二十一世紀左派人士的遺產，至少就在這麼一句
「我們該做什麼」吧！也因此，這本書的初版就在那一年定稿。

　　從舊版到現在這本新版，沒料到眨眼的功夫，就將近十七年
了。環顧一下目前世界各地以及台灣，弱勢族群和中下層社會的遭
遇、年輕世代的困境、M型社會的變化等等，資本主義不僅演化
升級，禍害更深，下層勞工不斷遭殃，而且連中產階級也快速萎
縮。左派的思想，包括馬克思在內，只要能推陳出新，活學活用，
在二十一世紀裡應該還相當珍貴。可是，接著又想到，一般人能分
辨什麼是左派、右派嗎？所以，決定新版寫篇序文，談談右派到左
派的問題。

　　在舊版的序裡，曾經提起，人們若要掌握某位史家的思想，
至少應該從歷史意識、社會意識和生命意識三個層面入手。所謂
歷史意識（historical consciousness），簡單地說，就是指「人們
所具有的變遷意識（sense of change）」，當然實際上更爲複雜。
「變遷意識」總是和「時間意識」（sense of time）、「文化意
識」（sense of culture）牽連在一起。尤其，歷史意識還可以深
入剖析，其中涉及歷史認識論和「人的概念」（concept of human
being）等等問題。

　　至於所謂的社會意識（social consciousness），原意指某人

的社會關懷，不過，也可以更寬廣地說，就是所謂的現實意識（presentism）。我常這麼想，「從史學史的演變來看，每位史家的社會意識和歷史意識其實都息息相關，互為一體的。或者說，史學思想和現實意識之間是辯證的，無法任意切割成片面雜碎的觀念。」基於這種信念的研究取向，一定處處扣緊史家的歷史意識和現實意識，以及外部環境之間的互動關係。它和觀念史（history of ideas）研究取向最根本的差異，在於觀念史的認識論往往疏離了「思想」和「現實」、「外部環境」的互動關係。也因此，觀念史研究取向的認識論屬於一種觀念論（idealism）。反之，強調歷史意識和現實意識的互動關係，屬於辯證思維（dialectics）。但是，人們要謹慎分辨，它既非實證論（positivism），也不必然等同唯物論（material determinism）。

為了使得這種辯證思維更具象化，我曾經以「歷史的蹺蹺板原理」（the principle of see-saw in history）為比喻。蹺蹺板的中文，意象已經簡明清楚，就像一條長木板，正中間有個支點，呈槓桿原理，木板的兩端因重力的強弱，可以上下擺動。比較有趣的是，我玩了一下文字遊戲，這個原理的概念譯成英文時，蹺蹺板就是「see-saw」。「see」是「觀看」的現在式，引申為白話文可以說成「某個人怎樣觀看現在以及不久之後的未來。」簡要地講，就是所謂的「現實意識」。至於「saw」則是「觀看」的過去式，可以轉化成「某個人怎樣觀看過去。」引申說來，就是某個人的「史觀」或「歷史意識」。在中英文語意的配合應用之下，「歷史的蹺蹺板原理」這個意象含有雙層的意義：⑴每個人的歷史意識必然和他的現實意識相互連結，如同長條硬實的木板，密不可分。⑵儘管史家有意保持客觀中立，平衡歷史意識和現實意識，然而這只是理

想，自欺欺人罷了。蹺蹺板的兩端總是上下擺動。眞正有學術良心的史家，立足在「歷史的蹺蹺板」之上，必然不比稚童嬉戲，充滿天眞歡笑。他唯一要緊的，只能戰戰兢兢，在焦慮之餘，保持警戒之心。例如在這本書中所提到的，一九五二年英國左派史家之所以汲汲營營，創辦《過去和現在》（Past and Present），除了以嚴肅心態、正視歷史意識和現實意識之間必然的關聯，同時，也藉著這份期刊，自我期許，實際操作學術研究，錘鍊專業史家應有的素養。

說起現實意識，它和歷史意識之間的關係至少涵蓋三個議題。首先是「歷史的『利』和『用』」。自從遠古以來，人們一向喜歡運用類比的方式，思考古今周遭有什麼雷同相似的地方，或者觀察時代前後有什麼連貫發展的趨勢。前者，古人叫作橫通；後者，可以說成直通。但不管橫通直通之說，都不外乎援引往事，爲我所用，或者當作鑑戒。傳統中，中國史學以「經世致用」一語道破治史的目的。西方史學不遑多讓，也遙遙對唱「歷史是哲學的例證」。現代學界裡，不論東西方史學，人們多半有意無意間疏離形上思想，不再明言經學或哲學。但是轉個身，現代的幽靈及各種意識型態卻又如影隨行。所以有的乾脆面對現實，挺身提倡「應用史學」。

其次，「族群（ethnicity）／民族（nation）」與「文化（culture）／傳統（tradition）」都涉及人們的認同感（sense of identity）和傳承意識（sense of continuity）。這兩者之間，長期以來交互連結，千變萬化。如果以光譜表示，一端偏向「續統論」（continuity-orthodoxism），強調「族群／民族」（x 軸）和「文化／傳統」（y 軸），雙雙都淵源流長，自古以來就有股主流，同時也是正統。另一端屬於「多元論」，認爲不論 x 軸或者 y 軸，永遠呈多元斷裂（discontinuity）的現象，既沒有融合一爐，也不

是薪火相傳。傳統史學在此本文略而不論。然而以近代爲例，十九世紀初以來「民族／國族」和「國民國家／民族國家」（nation-state）日漸成爲政治實體的基本概念時，「國史」（national history）論述也理所當然成爲歷史書寫的基本單位。只不過在論述時，在這條光譜的兩端之間，有人堅持「民族／國家」及「文化／傳統」的「續統論」；有些人喜歡「多元性」的觀點。

「從右派到左派」屬於歷史意識和現實意識辯證關係的第三個議題，也是這本書最關心的主題。英國自從一六八八年的革命（Revolution of 1688，即一般人所謂的光榮革命）以來，逐漸形成托利黨（Tory Party）和惠格黨（Whig Party）。前者一向擁護王權及高層貴族，被稱爲保守主義（conservatism）。後者比較支持革命以來新興的仕紳（gentry）及中產階級；他們的政治思想，通常被歸類爲自由主義（liberalism），或者是一般俗稱的古典自由主義。到了工業革命以後，社會結構改變，出現新的貧寒（new poors）及新的富有人士（new riches）。於是，有些人的社會意識傾向同情勞工及弱勢族群。如果以另條光譜顯示（見下頁史譜 B3 圖一），最右段部份是保守主義，中段就是自由主義，左邊的區段是社會主義（socialism）。

光譜（spectrum）的思維方法，主要在避免把任何事物過於簡化。「從右派到左派」的光譜中，較能清楚說明，即使在同一陣營中，彼此還可能立場略有差異。從十九世紀中葉以來，英國自由主義陣營中，因爲對中下層階級的立場不同，所以逐漸分成右翼和左翼。保守主義則以中上層的利益爲前提。本書第一章的湯恩比（Arnold Toynbee），首創「工業革命」（Industrial Revolution）這個名詞和概念。他主張以溫和方式，改善中下層低收入者的困境；

【史譜B3】近代政治社會思想——從右派到左派

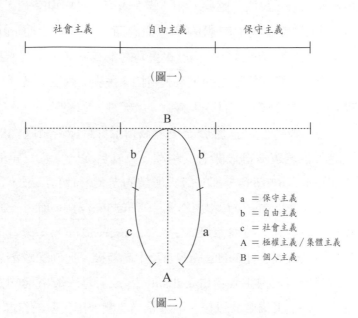

社會主義　　　　自由主義　　　　保守主義

（圖一）

a ＝ 保守主義
b ＝ 自由主義
c ＝ 社會主義
A ＝ 極權主義／集體主義
B ＝ 個人主義

（圖二）

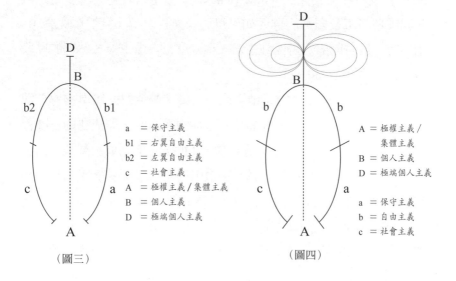

a ＝ 保守主義
b1 ＝ 右翼自由主義
b2 ＝ 左翼自由主義
c ＝ 社會主義
A ＝ 極權主義／集體主義
B ＝ 個人主義
D ＝ 極端個人主義

（圖三）

A ＝ 極權主義／
　　集體主義
B ＝ 個人主義
D ＝ 極端個人主義

a ＝ 保守主義
b ＝ 自由主義
c ＝ 社會主義

（圖四）

他的思想屬於自由主義的左翼。比湯恩比晚出的漢蒙夫婦（the Hammonds），十足的英國文士，堅信經驗論（empiricism）和自由主義的自我節制原則。他們夫婦前前後後都為鄉村勞工發言，批判大英帝國的外交政策，以及支持愛爾蘭的獨立運動。他們和湯恩比相似，在現實政治立場上，都和自由主義右翼的史賓塞（Herbert Spencer）有道鴻溝。

大約從一八八〇年開始，英國掀起批判「惠格歷史解釋」（Whig interpretation of history）的浪潮，學術上簡稱為「反惠格」（anti-Whig）。「惠格歷史解釋」這個名詞，其實因一九三〇年巴特費爾德（Herbert Butterfield）的一本史學小書而普遍形成一個概念。屬於這類的歷史意識，簡單地說，喜歡以自由主義偏右翼的立場詮釋英國史。在他們的眼光裡，一部英國史無庸置疑的等同一部憲政體制的發展史。打從大憲章（Magna Carta）以來，經過清教徒革命、光榮革命，直到國會權利主導英國政治等等，這一切都是惠格派人士及其前人的貢獻。這種歷史解釋到了十九世紀臻於高潮。不過，隨著一八八〇年來經濟的衰退，「反惠格」興起。

從十九世紀下半葉到二十世紀上半葉，如果湯恩比和漢蒙夫婦分別代表自由主義的兩個世代，衛布夫婦（the Webbs）和柯爾夫婦（the Coles）則分別象徵溫和派社會主義的兩個世代。他們四位原都屬於費邊社（Fabian Society）的成員。衛布夫婦尚且還是費邊社的創始者及核心人士。相對來說，年輕世代的柯爾夫婦比較有個人主義（individualism）的色彩，主張具有民主精神的基爾德社會主義（Guild Socialism）。這也是為什麼他們反對衛布夫婦專權壟斷、違背個人主義傾向極權主義，以致於最後決裂的原因。

為了方便說明「從右派到左派」，我把原來史譜 B3 的圖一變形

成為圖二。橢圓形的實線光譜中，仍然有保守主義、自由主義和社會主義三大段落。變形後橢圓形的兩端，以虛線劃上補足線。A端表示極權主義或集權主義。B端代表個人主義。這個光譜呈現，不管右派或左派，凡是越傾向A端者，就越是極右或極左。極右及極左聽來似乎非常遙遠，勢不兩立，但是卻又臭味相投，沆瀣一氣，都是極權主義或集權主義者，二十世紀裡全世界各地不乏這類的人物。

有趣的是，我們又可以發現，極右和極左之輩到了二十世紀末反而又能握手言歡。其中緣故，史譜已足以顯示。相反地，保守主義（a）、自由主義（b1右翼者，b2左翼者）和社會主義（c）的陣營中，也有傾向B端者。以此光譜顯示，湯恩比和漢蒙夫婦在b2，柯爾夫婦和衛布夫婦都在C段部，然而，柯爾夫婦比衛布夫婦更投靠B端。

湯姆森夫婦（the Thompsons）和霍布斯邦都屬於新馬克思主義（neo-Marxism）。他們於一九五六年之後，公開批判「史達林主義」（Stalinism）以及各地共產政權的被教條化的「庸俗馬克思主義」（Vulgar Marxism），理由不外乎這些意識型態和政治人物都列為極左的A端。在這本書裡，曾經討論湯姆森和法國「結構馬克思主義」（Structural Marxism）的主將阿圖塞（Louis Althusser）曾經有場論戰。其中有涉及認識論的理由，但是就政治光譜來說，同屬馬克思陣營的阿圖塞比湯姆森偏左傾向A端。湯姆森畢竟出身英國，保有經驗論的思維，比較重視歷史中的特殊性和個別性，不像法國的阿圖塞好舉所謂的「理論」。至於霍布斯邦和湯姆森夫婦一向是至交好友，從我幾次的專訪中，確認他們在政治光譜上沒有差別。然而，如果放大焦距，深入比較他們之間的差別，我選擇說，霍布斯邦這位英籍的猶太史家略比湯姆森夫婦左

傾一點，同時也因此，一般學術界都承認霍布斯邦更接近馬克思（Karl Marx）本人。只是，馬克思屬於十九世紀的人物。生長在二十世紀，而且又跨向二十一世紀的霍布斯邦，不得不活學活用，調整馬克思的思想。這種情形，如同湯姆森所彈奏的，多少含有英國的調子，可以說是馬克思的變奏曲。

從一九八○年以來，所謂網路世代（或 N 世代）日漸成長，這個新生代更崇尚個人的自由和主體性。爲了說明他（她）們的現實意識，我又把史譜 B3 的圖二變成圖三。在這個新光譜中，屬於個人主義的 B 端往外延伸，越往外者越朝向激進個人主義（radical individualism），以至於到 D 端。由此可見，這些新生代激進衝撞，反對威權，但卻又有別於左派。在 B 及 D 之間有許多圓形的虛線，表示網際網路與這個新生代的關係。讀者可參考史譜 B3 之圖四，泰普史考特（Don Tapscott）在《N 世代衝撞》（Grown Up Digital）裡，歸納八個常模（norm），說明他們的行爲和心態。新世代的政治光譜，大多數分布在左派中偏向 B 端的個人主義、自由主義的左翼，或者 B 與 D 之間的個人主義。同時，又因社會議題的不同，他往往在光譜中自由移動。

二十世紀裡，人們按理不會再幻想大型的社會主義體制，既有的極左政權頂多只能殘存一時而已。近期因 M 型社會變本加厲，國際秩序失衡，新右派躍躍欲試。然而，我們也深深感受到，法國大革命及工業革命以來自由、平等和博愛的排序，如今，平等已超乎自由之前，公平正義反而成爲最重要的普世價值。世界趨勢果眞如此發展，那麼二十一世紀的確還需要左派。

寫於青松齋，二○一七元旦

目錄·

·序·

　　研究史學史可以採用許多種不同的方法。早期我比較偏愛「觀念史的取向」，注重菁英史家，並且從認識論入手分析他們的史學思想。後來逐漸發現，光憑著這種取向很容易偏向觀念論，甚至耽於菁英主義、養尊處優而不覺。所以經常提醒自己，知識份子應該有頭腦也要有心肝。

　　然而，史家應該如何肝腦並用呢？這個問題涉及史學史的另一種研究取向，值得深思。按理來說，每個人「對過去的看法」（即史學思想）與「對當代的見解和未來的期盼」（即現實意識）是互動的，不斷地辯證。右派、保守的人士如此，左派、激進的人士何嘗不是如此。為了印證這種說法，這本書選擇近百年來十位左派史家：湯恩比、衛布夫婦、漢蒙夫婦、柯爾夫婦、霍布斯邦和湯姆森夫婦等，當作研究的對象。他們都屬於英國勞工社會史的學者，在近代西方史學史上貢獻非凡。透過他們的史學思想與現實意識，或許我們也可以得到一些靈感和借鏡。

　　為了蒐集一手資料，曾經和內子（張四德）專程口述訪問湯姆森夫婦和霍布斯邦。從面對面的接觸中，更能體會他們的生命意識以及終極關懷。此外，個人也特地到倫敦和牛津大學圖書館搜尋有

關資料，一方面趕著研讀材料，另一方面抽空到幾個定點從事知性旅遊。倫敦碼頭在十九世紀末曾經發生大罷工，震撼了英國政府，同時也促進新工會運動和社會主義的興起。倫敦東河一向是外來移民群居雜處的地方，違建到處充斥。這裡有棟磚砌的湯恩比館，紀念英年早逝、關懷勞工的史家。倫敦的政經學院不僅典藏衛布夫婦的一手史料，而且這裡更是他們興辦大學、培養社會改革人士的發源地。最巧的是，到西敏寺參觀時，無意中發現衛布夫婦的靈骨竟然埋在教堂內的石板下。到了高門墓園，當然是為了瞻仰馬克思，同時而來的訪客似乎大家都有志一同，同個方向走到馬克思的塑像前，停駐片刻。在塑像的座基上方，刻鏤著：「所有地區的勞工，聯合起來！」下方鐫有，「哲學家只用不同的方式解釋世界，而重點終究在改變世界。」我想，底下這句話中的「哲學家」應該也適用於「史學家」吧！

　　這本書完稿之後，總覺得不盡完美，但也算鬆了一口氣。首先，由衷感謝 Prof. & Dr. Georg Iggers 的指導。其次，得謝謝台灣、美國和英國的師長、朋友，尤其他們長期不厭其煩地協助和敦促，這本書才有出版的可能。最後，需要形諸筆墨的是，謝謝四德！

· 導論 ·

左派社會史家與近代英國史學的發展

從一八八〇年代起，英國的經濟日漸陷入低迷，各種政治和社會運動因而再度高潮迭起，不讓十九世紀上半葉專美於前。同時，許多學者更加專注工業革命（the Industrial Revolution）及其所釀成的社會問題。從這個年代算起，英國學術界研究社會史距今至少有一百多年的光景。回顧這一百年來的研究績效，社會史已由昔萌芽的時期，蔚然綻放成爲史學界的主要園地。以勞工史這門社會史的支系來說，從十九世紀下半葉開始起步，到了二十世紀六〇年代，已卓然有成，不僅研究學者人數激增，學術團體相繼成立，而且研究取向也有重大突破，呈現一片繽紛景象。[1]

談起英國的史學和政治思想，十九世紀和當今的觀念已有很大的差距。在前一個時期裡，古典自由主義（Classical Liberalism）正值高潮。一八一七年，先有李嘉圖（David Ricardo）出版《政經及稅制之原理》（*Principle of Political Economy and Taxation*）。三十一年後，亦即一八四八年，約翰·彌爾（John Stuart Mill）也完成《政治經濟學原理》（*Principle of Political Economy*）。他們

1　Asa Briggs, "Introduction" to *Essays in Labor History, 1886-1923*, Briggs & John Saville ed. (New York: Archon Books, 1971), p.1

的觀點或許有些差別，並不完全吻合一致，例如，彌爾比李嘉圖
較有社會改革的傾向。但是，基本上，兩位都相信：人們應該自
求多福，以追求自我利益（self-interest）爲前提，而且社會上競爭
的現象是無法免除的。生長於十九世紀下半葉的湯恩比（Amold
Toynbee）曾經說：「亞當斯密（Adam Smith）早先所提出來的競
爭之說，後來被李嘉圖和彌爾所接受。這種觀點如今仍然支配著
時人的看法……」[2]這段話應該是可信的。在古典自由主義以中產
階級爲出發點的思想籠罩下，惠格歷史解釋（Whig Interpretation of
History）自然而然也大行其道。到現今爲止，所謂的惠格歷解釋
仍然沒有嚴謹的定義。如果按照巴特費爾德（Herbert Butterfield）
在《喬治三世及史家》（*George III and the Historians*）的說法：惠
格史家與古典自由主義的學者及中產階級頗有淵源。[3]大致來說：
惠格史家偏愛政治史學研究領域，尤其是憲法、國會和制度史。
他們強調菁英份子（elite）對歷史的影響，喜好以自由主義的眼光
談古論今，認爲一部英國史就是一部自由政治的發展史。此外，
他們和傳統的史家一樣，講求文采，偏好敘述性的方法（narrative
method）。

　　儘管古典自由主義和惠格歷史解釋風行一時，然而，時
到今日，雙雙都已過氣，不合時宜。二十世紀初以來，工黨
（Labour Party）取代了自由黨（Liberal Party），赫然與保守黨
（Conservative Party）並列爲英國的兩大政黨。今日的英國是個社

2　Arnold Toynbee, *Lectures on the Industrial Revolution of the Eighteenth Century in
England, Popular Addresses, Notes, and Other Fragments* (London: Longmans, Green,
and Co. Ltd., 1928), p.65.本書有中譯本，《十八世紀產業革命史》，周憲文譯 （台
灣銀行經濟研究室編印，一九七〇）。

3　See Herbert Butterfield, *George III and the Historians* (New York: Macmillan Co., 1959),
book two.

會福利的國家（Welfare State），已成爲不爭的現實。所以我們可以肯定地說，社會改革好比近代英國政治思想中的主流，在洶湧的浪潮衝擊下，古典自由主義日漸淹沒，同時，惠格歷史解釋也一再遭到挑戰。例如，巴特費爾德和柯林烏（R. G. Collingwood）都採信新觀念論（neo-idealism），從認識論的基石上震撼惠格的史學理論。[4]那米爾（Lewis Namier）則採新實證論（neo-positivism）的取向，提出新的歷史解釋，攻擊惠格史家。他所寫的《喬治三世登基之際的政治結構》（*The Structure of Politics at the Accession of George III*）含有新保守主義或新托利（New Tory）的立場。[5]是本當代英國史學界的革命鉅著。[6]另外有些社會主義史家，例如衛布（Sidney Webb）、柯爾（G.D.H. Cole）、陶尼（Richard Tawney）、湯姆森（Edward P. Thompson）和霍布斯邦（Eric John Hobsbawm）等等，都重新解釋國史。很顯然地，這幾種新史學取向的崛起，象徵著惠格歷史解釋的沒落。或者，反過來說，這些挑戰惠格歷史解釋的勢力，正是近代英國史學思想中的主流趨勢。這些挑戰者有些可以稱爲新惠格（New Whig）史家。他們與十九世紀傳統的惠格史家不盡相同。例如，巴特費爾德在早年不遺餘力批判惠格解釋，但對艾克頓（Lord Acton）和屈衛林（Georg Macaulay Trevelyan）還是語多保留，相當推崇。其實這兩位史家，艾克頓被認爲是位天主教的惠格（Catholic Whig），而屈衛

4　See Butterfields' *The Whig Interpretation of History* (London: Bell and Sons, Ltd., 1963) and R. G. Collingwood's *The Idea of History* (Oxford: Clarendon, 1946).

5　周樑楷，〈那米爾的歷史思想〉，收錄於《近代歐洲史家及史學思想》，（台北：唐山出版社，1996），32-33。

6　Harold T. Parker, "Essays on the Modern Historiography of Great Britain," in *International Handbook of Historical Studies*, edited by Georg G. Iggers and H. T. Parker (Conneticut, Westport: Greenwood Press, 1979), p.195.

林是眾多公認、相當重視文采的惠格（Literary Whig），兩人都是惠格解釋的嫡傳。後來由於第二次世界大戰爆發，自由主義的英、美、法等國聯合對抗集權主義的納粹德國，在國際環境的氛圍中，巴特費爾德轉變態度，在一九四四年出版的《英國人及其歷史》（*The Englishman and His History*）中，極力頌揚惠格的政治傳統。這位新惠格史家一方面批評傳統惠格解釋的是非，另一方面又褒揚惠格的政治精神。[7]為了能較周延、涵蓋所有英國史學界中向惠格挑戰的學者，本書擬自創「惠格歷史解釋的批評者」（the Critiques of Whig Interpretation）一詞，以取代「反惠格解釋」（the anti-Whig Interpretation）。當代史家布拉斯（P. B. H. Blass）在《連續與時間錯置》（*Continuity and Anachronism*）中，提出「反惠格解釋」這個概念。[8]但是「反」，（anti）的用詞過於誇張，與事實不盡相符，不如「批評」在修辭上來得貼切，再說這個名詞可以涵蓋新惠格、新托利和左派的史家。

　　馬克思（Karl Marx）在《一八四四年經濟學哲學手稿》（*Economic and Philosophical Manuscripts of 1844*）中，曾經說：「人是社會的存在物。他的生命表現，即使不採取共同的、同其他人一起完成的生命表現這個直接形式，也是社會生活的表現和確証。」[9]這句話，毫無疑問地強調個人與社會的關係。簡單地說，就是「人是社會的動物」。不過，二十世紀唯物史觀的人士把這句話扭曲了，說成外在的社會條件決定個人的思想，即所謂下層結構

7　C. T. McIntire, Introduction of *Butterfield's Writings on Christianity and History* (New York: Oxford University Press, 1979), xxxi.

8　P. B. Blass, *Continuity and Anachronism* (The Hague: Martinus Nijhoff, 1979), xi.

9　馬克思（Karl Marx），《一八四四年經濟學哲學手稿》，伊海宇譯（台北：時報文化，1990），頁八十二。

決定上層的意識觀念。其實，馬克思在這篇《手稿》中也提起：
「人使自己的生命活動本身變成自己的意志和意識的對象。他的生
命活動是有意識的⋯⋯有意識的生命活動把人同動物的生命活動直
接區別開來。正是由於這一點，人才是類存在物。」[10]由此可見，
依照馬克思的說法，人是有自主性的意識，而不是完全被現實環境
所決定的。馬克思批判人們陷於「異化」（alienation）之中，他的
目的是為了重建人的自主意識與現實環境之間的辯証關係。

　　由於「人是社會的動物」，史家屬於「人類」的範疇之內，所
以我們也可以說：「史家是社會的動物」。或者引申說，史家的主
體意識與其社會環境之間，是不斷互動、交相影響的。研究史學史
時，觀念論及新觀念論的學者多半貶低或忽略外在的因素。他們
偏好切入認識論、本體論、形上學及倫理學的層面，直接由此剖析
學術菁英份子的史學思想或史學理論。這個取向頗富有哲學的色
彩，其研究成果也很類似哲學史的撰寫，或者換個名稱，直截了
當地說，就是「觀念史」（history of ideas）的取向。例如，柯林
烏和巴特費爾德都有這類的研究著作問世。我們肯定這種取向的
成就，但也不諱言他們有所偏頗。在唯心論（idealism）和唯物論
（materialism）這條譜系（spectrum）中，唯心論（或觀念論）太
偏向思想、觀念或文化的因素，而唯物論又太傾斜到物質和經濟的
因素。我們寧可接受馬克思的辯証法，強調：「思想、文化因素與
物質、經濟因素的互動關係」。所以，為了分析近代英國社會史家
的思想，本書一直扣緊現實政治和社會中的問題。

　　史家的內在思想至少包含歷史意識、社會意識和生命意識三

10　同上，頁五十四。

個層面。所謂歷史意識，是指某個人具有變遷的意識（sense of change），覺得萬事萬物都不斷地變動。好比見了滾滾流水，而有「逝者如斯」的感觸。有了這項最起碼的認知後，才能發展出他的史學思想，處理有關歷史因果論、歷史認識論及道德價值判斷等問題。而所謂的社會意識，是指某個人對當下現實社會的關注，及對未來人類何去何從的看法。有了這項最起碼的立場以後，才能有個人的主張，在政治和社會思想上提出自圓其說的學理。可見，所謂的社會意識也是某個人的現實意識（presentism）。從史學史的演變來看，每位史家的社會意識和歷史意識其實都息息相關，互為一體的。或者說，史學思想和現實意識之間，是辯証的，無法任意切割成片面雜碎的觀念。而且更值得留意的是，個人的生命風格、主體性生命意識也是史家思想的元素，與歷史意識、社會意識環環相扣。研究史學史，除了外在現實環境，史家的歷史意識、社會意識和生命意識應該是必要探討的項目。本書撰寫期間，除了閱讀各種相關的、已經出版的著作、短文和日記等資料，而且也參考未出版的手稿史料，以及親自會見霍布斯邦和湯姆森夫婦，進行口述訪問。從這些資料中，一再揣摩和體會，希望能感受他們的生命意識。

　　為了論證上述的觀點，本書以史學思想和現實意識的辯證關係為基調，專門研究近代英國幾位社會史家，即湯恩比、衛布夫婦（Sidney and Breatice Webb）、漢蒙夫婦（J. H. and Barara Hammond）、柯爾夫婦（G. D. H and Margaret Cole）、霍布斯邦、和湯姆森夫婦（Edward P. and Dorothy Thompson）。這幾位史家就出生年齡來說，可區分為三個世代：十九世紀中葉、十九世紀末和二十世紀初。就現實意識或社會思想來說，湯恩比和漢蒙夫婦屬於

左翼自由主義，衛布夫婦和柯爾夫婦提倡溫和的社會主義，而霍布斯邦和湯姆森夫婦則篤信馬克思主義。廣義地說，他們都是左派知識份子。然而，就史學思想來說，他們在「觀念論──實証論」、「唯心論──唯物論」這兩條譜系中，各有立場。本書爲了避免空談各種「理論」、「思想」和「意識」，所以深入各史家的歷史作品，從他們的實際成果應証史學思想與歷史解釋的關係。這幾位史家都主修英國近代勞工社會史，同屬「惠格歷史解釋的批判者」的左派學者，將他們並列加以比較研究，多少可以看出英國社會史如何被書寫。希望藉此研究能增進我們對英國史學史和西洋史學史的瞭解。

第一章

湯恩比的社會改革理念和史學思想

「自從我畢業於牛津之後，一向以教授政治經濟學爲主；
　　但是社會和宗教的改革才是我的理想職志。」

「研究政治史的史家研究過去是爲了政黨的目的；
　　他們探討過去只是　了尋找例證，拿來爭論現在的事情。」

英國史學界，有兩位同姓同名的阿諾·湯恩比（Arnold Toynbee）。年輕的一位，因著有《歷史之研究》（*A Study of History*）而聞名於世，是較年長一位的姪子。老湯恩比，於一八五二年出生，一八八三年逝世。由於英年早逝，名氣還不算響亮，有些人難免將兩位湯恩比混爲一談，因而忽略了他在史學上的貢獻。爲了避免不必要的糾纏混淆，特以此段前言記之。

二十世紀英國的社會改革觀念和「批評惠格歷史解釋」的思想，都可溯源到十九世紀。在一八四八或一八五〇年以前，歐文的信徒（Owenites）、憲章主義者（Chartists）以及基督教社會主義者（Christian Socialists）曾先後攻擊自由主義，並產生相當的影響力。另外，工會組織雖然逐漸興起，只是還沒形成氣候。到了一八五〇至一八八〇年代之間，由於實質生活的改善，勞工收入增加，所以社會主義及勞工運動的勢力相對的衰微。勞工一改過去對於資本主義的敵對態度，組織合作社，或者選舉代表出席國會以便發表他們自己的心聲。基督教社會主義者也厭棄過去的路線，參與合作社的組織運動。[1]柯爾曾經研究這段時期的勞工運動，並且下結論：

他們並沒有向資本主義挑戰。他們寧可接受資本主義的制度，並且在其制度下，爲增進勞工的福祉而努力工作。自由主義和勞工的聯合，最能清楚地表現在這過渡時期中勞工運動的特色，它象徵著維多利亞中期的妥協精神（the Mid-Victorian Compromise）。[2]

1　G. D. H. Cole, *A History of Socialist Thought*, vol. II (London: Macmillan, 1954), 379-380.

2　Cole, *A Short History of British Working-Class Movement, 1789-1947* (London: George Allen & Unwin Ltd., 1952), 4-5.

　　這段時期，政治思想家中最有資格做為這種妥協精神的代言
人，莫過格林（Thomas Hill Green）了。關於格林的政治思想，
李克特（Melvin Richter）有本專著稱得上是佳作，書名是《良心
政治：格林及其時代》（*The Politics of Conscience: T. H. Green and
His Age*）。李克特明白地指出，格林強調人類社會中應當以倫理
法則為基礎，建立資本主義的制度。格林一方面承認資本社會裡有
許多顯著的缺失，例如：惡劣的居住環境、窮人未能受教育，以及
多半染有酗酒的惡習。但是另一方面，又認為這些弊病並非資本社
會中不可避免的。所以，這位重視倫理的政治思想家強調：要改善
勞工的境遇，莫過於從教育著手。經由教育，讓勞工能夠學會自
重（self-reliance）和自律（self-control）的美德。格林深信，私人
財產是個人品格成長的先決條件，勞工也可變成資本家，所以資本
主義並不會威脅社會的公益。[3]湯恩比是格林的學生，深深受其影
響。

　　為了研究湯恩比的社會改革理念，必須先分析他的師承，比較
他與時人的異同，而後說明他在近代英國政治思想中所扮演的角
色。接著，本章將探討湯恩比的歷史思想，檢視他在「批評惠格
歷史解釋」的潮流中，有何主要貢獻。依布拉斯（P. B. H. Blaas）
在《連續與時間錯誤》（*Continuity and Anachronism*）一書裡的說
法，「反惠格解釋」（anti-Whig interpretation，他用此名詞）發
動於一八九〇年。[4]早在巴特費爾德和那米爾之前，航特（William
Hunt）、添伯列（Harold Temperley）、安遜（William Anson）及

3　Melvin Richter, *The Politics of Conscience: T. H. Green and His Age* (Cambridge, Mass.:
　　Harvard University Press, 1964), 274-276.

4　P. B. Blaas, *Continuity and Anachronism* (The Hague: Martinus Nijhoff, 1978), xi.

溫斯汀列（D. A. Winstinley）等人，已在研究憲法和國會史的領域裡，提出異於惠格史家的看法。[5]布拉斯的見解非常值得參，但是，有關哪些人是反惠格解釋的先驅時，就必須再度商榷。他說：

在經濟史這個新研究範圍裡，羅傑斯（Rogers）、枯寧漢（Cunningham）、和艾斯列（Ashley）最早拒絕自由主義的教條……。[6]

　　很顯然地，布拉斯忽略了在一八九〇年以前湯恩比已經撰寫討論工業革命的史書。假使湯恩比的歷史思想果真與惠格解釋迥異的話，那麼他在近代英國史學發展的趨勢裡，就相當值得我們重視了。

　　有關湯恩比的書信講稿和其他短篇文件（The Toynbee Papers）都典藏在牛津大學（Oxford University）巴里奧學院圖書館（The Balliol College Library）內。這些資料經比對幾乎都已出版。本章之研究曾經參考該原手史料，然而引用時還是依照成書。

左翼自由主義的社會改革理念

　　湯恩比於一八五二年八月二十三日出生於倫敦。祖父名喬治（George），是位大地主，在林肯郡（Lincolnshire）擁有不少田產。父親，約瑟夫（Joseph）是位耳科醫生，也是位慈善家，曾經鼓吹改善勞工的住宅環境。約瑟夫過世時，湯恩比只有十四歲，然

5　*Ibid.*, 7.

6　*Ibid.*, 7.

而這位父親的社會思想對兒子不無影響。

年輕時代，湯恩比一度打算入伍從軍，由於對文史哲的興趣日益濃厚，而改變了初衷。一八七三年一月，首先進牛津大學的潘布洛克學院（Pembroke College），當了一年的自費生（Commoner）。離開潘布洛克學院後，輟學一年，直到一八七五年改入該校的巴里奧學院（Balliol College）。在巴里奧學院就學是湯恩比的重要轉捩點。他喜獲名師指點，潛心研讀政治經濟學及經濟史。在一封寫給姊姊的信上，他自白：

當我在牛津時，苦心研究英國土地問題的歷史，我希望能盡快出版一些和愛爾蘭及英格蘭有關的東西。[7]

大約有三位教授對湯恩比的影響特別重要。喬厄特（Benjamin Jowett）曾應允湯恩比轉學到巴里奧學院。這位教授經常鼓勵學生研讀德國神學家和唯心論哲學家的作品。[8]所以，湯恩比或多或少也受到德國哲學的洗禮。第二位比較具有影響力的教授是羅斯金（John Ruskin）。羅斯金在一八四六年以前，深深受卡萊爾（Thomas Carly tle）的影響，也是位托利的社會主義者（Tory Socialist）。他抨擊曼徹斯特學派（Manchester School）的自由放任政策。湯恩比的思想雖然和羅斯金頗有差距，但他仍然對這位教授推崇有加。[9]第三位對湯恩比較有影響的教授，便是上述的格林。他們兩人的思想觀念，正如薪火之相傳，關係匪淺。

7　Gertrude Toynbee, edited. *Reminiscences and Letters of Joseph and Arnold Toynbee* (London: Henry J. Glaisherno date), 162.

8　Richter, *The Politics of Conscience*, 71.

9　Francis Charles Montaque, *Arnold Toynbee*, in John Hopkins University in Historical and Political Science, Seven Series (Baltimore: John Hopkins University Press, 1889), 14.

　　除了師承之外，宗教信仰也能潛移默化個人的人格和思想。湯恩比在牛津大學的同學兼知己米涅（Lord Milner），曾撰寫一篇懷舊的文章，有句話說得非常中肯。他說，因為宗教信仰，湯恩比成為社會改革者；又因為社會改革的緣故，湯恩比成為經濟學家。[10]湯恩比年幼時，便是虔誠的教徒。進了牛津大學以後，在格林的影響下，對宗教信仰更有見地和主張。[11]十九世紀中葉，英國國教主要分成兩大派。一是高教會派（The High Church Party），比較固守傳統的禮儀和教條。一是廣教派（The Broad Churchmen），比較能開放接受現代知識，而且強調利他主義重於個人的靈修。[12]格林教授屬於後者，除了正課外，還經常在牛津為學生佈道。[13]大致而言，這位哲學教授主張以「形而上學」取代以聖經為基本要義的「福音主義」（Fundamentalist Evangelicalism）。[14]湯恩比在這種環境下，接受了這位老師較具有「現代主義」（modernism）的宗教及社會思想。按李克特的分析，格林最能代表維多利亞中期的心態，而且唯有他的影響力特別深遠。格林不僅在神學、形而上學、倫理學、和政治學都有原創的理論，而且在牛津大學裡也培養不少學生分散在各大學教書。這些學生有人效法格林，專門從事勞工的教育，湯恩比便是其中之一。這對師徒最大的不同點，在於一位是哲學家，而另一位是經濟史家了，至於他們的內在思想則幾乎完全一致。

10　Lord Milner, "Reminiscence," in Toynbee's *Lectures on the Industrial Revolution*, xxi.

11　Montaque, *Arnold Toynbee*, 15-16.

12　Richter, *The Politics of Conscience*, 26-29.

13　See T. H. Green, *The Witness of God and Faith*, edited with an Introductory notice by Arnold Toynbee (London: Longman, Green and Co., 1889).

14　Richter, *The Politics of Conscience*, 19.

　　一八七八年仲夏，湯恩比獲得學士學位，並留在巴里奧學院擔任指導教師（tutor），授課的內容以經濟學和經濟史為主。從一八八一年十月至一八八二年六月間，主講工業革命史。這門課的講稿便是他日後傳世的唯一作品。湯恩比並不終生死守在研究室和課堂上的學者，他在一封私函中自述：

自從我畢業於牛津之後，一向以教授政治經濟學為主；但是社會和宗教的改革才是我的理想職志。[15]

　　因此，在校園裡他幫助學生組織社團，專門討論時事。在校外，他經常奔波旅行，到各大城市演講，聽眾中有資本家也有許多勞工。講題包括「薪水和國家的法律」、「偏激者是否就是社會主義者」、「工業和民生」、「教會和國家之間理想的關係」，以及「合作社的教育」。由此可見，湯恩比竭盡心力、獻身社會改革的一面。不幸，如此有理想的學者，卻因身體單薄，經不起病魔的打擊，於一八八三年三月九日逝世，得年僅三十一歲。一年後，其工業革命史講稿經朋友整理而付梓。到了一九二八年，米涅將湯恩比生前的演講詞與這本史書合印成單行本，並且撰寫一篇懷舊錄。除了出版湯恩比的遺作外，他的朋友也為他建蓋了一棟紀念館，名為湯恩比館（Toynbee Hall）。館內設辦公室，專門促進勞工與大學知識份子的關係。另外，也協助窮苦大學生解決食宿問題。類似這樣的服務機構，後來在許多地區先後設立。[16]湯恩比短暫的生命，藉著他的著作和服務社會的精神，得以綿延後代。

15　Gertrude Toynbee, edited. *Reminiscence and Letters*, 125.

16　"Arnold Toynbee," *Dictionary of National Biography* (Oxford University Press, 1921-1922), vol. XIX, 1065.

　　湯恩比的政治社會思想中，自由、宗教和國家之間呈三角形的
關係。首先談自由和宗教。這兩者都是人類社會不可或缺的。湯恩
比和古典自由主義學者一樣，肯定人是熱愛自由的。但是，古典自
由主義學者將理想奠立在「競爭」和「自我利益」的基礎上，湯恩
比認為人生應以宗教信仰為依歸。他說：「生活乃是永無終止的追
求、效法上帝。」[17]每個人的信仰過程大致可以分成三個階段。[18]
第一、剛開始時，人們渴求一套生活法則，並以此規範個人的自
由；人們以追求群體的共同利益為目的。第二、人們既然有了信仰
以後，便想擴充個人的知識，以求深入認識神，但是，人們的知識
畢竟有限。湯恩比講到這一點時，可惜沒進一步討論有關人的認知
問題。不過，他的認識論可以從格林的哲學中找到線索。按照格林
的看法，宇宙的能源和活動是永恆的，世上每一個個別的實體是永
恆中一項有限的展示而已，因此，單憑人們的知識，無法瞭解世界
的現象，以及宇宙運行的過程。換句話說，人只能認知永恆中的片
斷，而沒有辦法全盤理解。由於體認人們知識的侷限性，湯恩比接
著認為宗教信仰的第三階段必須依靠祈禱和崇拜，人們須要從宗教
指導自由的真諦。

　　其次，湯恩比論及自由和國家的關係。國家乃是一種有組織的
力量；由於它的存在，人們才能獲得自由。湯恩比打了個比喻說，
人之於國家就好比蜘蛛之生活在網絡中一樣：

蜘蛛被網所圍繞，卻在其中活動；沒有網子，蜘蛛就無法活動。打
破了網，這個美妙的景象也隨之消逝；⋯⋯結網的目的是為了安

17　Toynbee, *Lectures on the Industrial Revolution*, 260.
18　*Ibid.*, 250-252.

全；生活在網絲中人們是安全的，網破了，一切都化爲烏有。[19]

　　從這段陳述中，可以看得出來湯恩比的個人主義略有集體主義（collectivism）的傾向。他曾說過一句話也足以表達這種心態：

歷史上人類發展的法則，是從自然的群體組織朝向個人主義，然後從個人主義邁向有道德的群體組織。[20]

　　這句話中，個人主義和集體主義呈正反合的辯證傾向，隱約之間似乎有黑格爾（Hegel）的思維色彩，但是，千萬不可過分強調這一點。湯恩比的作品中，辯證法的意識其實並不濃厚。他在解釋經濟史時，也從未套用正反合的理論。他和黑格爾之間至少有兩項顯著的差別。第一，湯恩比基本上支持自由貿易，雖然有時候曾批評這個制度的缺點，但是從未妄想消弭社會上的競爭。他說，沒有競爭就不可能有進步。[21]競爭本身無所謂善與惡的區別，它是一種力量，值得我們加以研究和控制。[22]假使以一條線譜（spectrum）來說明，一端是偏激的個人主義，一端是強烈的集體主義。湯恩比的思想可想是中間稍微偏向集體主義，而黑格爾則比他更接近集體主義。第二，湯恩比的社會思想顧及勞工，因此，比起黑格爾之漠視勞工，顯然更有民主的精神。

　　除了自由與宗教、自由與國家之外，湯恩比也討論國家與宗教的關係。依照他的理想，民主國家與君主或貴族國家的差別，在於它們對宗教的支持和維護。[23]湯恩比十分樂觀地認爲，理想的教會

19　*Ibid.*, 250.
20　*Ibid.*, 269.
21　*Ibid.*, 66.
22　*Ibid.*
23　*Ibid.*, 268.

是在國家由結合精神和俗世的力量，每位行政首長必須有顆熱愛上帝、基督以及學術活動的心。[24]換句話說，宗教是國家內每一個人道德的基礎，國家的目的是爲了促進人們的物質和精神生活。

總而言之，自由、宗教和國家的作用可以用相輔相成。湯恩比的社會思想便是在追求這種烏托邦式的理想。面臨工業革命對現實社會的衝擊時，他不由得從內心發出悲觀傷感的論調：

在亞當斯密的時代裡，固然有污點存在，但是我們現在卻朝向更黑暗的時代。處處充滿苦難和恐怖……。[25]

湯恩比不僅對工業社會深懷悲天憫人之情，而且也提出了一些解決之道。大體而言，所提倡的不外乎採用民主的，或溫和的社會改革政策。一八八一年間，他曾在紐加索（Newscastle）、車里希（Chelsea）和布拉福特（Bradford）等城市發表同一項講題：「工業和民主」。講演中，批評十九世紀上半葉英國政府的保守政策以及勞工的騷動。自從十九世紀中葉以來，勞工們改弦易轍，放棄偏激的手段，自己組織團體，因而在一八六七年的選舉改革法案裡，得以順利地獲得選舉權。依同樣的方法，一八七一年時，工會組織正式成爲合法的團體。湯恩比誠懇地建議他的聽眾，包括勞工和雇工在內，成立各種行業的勞資糾紛調停處。[26]他鼓勵勞資雙方應該面對面、坐下來彼此學習尊敬對方。除了工會以及勞資糾紛調停處，他也提出其他的解決方案，例如成立合作社及訂立社會立法。

改革的方法和形式雖然名目繁多，改革的基本目標其實有兩

24　*Ibid*., 260.

25　*Ibid*., 64.

26　*Ibid*., 214.

項。（1）勞工不應永遠期待他人的援助和憐憫。他們必須在物質
生活上先求得獨立。湯恩比特別強調，社會改革的眞正問題不在
改進勞工的某些生活狀況，而在保障他們物質生活的完全獨立。[27]
（2）崇高的生活理想比薪資的增加更爲重要。自從十九世紀初以
來，幾乎每個社會改革家，甚至勞工本身，都只考慮到物質生活水
準的提高。湯恩比嚴正指責這種心態，強調人生不僅應該關心個人
的利益，更應該有道德感。[28]爲了第二項目標，他如同其師格林，
也認爲教育是促進勞工品德的最佳途徑。有一回他在牛津大學演
說，大力提倡所謂的「公民教育」，而且課程內容應該包括政治、
工業和衛生教育。他解釋：

依此方法，教導社區裡的每一成員都懂得他和別人的關係，甚至於
他和整個社區的關係。[29]

　　爲了更深入瞭解湯恩比，最好將他的思想和其他幾位社會改
革家相互對照比較。十九世紀上半葉，社會主義和勞工運動蓬勃
發展。其中湯恩比最喜歡提到的，便是所謂的「舊偏激份子」。
他們的領導人有休謨（Joseph Hume）、莫列斯沃士（Sir William
Molesworth）、柯布敦（Richard Cobden）和兩位勞工代表拉維特
（William Lovett）、希斯靈頓（Henry Heatherington）。這些人組
成了「反穀物法同盟」（Anti-Corn-Law League），並且提出某些
政治改革，諸如有關選票和選區的變更。湯恩比認爲，他們反穀
物法的運動雖然成功了，但是對勞工的影響卻適得其反，因爲「他

27　*Ibid.*, 136.

28　*Ibid.*, 66.

29　*Ibid.*, 243.

們要求便宜的麵包，也等於他們要求廉價的工資。」[30]勞工參與暴動的結局反而更爲悲慘，湯恩比指出，這是因爲他們自己的領導人出賣了他們。穀物法的撤除，獲利的不是勞工，反而是其他階層。除了責怪這批「舊偏激份子」，湯恩比對托利社會主義者也頗有微詞。他們曾在嘉巴朝（Richard Castler）和塞德朝（M. T. Sadler）的領導下，順利推動「十小時工作法」（Ten Hours Bill）的通過。湯恩比指責他所以沒有達到預期的目標——即攻擊「新濟貧法」（New Poor Law），[31]其因是：這批社會主義者的心態仍然是保守的，他們深信「古代的憲法和現行的法律，足以應付當前的種種困難」。[32]例如，培根斯菲德（Lord Beaconsfield）明白表示貴族才是國家和人民的領導者。卡萊爾雖然在《過去與現在》（*Past and Present*）一書裡同情窮人的困境，但是基本心態上與托利社會主義並無二致。湯恩比譏諷卡萊爾，稱他仍然一如前人主張由富有者主掌政府，而後再來保護窮人。[33]

　　湯恩比是位虔誠的基督徒，而且同情勞工，因此他與十九世紀上半葉基督教社會主義者（Christian Socialists）之間的異同，也值得我們細心辨別。湯恩比與這些社會主義者一樣，都視基督教徒的弟兄友愛之情爲推廣社會改革運動的力量。他們先後合作社的合法問題賣力例如，由於教徒的爭取，一八五二年終於通過了「工業與神意社團法案」（Industrial and Provident Societies Act）。[34]另外，格林和湯恩比理想中的勞工教育，原本也是脫胎換骨自基督

30　*Ibid.*, 223.
31　*Ibid.*, 225
32　*Ibid.*, 224.
33　*Ibid.*, 132.
34　Cole, *History of Socialist Thought*, vil. Ⅱ, 299.

徒社會主義。舉一實例爲證，早在一八五四年，丹尼遜（Frederick Denison）和魯特洛（John Ludlow）曾在倫敦設立一勞工的學院。[35]這種設施深爲格林師生所推崇。但是，湯恩比對基督教社會主義者缺乏民主觀念感到不滿。例如，毛利斯（Maurice）曾公開表示，上層階級出身的菁英份子最適合領導社會大衆。在湯恩比的眼光中，基督教社會主義與托利社會主義者一樣，都還擺脫不了上層社會的優越感。

十九世紀上半葉的改革家之中，湯恩比最推崇歐文（Robert Owen）。一八八二年，他曾公開地說，歐文是英國第一位偉大的社會主義者，而且對英國的制度有深遠的影響。[36]湯恩比所以偏愛歐文，主要因爲他們兩人都主張以和平漸進的方式改變社會、社會的變遷比政治的變異更爲有效。不過，千萬也不要因此忽略了他們的不同。歐文畢竟是個社會主義者，反對競爭，主張財富共有，平均分配。湯恩比不贊同這些看法，基本上他仍然站在自由主義和個人主義的角度，忖量社會改革的問題。

湯恩比對歐陸思想家的研究並不十分深入，頂多提起馬克思（Karl Marx）和拉薩爾（Ferdinand Lassalle）而已。大體而言，湯恩比因爲他們反對私有財產而不願附合他們。[37]他厭惡共產主義就和他批評歐文的理由是一樣的。[38]依照湯恩比的看法，共產主義的政策在某些小型的社會或許可以實現，但是，在整個大社會中根本無法付諸實行。他也反對階級鬥爭論，因爲有了鬥爭便免不了暴力，有背於工會、合作社或勞工教育等溫和的政策。最後，從學理

35　*Ibid.*

36　Toynbee, *Lectures on the Industrial Revolution*, 227.

37　*Ibid.*, 230-231

38　*Ibid.*, 135.

上思辨，湯恩比認為馬克思是個決定論者、相信普遍性的原則。[39]
由於湯恩比深惡痛絕任何型式的決定論，馬克思主義也在這種理由
下被他所否定。

　　德國的社會改革者布倫他諾（Lujo Brentano），很值得拿來和
湯恩比相互對照。布倫他諾本來是保守主義者，日後在英國古典自
由主義的影響下，從一八六○年至一八六七年期間，逐漸轉向自由
色彩。自一八六七年起，他移居到柏林後，開始對社會問題感到
興趣。[40]一八六七至一八七九年期間，這位德國思想家和湯恩比一
樣，一方面肯定自由貿易政策，一方面提倡工會、合作社和勞工教
育。換句話說，他們兩人都主張在現存的社會結構體，進行社會改
革。這兩位處在十九世紀下半葉的思想家，一位是承受德國觀念論
影響的英國學者，一位是接受自由主義洗禮的德國學者。難怪他們
的論點會如此的接近。唯一的不同點是：湯恩比可能較布倫他諾左
傾一點點。例如，湯恩比曾經批評自由放任政策所導致的缺失，而
布倫他諾則完全反對政府任何干預的措施。不過，很有意義的是，
一八九○年之後，在社會主義的衝擊之下，布倫他諾也改變了社會
觀念，進而在德國知識份子之中擔任社會改革的核心工作。[41]此時
的布倫他諾反而更酷似早在一八八三年即已過世的湯恩比了。湯恩
比的謝世，是在一八九○年以來社會主義浪潮興起之前。沒有人敢
斷言，假使湯恩比得以長壽的話，他的思想會有什麼樣的變化。但
毫無疑問的，為了瞭解日後英國社會思想的發展，甚至研究英國如
何走向一個社會福利的國家，湯恩比的思想是不容忽視的。

39　*Ibid.*, 101.

40　James J. Sheehan, *The Career of Lujo Brentano* (Chicago: The University of Chicago Press, 1966), 9-15.

41　*Ibid.*, 116.

　　一八八一年，英國「民主聯盟」（Democratic Federation）正
式成立，在政治上，會員都反對自由黨。但在一八八三年莫里斯
（William Morris）加入這個組織前，他們並不屬於社會主義，
一八八四年，在莫里斯的領導下，才改名爲「社會民主聯盟」
（Social Democracy Federation）。可是相隔一年之後，他們便分裂
爲三。[42]其中以費邊社（Fabian Society）所主張的民主、漸進、有
彈性的改革方案與湯恩比最爲接近。但是，這一派的學理，係古典
自由主義（尤其是彌爾的觀念），與馬克思的結合體。[43]湯恩比深
受格林的影響，既不喜歡彌爾，也不接受馬克思。他會不會變成費
邊社的一員，倒有許多可疑之處。另外，十九世紀末，新基督教社
會主義興起，依照仲斯（Peter d'A Jones）的分析，由於宗教派別
五花八門，他們的政治觀念也形形色色，很難一概而論。[44]因此，
要精密地比較湯恩比和他們的異同極爲困難，尤其要推測湯恩比是
否也會附和這個新方向，係一項很冒險的推斷。

工業革命史的講述及其史學思想

　　社會改革屬於個人經世致用與現實意識的層面，湯恩比熱中此
道，不過他對近代英國政治經濟學和經濟史也相當用心。其實，
社會改革與史學思想兩者之間可以互爲表裡，人們研究過去可幫

42　Cole, *History of Socialist Thought*, vol. II, 402.

43　A. M. McBriar, *Fabian Socialism and English Politics*, 1884-1918 (Cambridge: Cambridge University Press, 1962), 7-8.

44　Peter d'A Jones, *The Christian Socialist Revival, 1877-1914* (New Jersey: Princeton University Press, 1968), 435.

助瞭解現在，關心現在也可更加認識過去。湯恩比在牛津大學授課期間，以講經濟學和經濟史為主。在短暫的生命中，為後世留下一本《工業革命史講稿》（*Lectures on the Industrial Revolution of Eighteenth Century in England*）。

這本作品，按章節的安排，大致可以分成三個部分。第一部分專評亞當斯密，第二部分重點放在馬爾薩斯（Malthus），第三部分特別駁斥李嘉圖的「工資鐵律」。就今天的標準來說，湯恩比在這本書中缺乏周詳的經濟思想體系。米涅指出，這是因為：

他並無意如同彌爾和馬歇爾（Marshall）一樣，撰述一套政治經濟學。他並沒有堅決地要呈現一套邏輯嚴謹的體系。[45]

儘管如此，這本書仍然可以當作歷史著作看待，因為它的內容採用了「歷史方法」（historical method），並且探討一些有關歷史的重要問題。

為了瞭解這本書，首先得從方法論入手。十九世紀之際，大略而言，演繹法和歷史方法彼此互爭雌雄。直到一八五〇年以前。英國古典經濟學家所採用的演繹法，在經濟學上居於優勢的地位，很少人能真正動搖它的基本理論。一八三〇年代時，仲斯（Richard Jones）曾經一度攻擊這種方法的缺失，但是聲勢太脆弱了。[46]甚至在德國，十九世紀上半葉時，歷史主義（historicism）雖然已經成為史學界的主流，但是歷史方法之應用於經濟仍然未成風氣。一八四三年羅雪（Rosher）出版《政治經濟學之歷史方法

---

45 Milner, "*Reminiscence*," xxii.

46 T. W. Hutchison, *A Review of Economic Doctrines, 1870-1929* (Oxford: The Clarendon press, 1953), 18.

講授大綱》（*Grundriss zu Vorlesunged uber die Staatswirtschaft nach geschichtlicher Method*），高唱歷史方法的重要性，然而這本書對演繹法並未造成任何重大的威脅性。[47]大約二十年後，也就是一八六〇年代，歷史主義對經濟學才有比較顯著的影響，學者們才企圖以此方法建立一套體系完密的經濟學。其中的佼佼者，可能要屬德國的史莫勒（Gustaw Schmoller）。遠在歐洲西部的英國，有些學者心儀這種方法，公開讚美他的優點。不過，討論英國學者與德國歷史主義的關係，還得特別小心辨析，千萬不可大而化之。寇滋（A. W. Coats）曾提出很有價值的建議：

英國的歷史主義者並非直接從德國獲得靈感，而是採用德國的作品，支持他們原有的偏愛。[48]

換句話說。英國人提倡歷史方法，並不是完全從歐陸進口的。他們在十九世紀下半葉也有這種觀念，只不過利用德國人的學理使之更系統化。寇滋這段話是否能涵蓋所有的英國學者，仍然值得商榷，但已足以提醒讀者，注意英國本土思想文化與歷史主義的關係。

撇開英國歷史主義的起源不談，湯恩比擁護這種方法論，是不可否認的事實。他曾說：「這種方法能檢驗經濟發展的真正原因，以及考察各種機構對於財富的分配有何影響。」[49]沒有歷史方法的應用，許多問題的研究都將困難重重。湯恩比舉例說明，爲何全英

---

47 *Ibid.*, 131-132.

48 A. W. Coats, "The Historicist Reaction in English Political Economy," *Economic*, vol. XXI, no. 82 (May 1954), 145.

49 Toynbee, *Lectures on the Industrial Revolution*, 5.

國有二分之一的土地會集中在少數的二千五百一十二人手中呢？[50]
回答這個問題必須考慮到歷史的背景，以及其他種種特殊性的原
因，絕對無法僅憑通則化的原理推論而得。依湯恩比的意見，古典
經濟學者的最大缺點便是忽略歷史的存在。[51]亞當斯密、馬爾薩斯
和李嘉圖都是一丘之貉，把經濟現象看得太簡單了。例如，他們以
為所有的競爭都是為了生存。為求生存，必會有鬥爭。因此，鬥爭
是項普遍的法則。湯恩比矢口否認這種想法，因為鬥爭不同於生
存。[52]再說，為了道德的目標及阻止暴力的發生，他反對競爭的學
說。英國古典學者因為在方法論上執著自然法則的存在，所以認為
雇主和勞工的競爭是不可避免的。也因此，這些學者對工會的效用
不感興趣。[53]湯恩比為了批評他們在政治和經濟學上的謬誤，由方
法論入手，直接攻擊他們的理論核心。

　　除了競爭的法則外，古典學者還提出其他幾種普遍性的法則，
例如，亞當斯密相信每個國家的最高政經目標都是為增加本國的財
富和權力，基於此，各國都應當採自由自貿易政策。湯恩比指責
說，史密斯忽略了生產者也有可能為消費者的利益著想。再者，史
密斯未能預察自由貿易將導致壟斷市場的結果。[54]馬爾薩斯也提出
一項有名的法則，即人口論。湯恩比更是不相信此說，因為以十九
世紀英國人口的成長率為實例，與其理論大相逕庭。[55]以上，湯恩
比儘管批評史密斯和馬爾薩斯，但是湯恩比覺得他們兩人多少還有

50　*Ibid.*

51　*Ibid.*, 1.

52　*Ibid.*, 65-66.

53　*Ibid.*, 171

54　*Ibid.*, 62.

55　*Ibid.*, 89-90.

點歷史意識，至於李嘉圖則完全與歷史相違背。他說：

他（李嘉圖）一向引用這種方法（演繹法），視人事事均追求個人
的利益爲一自明之理。李嘉圖善於從少許的資料演繹出一項個人進
步的法則。[56]

　　李嘉圖談工資的提高與人口增加的關係時，顯然漠視工會、
法令、習俗、輿論和雇主的品德等等變數的存在，無怪乎湯恩比要
毫不留情的攻訐他。

　　然而，湯恩比在肯定歷史方法之餘，並沒有全盤否認演繹法的
價值。他說，在表現宏觀的發展趨勢時，假設性的法則仍然十分
有效。[57]政治經濟學上的法則，雖然與物理上的定律有別，但是仍
然有可取之處。反過來說，湯恩比對一些學者，如雷斯里（Cliffe
Leslie）等人過分誇張歷史方法的長處，輕視演繹法，也深表不
滿。[58]事實上，這兩種方法並非水火不容永遠對立的。湯恩比分析
方法論時，意圖將當時流行的演繹法推向靠近歷史方法的一端。但
是，他也避免矯枉過正，以防止對歷史方法走火入魔。

　　湯恩比研究工業革命史，對英國史學界的貢獻絕不可等閒視
之。他是第一位使用「工業革命」這個名稱，並且將它視爲一椿歷
史大事來研究的史家。他的書籍雖然頁數有限，但是已涉及幾項重
要的問題，且成爲日後史家所討論的焦點。

　　第一，工業革命起於何時？湯恩比指出，一七六〇年之前的英
國，其經濟社會情況與一七六〇年之後有一顯著的差別。十八世

56　*Ibid.*, 110-111.

57　*Ibid.*, 5.

58　*Ibid.*, 3.

紀上半葉，商業的擴張促進了財富的增加，但是它仍然以舊工業體制爲根本。當時，勞資之間的關係相當親近，沒有所謂兩種階級的區分。[59]同時，資金額較少，也沒有什麼大型的企業存在。[60]不過，自從十七六○年以來，人口增加、農業進步、生產與貿易額提高、交通發達，在在都顯示出不同的景象。因此，這一年最有資格當作分水嶺，說明英國經濟的成長。當然，經濟社會的進步是漸進的，工業革命不是一蹴可及的。湯恩比提出的一七六○年工業革命起源說，對日後史家的影響很大。許多人接受他的見解。直到一九三四年，涅夫（J. U. Nef）出版《工業文明之精神基礎》（*Cultural Foundation of Industrial Civilization*）時，湯恩比才開始受到批評。涅夫是位美國史家，對工業革命頗有心得。[61]他一向強調歷史的連續性，認爲英國科技的快速進步，應當可以追溯到十六及十七世紀之際。[62]涅夫首開評論湯恩比以一七六○年爲工業革命起源的先河。除外，與湯恩比持不同意見的人尚有曼拓斯（Paul Mantoux）、艾希頓（T. S. Ashton）及羅斯托（W. Rostow）等人。他們認爲，工業革命的起源應比一七六○年稍晚一點，而以一七八○年，或以一七八三年至一八二○年之間最爲妥當。[63]雖然湯恩比的說法遭到異議，但是持贊同態度的仍然大有人在。例如，迪內（Phyllis Deane）在所著的《第一次工業革命》（*The*

59　*Ibid.*, 70

60　*Ibid.*, 25.

61　John U. Nef 著 *Cultural Foundation of Industrial Civilization*，其內容之評介參見余英時〈工業文明之精神基礎〉，《歷史與思想》（台北：聯經出版公司，一九七六），頁三三九～三八○。

62　Phyllis Deane, *The First Industrial Revolution* (Cambridge: Cambridge University Press, 1965), 2.

63　*Ibid.*, 3.

First Industrial Revolution）中，便是以十八世紀中葉爲工業革命的
起源。[64]

第二，工業革命所導致的影響如何？湯恩比對工業革命的影
響，大致可分爲兩分方面而論。首先，是一般性的，如人口的總增
加量、農村人口相對的減少、工廠制度取代了家庭工業、新機械的
發明，以及貿易的增加等等。其次，是特殊的，關於勞工境遇的問
題。湯恩比對勞工相當關心。他指出在工業革命影響之下，生產過
剩導致週期性的經濟蕭條。就整體而言，資本家是工業革命的受益
者；相反地，勞工卻要忍受種種痛苦。湯恩比更進一步做結論：

工業革命的結果，證明了自由競爭可能增進財富，卻沒有製造出其
他有益社會的事。[65]

由此可見，他對工業革命持著比較悲觀的看法，同情勞工的苦
楚遭遇。但是，值得注意的是，他並沒有因此對資本制度完全絕
望。天下事有利也有弊，依他的看法，自由貿易因促進國家財富而
增加對勞工的需求。[66]湯恩比的立場，顯然與維多利亞中期的客觀
環境有關。當時英國的經濟進步神速，勞工的境遇顯然比十九世紀
上半葉改善。湯恩比對當時的勞資關係和勞工的道德水準，多少還
算滿意的。[67]

第三，關於英國小自耕農（yeoman）消失的原因。按照一般
的估計，十七世紀末年英國仍然有十八萬自耕農。馬克思認爲，這
個數字要到十八世紀中葉才大量減少。湯恩比與之相左，主張小農

---

64 *Ibid.*

65 Toynbee, *Lectures on the Industrial Revolution*, 73.

66 *Ibid.*, 127.

67 *Ibid.*, 131.

的消失是從一七〇〇至十九世紀之間逐漸地進行著。[68]至於消失的原因，湯恩比也與傳統的說法有些出入。他認爲，英國的政治和社會因素影響較大，大體而言，自從一六八八年革命以來，中央以及地方行政大多掌握在地主（landed gentry）手中。[69]他們有錢可收購合併小自耕農的土地。在國會裏，他們運用權勢，保護自己的田產。結果，吃虧的是窮人以及喪失土地所有權的小農。[70]湯恩比更進一步比較英格蘭的地主與歐陸的不同。他發現，歐陸的地主政治權力較小，比較不容易併吞小農的田地。[71]在英格蘭，除了地主之外，商人也想取得土地以便獲得社會地位和政治權力，他們多少也加速了小自耕農的消失。

結語

綜合以上所述，湯恩比與惠格史家有許多不同點。就方法論而言，惠格史家往往忽略時間的變數，比較偏愛尋求古今的相同之處，而漠視相異之點。[72]湯恩比雖然不像日後柏里（J. B. Bury）之極端重視歷史的個別因素；[73]卻也相當重視歷史方法的可貴。湯恩比這位經濟學家，借助歷史方法研究經濟的問題；同時，他也可以說是位史家，專門以工業革命爲研究的對象。十九世紀惠格史家所

68　*Ibid.*, 36-37.

69　*Ibid.*, 34.

70　*Ibid.*, 42.

71　*Ibid.*, 36.

72　Blass, *Continuity and Anachronism*, xi.

73　J. B. Bury, "Cleopatra's Nose," in *Selected Essays of J. B. Bury*, edited by Harold Temperley (Cambridge: Cambridge University Press, 1930), 60-68.

忽略的方法，正是湯恩比所重視的。除外，湯恩比與惠格史家的差別在於他同情勞工，而惠格史家則站在中產階級的立場，既不願描述勞工的歷史，也不太同情他們的境遇。湯恩比批評惠格史家：

研究政治史的史家（指惠格）研究過去是爲了政黨的目的；他們探討過去只是爲了尋找例證，拿來爭論現在的事情。[74]

　　基於這兩點理由，有關「批評惠格歷史解釋」的源流，應該始於一八八〇年代的湯恩比，而非布拉斯所主張的一八九〇年代。湯恩比也許稱不上英國第一流的史家，但是，他在史學思想潮的地位，的確值得特別珍視。分析湯恩比的歷史思想，應該先認清他的社會思想，比較他與古典自由主義、社會主義學者之間有何異同。湯恩比是英國左翼自由主義和經濟社會史的先驅人物。從他以及從所屬的時代起，英國的政治才一步一步邁向社會福利的國家，同時，史學界也一波一波興起「批評惠格歷史解釋」的浪潮。

74　Toynbee, *Lectures on the Industrial Revolution*, 6.

第二章

衛布夫婦的社會思想和史學思想

「沒有歷史，就不可能真正了解今日的任何事實……」

「歷史要有意義及興致，必須從某個觀念來寫。
假使我們愈能直言不諱、承認自己的立場，則愈可能減少損害。」

　　湯姆森（Thompson）在《英國勞工階級的形成》（*The Making of the English Working Class*）中，公開挑戰歷來研究社會史及經濟史的著作。按照他的評論，以往的歷史作品主要有三種取向。第一是所謂費邊社（the Fabian Society）的論調。屬於這一類的學者社會思想偏左，一味把勞工當作資本主義或自由放任（laissez faire）體制下的受難者和犧牲品。他們悲天憫人之心有餘，可惜對勞工的奮鬥意識卻認識不足。其次是屬於所謂經驗論的經濟史家（the empirical economic historians）。這類學者一向標榜科學的或經驗的方法，所以在有意或無意之間，把勞工「物化」，當作物質及統計分析上的素材，以致於抹煞了勞工的血汗和精神上的困境，尤其忽視勞工文化的存在。這批史家的社會立足點，其實都是為資本主義辯護的。第三是所謂「天路歷程」（the Pilgrim's Progress）的觀點。這類學者與第一類同樣都是比較左傾。他們通常不顧歷史動因的多元複雜性質，以致於誇張勞工運動的貢獻，把一部勞工史當作英國朝向社會福利國家（Welfare State）或社會主義體制的進步史實。[1]

　　湯姆森所歸納的史學取向，相當值得參考，可以用來剖析一九六〇年以前的社會史和經濟史。不過，他的區分失之簡略，難免有欠貼切之嫌。因為實際上其中只有第二種可以歸類為一個學派，涵指從布萊斯（L. L. Price）、盎溫（George Unwin）、克拉漢（John H. Clapham）、艾希頓（Thomas Ashton）到哈特韋爾（R. M. Hartwell）及迪恩（Phylis Deane）等人的研究取向。這類傳統或者也稱為：「樂觀史家」（the optimists）、「偉大的專業學

1　E. P. Thompson, *The Making of the English Working Class* (New York: Vintage Books, 1966), 12.

者」（the great professionals）及「經濟史取向」（economic history approach）。把他們歸納為一個學派比較屬實。[2]至於湯姆森所舉的第一和第三種似乎有點難以斷然釐清。

就以衛布夫婦（Sidney and Beatrice Webb）來說，他們早期是費邊社的核心人物，言論思想在社群內舉足輕重，頗具影響力，按理應該屬於第一類。然而，他們夫婦崇信進步史觀，在合著的《工會史》（*The History of Trade Unionism*）一書中曾明白表示，英國工人的奮鬥過程，就是一部朝向社會的、民主國家的「天路歷程」。[3]這種以社會主義和勞工運動為歷史進步的標的，不折不扣就是湯姆森所說的第三類型史家的代表。如此而言，衛布夫婦的史學至少含有兩種取向的特質，假使勉強歸類於某一類，反而有失真實。

雖然本章有意把衛布夫婦當作社會史家看待，其實，他們更應該是社會改革者和社會學家。因為就一生的志業而言，他們為改革現實社會所投入的精力和熱忱都遠勝於治史的工作。甚至於純粹以學術研究而言，他們也樂於以社會學家自居，標榜借重「經驗——實證的」社會學方法。不過，衛布夫婦仍然值得以史家看待，因為他們兩人在社會學之外，也堅持歷史的重要性，一生撰著了為數可觀的史書，對英國史學界頗有影響。本章的主題，在探討歷史這門學問對於衛布夫婦這兩位社會改革者和社會學家何意義？為什麼他

2　R. M. Hartwell, "The Standard of Living," *The Economic History Review*, 2nd series, vol. V, no. xvi (1963-1964), 135; and his "Is the New Economic History an Expert Product? A Comment on J. R. T. Hughes," in *Essays on a Mature Economy: Britain After 1840*, Donald N. Mcoloskey ed. (Princeton: Princeton University Press, 1971), 417-418.及參見拙文，〈英國史學上的「經濟史取向」：其形成及蘇希頓的貢獻〉，錄於《中西史學史研討會論文集》（國立中興大學歷史系，一九八六）。

3　Sidney and Beatrice Webb, *The History of Trade Unionism*, revised edition (Clifton, New Jersey: Augustus M. Kelley Publishers, 1973), 718.

們在強調社會學之餘，還要肯定歷史，以及研究歷史？其次，擬分析衛布夫婦的歷史思想和社會思想之間有何關係，研究的焦點以他們的勞工史作品為主。換句話說，本章想了解他們如何討論昔日的以及今日的勞工？在評古論今之間，歷史思想與社會思想如何牽聯交互影響？而後，從上述兩個主題引伸評價衛布夫婦在近百年來英國史學上的地位。自從一八八○年以來，英國史學界逐漸興起「批判惠格歷史解釋」之際，衛布夫婦的史學有那些觀點與傳統的惠格不同？但又有那些仍然藕斷絲連？還有，在眾多新取向湧現時，他們夫婦有何貢獻？

　　由於衛布夫婦的著作數量相當驚人。本章使用原手未出版的個人日記、書信（即The Passifield Papers，現藏於The British Library of Political and Economic Science, London）除了已經出版的日記和書信外，但重點放在他們有關社會主義以及勞工史的作品。本章先分析他們的社會關懷，了解他們一生志趣的演變。[4]接著則研究他們的歷史思想，先就理論的層次，說明他們的認知取向，然後針對他們的勞工史，從具體的事實，呈顯他們的社會思想與歷史思想之間的交互關係。由此並試而評價他們在近百年來英國史學史上所應有的地位。

4　中文著作中有關衛布夫婦的思想，張明貴，《費邊社會主義思想》（台北：聯經出版公司，一九八三）。可參考。

費邊社會主義的改革理念

早期社會思想的形成

　　研究衛布夫婦的思想，應該分別以婚前和婚後兩個階段來敘述。自從一八九二年結縭之後，他們的思想志趣幾乎同道，而且相輔相成，彼此互勉，合作著述，除非有人想更精密探討他們的個性或職業有何差別，不然沒有必要把兩人分開、當作不同的個體來處理。然而，在婚前，他們的家庭背景相當懸殊，思想傾向有段差距，採取分別敘述的方式，反而較能顯現他們早期思想的成長過程。藉著個別的敘述，觀察他們的社會思想如何愈來愈相近，適巧也可理出一條線索，得知他們何以能結為夫妻，而省去其他因緣造化，不便一一詳述之處。[5]

　　衛布先生於一八五九年七月十三日出生，（名為Sidney Webb，本文以下簡稱衛布），比衛布夫人（本名Beatrice Potter，本文以下簡稱碧翠絲）小一歲多（一八五八年一月二日出生）。衛布的家庭比較寒微，父母都來自中下層社會。父親是小會計員兼收稅者，政治立場頗受約翰‧彌爾（John Stuart Mill）的影響，在一八六○年代屬於一急進份子（Radical）。母親精明能幹，篤信基

5　有關衛布夫婦如何相遇及結合之過程，參閱Jeanne MacKenzie, *A Victorian Courtship: The Story of Beatrice Potter and Sidney Webb* (New York: Oxford University Press, 1979), Chapters 6-10.

督教，十分重視子女的宗教生活。[6]早年，因家裡重視教育，衛布曾在德國及瑞士求學。到了十五歲，必須自力營生，因而無法在正規學校就讀，只好於倫敦充當辦事員。儘管環境如此困窘，但衛布生性酷似其母，頗能刻苦上進，除了白天工作之外，又先後在幾所夜校進修。他曾通過幾次英國文職人員考試，所以得以轉任政府機構，並且幾度升調。一八九一年，辭去在殖民局（Colonial Office）的職務，轉而專事寫作，議論政治。

衛布沒有寫日記的習慣，早期的書信也未曾妥善保存。[7]有關他的早期思想歷程，主要來自友人的追述，以及相關的傳記資料。衛布自幼博聞強記，閱讀速度過於常人，大約在一八八〇年以前已接觸過康德（Kant）、黑格爾、費希特（Fichte）和約翰·彌爾等人的作品。大致來說，除了宗教信仰，可能以彌爾對衛布影響最深遠。他景仰彌爾的誠摯、高潔和獨特，同時也追隨其政治思想。[8]一八八〇年左右，衛布開始接觸史賓塞（Herbert Spencer）的作品，形成個人思想上的重大突破。從此以後，他背離了基督教，轉而崇信社會有機說（theory of social organism）。[9]這套受達爾文（Charles Darwin）影響社會觀點，對衛布一生的社會和歷史思想而言，都居於核心樞紐的地位（將於本章後節詳加討論）。到了一八八二年，衛布有系統地研讀孔德（Augutus Comte）的著作以

6   Lisanne Radie, *Beatrice and Sidney Webb* (London: Macmillan, 1984), pp.47-48; Willard Wolfe, *From Radicalism to Socialism: Men and Ideas in the Formation of Fabian Society Doctrines, 1881-1889* (New Haven: Yale University Press, 1975), 185-187; Margaret Cole, Beatrice Webb (London: Longmans, Green & Co., 1945), 45.

7   Sidney Webb在一八九二年以前的信函所保存者甚少，參見 *The Letters of Sidney and Beatrice Webb*, Norman MacKenzie ed. (London: London School of Economics, 1978), vol. 1.

8   Wolfe, *From Radicalism to Socialism*, 185.

9   *Ibid*., 188.

後，才過濾、排棄了史賓塞的個人主義政治立場，並且從孔德的
身上吸取了進步史觀和利他思想，奠定了實證思想和政治集體主
義（Collectivism）的基本立場。[10]這個時候，衛布還不是社會主義
者，但從個人主義跨向集體主義，無疑的，稱得上是突破性的一
步。

　　除了政治立場外，經濟問題也是任何社會思想家所應考慮的
要務，否則處理工業資本社會的問題時，將顯得淺薄、笨拙、而
且不切實際。就經濟思想來說，衛布並不喜歡孔德的觀點。相反
地，他寧可選擇英國古典經濟學派的說法，其中以李嘉圖最重
要。他曾經師法李嘉圖的效益理論（theory of rent），也想提出經
濟學上的經驗法則。於是，除了「土地效益」（rent of land）和
「資本效益」（rent of capital），他更借用新古典經濟學者馬歇爾
（Alfred Marshall）的術語，提出所謂的「特殊才能的效益」（rent
of exceptional ability）。按照衛布的解釋，個人的才能主要來自社
會（即受教育所得）或天生，因此藉由個人智慧才能所得的效益，
也應如同土地和資本的效益一樣，都歸於社會所有。[11]由此可見，
這種效益歸公的經濟思想和他的政治集體主義頗能契合。不過，應
當注意的是，衛布仍然還沒有投入社會主義的陣營，尤其他根本不
贊同馬克思的剩餘價值論（theory of surplus value）。[12]

　　衛布之步向社會主義，大約在一八八五年至一八八六年之間。
一八八〇年代，英國的政治運動和社會思想因經濟衰退再度活躍
起來。在自由主義的陣營中，以格勒史東（William Gladstone）和

10　*Ibid.*, 189-190; Radie, *Beatrice and Sidney Webb*, 51-52.

11　Wolfe, *From Radicalism to Socialism*. 198, 200-202.

12　Radie, *Beatrice and Sidney Webb*, p.52; Stanley Pierson, *Marxism and the Origins of British Socialism* (Ithaca, N.Y.: Cornell University Press, 1973), 120.

格林（Thomas Green）為主，分別代表兩種不同改革理論，積極進行挽救英國的弊病。[13]另外，在社會主義的路線中，也有形形色色的思想或組織。例如，一八八一年亨利喬治（Henry George）出版《進步與貧困》（*Progress and Poverty*），大事鼓吹土地改革，以濟貧富之不均。同年，有「民主同盟」（Democratic Federation）成立，雖然其成員對馬克思的認識十分有限，但這個團體數得上是英國馬克思主義的前身。[14]又如，費邊社於一八八四年草創，提倡社會主義，日後對英國政治思想有莫大的衝擊。可見，一八八○年代英國已充滿改革的呼聲。在這種氛圍下，衛布不免也躍躍欲試，先後加入幾個與政治活動有關的社團（如the Argosy Society，the Zetetical Society，the Karl Marx Club及其他的急進社團）。[15]一八八五年五月，經由蕭伯納（George Bernard Shaw）的介紹，衛布正式參與費邊社。據近人沃福（Wilard Wolfe）的考證研究，就在這一年之間衛布才投靠到社會主義的旗幟底下。而後不久，一八八六年元月間，終於宣稱自己是個社會主義者。[16]

自從加入費邊社，不管在社務組織發展上，或者在理論思想的導向上，衛布都有舉足輕重的地位。這個社會主義的團體在成立初期只具雛形，成員不多，即使到了一八八八年也還不及一百人。衛布在這個社群中，與蕭伯納、華勒斯（Graham Walles）、歐里佛（Sydney Olivier）交往較密切，時常溝通意脈，甚而主宰社務的

13　Peter Clarke, *Liberals and Social Democrats* (Cambridge: Cambridge University Press, 1978), 6-7.

14　Henry Pelling, *The British Communist Party: A Historical Profile* (New York: Macmillan Co., 1958), 1.

15　Radie, *Beatrice and Sidney Webb*, 50.

16　Wolfe, *From Radicalism to Socialism*, 211.

發展，所以他們有「四巨頭」（the Big Four）之稱。以衛布的影響力而言，從一八八六年至一九三五年，他一直擔任費邊社的執行委員（the Executive Committee）。此外，早期費邊社所發行的政論性小冊子，前六十本之中，由衛布所執筆，包括未署名的在內，大約有二十五種之多。[17]其次，又如在思想的導向上，當初有些社員（以Annie Besant和Hubert Bland為首）成立「漢普斯德馬克思學社」（The Hampstead Marx Circle），有意改變費邊社的方針，朝向馬克思的路線。這項企圖在一八八七年主要因衛布的大力反對而遭攔阻。[18]

綜觀一八九二年以前衛布的思想著述，大致有幾個重點。首先，他極力抨擊資本主義和個人主義的缺點。一八八七年，出版《提供給社會主義者的事實》（*Facts for Socialists from the Political Economists and Statisticians*），書中列舉有關人口、財富分配、失業等有關經濟社會的統計數字。從這些事實，證明英國已分化為「兩個國度」（two nations）。換句話說，英國已割裂為兩個差距懸殊的社會，種種不平等的現象正殘酷地困擾下層社會的民生。[19]衛布一直深信，英國社會有兩個階級對立彼此存在，在《個人主義的困境》（*The Difficulties of Individualism*）這本書中，他更進一步指出，下層社會的一般百姓因為財富分配不均，不僅飽嚐辛酸煎熬，而且又得遭受人格上的腐化墮落。[20]他深深感觸，在資本社會

17　Edward R. Peace, "Webb and the Fabian Society," in Margaret Cole ed. *The Webbs and their Work* (London: Frederick Muller Ltd., 1949), 22.

18　Pierson, *Marxism and the Origins of British Socialism*, 126.

19　Sidney Webb, *Facts for Socialists from the Political Economists and Statisticians* (London: The Fabian Society, 1887), 10.

20　S. Webb, *The Difficulties of Individualism* (London: The Fabian Society, 1896), 7-8, 11.按本小冊子原刊於 *Economic Journal*, vol. 1 (June 1891), 360-381.

裡，窮人的物質和精神生活都不能得全。衛布所流露的關懷，與當時較爲前進的自由主義和社會主義人士相比，基本上並無太大的差別，所以大可不必在這個層次上評論或渲染他的主張。不過，問題的關鍵在於，透過怎樣的途徑才得以使下層社會免於這些苦難？這個問題的答案，當時的改革人士就未必人人盡同，這也方才是值得我們探索的所在。

從工業資本社會的失調爲前題，並基於相信社會有機體說的進化觀，衛布屢次斷言，繼資本主義以後社會主義即將來臨。在《費邊論文集》（*The Fabian Essays*）這本頗具權威性的費邊社集體著作中，收錄一篇由衛布所撰、關於社會思想發展史的文章。其內容說，社會好比有生命的有機體，必然以漸進的方式，一步一步走向終極的目標。從前英國由中古時代的封建社會演化到資本社會，如今資本社會又已疲態百生，所以勢必要跨向社會主義。不過，他也強調，社會轉型的過渡途徑，必須遵循「民主的」、「漸進的」、「不被群眾認爲不道德的」，以及「合乎憲法與和平的」四大原則。[21] 由此可以得知，他所理想的是種溫和的社會主義路線，並且反對任何的斷層、對抗和暴力。然而，假使只談這個大原則，還未必能掌握衛布所主張的改革策略，因爲溫和的路線可能有許多種方式，例如十九世紀初以來英國早已從社會立法著手、改革了不少不平等的現象。對此問題，他進一步表示，社會改革「不能經由社會立法或稅制的途徑而臻於盡善盡美，而必須透過有關的行政單位，

---

21 Webb, "Historic," in Bernard Shaw ed., *The Fabian Essays* (London: George Allen & Unwin Ltd., 1950), 32. 另有關一八九二年以年論社會主義的著作，有：*The Progress of Socialism* (London: Modern Press, 1888), *What Socialism Means* (London: William Reeves, 1888), *Socialism in England* (London: Swan Sonnenschern, 1890), *English Progress toward Social Democracy* (London: The Fabian Society, 1890), *Fabian Society: Its Object and Method* (Netherfield, Norts, Staffard & Co., 1891) .

集眾人之力而完成。」[22]衛布所以如此主張，理由是，每個社會組織如同有機體，而唯有整體性的改進，從組織上著手才能促進每個成員的幸福。他認為，十九世紀過去的種種改革，只不過在政治的民主層面用力而已，如今更應該推及社會和經濟層面的民主革新。[23]改進的途徑主要不是借重社會立法，而是透過各層的行政單位或社會組織，做整體性的調整。簡單的說，衛布為改革社會勾勒出來的理念是：以行政體系及社會組織為本，經由溫和漸進的調質，帶動政治、社會及經濟的全面革新，實現社會主義，解決資本社會所有的困境。

除了為費邊主義定向和定質，本性務實的衛布雖然憧憬未來的終極理想，但絕不僅止於空言而已。費邊主義的漸進路線固然可以說是一種溫和的、含有中產階級立場的社會主義，然而這種特質從另一個角度來說，也是衛布等人的穩健平實作風。另外，他還孜孜不倦，撰寫了不少屬於比較實際的、立即可行的改革方案。例如，他因為在倫敦市政府工作，熟稔市政狀況，所以提出許多具體的改革措施。他針對稅收問題及土地國有化問題發表己見。他也積極為勞工請命，主張八小時工作制，發表所謂的《工人政治綱領》（*The Workers' Political Program*），內容涉及：成人選舉國會議員和市政委員、參選人員之支助費、低收入者之稅收、土地及地方性工業之市營、公立學校、鐵路及運河之國營、工時及救濟金等等。[24]值得注意的是，從這些所觸及的問題，雖然看得出衛布心繫勞工，贊成勞工問政，但這並不意味他同意勞工在未來的社會組織

22　S. Webb, *The Difficulties of Individualism*, 5-6.

23　*Ibid.*, 15.

24　S. Webb, *The Workers' Political Programme* (London: The Fabian Society, 1890).

中居於絕對的領導地位，還有，在邁向新社會的途徑中，勞工也不是唯一的改革者。

碧翠絲的家境非常優裕。父母親都屬上層社會，住家有大宅院，社交來往多半是上流人士，其中如史賓塞就是他們家中的常客。[25]也因為如此，碧翠絲早年受史賓塞的影響最深，兩人的關係亦師亦友。碧翠絲曾透露，由於史賓塞的教導，她才疏離原有的基督教信仰，轉而崇信實證精神。另外在社會思想方面，也追隨史賓塞的個人主義，強調凡事人應先求自助（self-help）。[26]由此可見，出身自富裕家庭的碧翠絲，早年還不及關懷下層社會的困苦，更談不上有任何宏願改革現世台提倡社會主義。

大約在一八八三年至一八九〇年期間，碧翠絲的理念日漸傾向社會主義。其中的歷程，首先是因為朋友的鼓勵。一八八三年，她參加頗有淑世精神的「慈善會」（Charity Organization Society）。得此機會，開始觸及窮人的生活圈，並種下改善社會的念頭。[27]接著，受布斯夫婦（Charles and Mary Booth）的影響，參與勞工生活的田野調查。布斯夫人是碧翠斯的表姊，布斯先生是商人之子，心儀孔德的實證主義和利他思想。他們夫婦都很留心當時下層社會的民生，重視實際的調查研究。碧翠絲因親戚之緣，常與這對夫婦來往，而且也親自參與研究工作。當時英國倫敦東區的居民多半是低收入者，其中有不少來自歐洲的猶太移民。碧翠絲為了體驗他們的生活，曾經隱瞞真實姓名，充當女工，與他們一起工作。一八八七年十月間，她還著手研究製鞋業及裁縫業，為此她訪

25 Radie, *Beatrice and Sidney Webb*, 16; and MacKenize, *A Victorian Courtship*, 8-9.
26 *The Diary of Beatrice Webb*, vol. one, Norman and Jeanne MacKenzie ed. (Cambridge, Mass.: Harvard University Press, 1982), 70-71.
27 MacKenzie, *A Victorian Courtship*, 18; and *The Diary of Beatrice Webb*, vol. One, 85.

問了不少員工。這段日子，碧翠絲過得很充實，心智斬獲非比尋
常。[28]後來，這些調查資料經整理後發表，其中有三篇文章：〈倫
敦東區的碼頭生活〉（*The Dock Life of East London*）、〈裁縫業〉
（*The Tailoring Trade*）和〈倫敦東區的猶太社區〉（"*The Jewish
Community [East London]*"），都收集在布斯先生所編著的《倫敦
人民的生活及勞工》（*Life and Labor of the People in London*）。[29]

　　以上三篇有關勞工社會的紀實，足以反映碧翠絲對下層社會的
關懷和同情，然而畢竟還未發表任何的改革思想，尤其距離社會
主義還差一大截。一八八七年，碧翠絲開始注意英國合作社運動
（Co-operative movement），並且有心撰寫這個論題的文章。[30]這
件事對她之改革社會主義可能是個關鍵。一八八九年，她曾在日記
上表示，由於研究合作社運動，她得以有兩點獨到的心得。第一，
合作社運動是勞工藉著社團組織來分享中間商及產商的利益，但是
在牽制市場價格的功能上並不是很成功的。第二，有人認為現行的
合作社是受了理想主義者的影響，其實這種見解是錯誤的，真正的
原因是基於保護自我的利益（self-interest）。[31]這兩點不僅針對合
作社的本質而發，而且還評價其社會功能，顯然她對這種勞工組織
寄於某種程度的希望。一八九〇年二月一日，她在日記上首次提到
費邊社，並且也自認為是社會主義者。[32]二月十四日，曾與衛布共
進晚餐，兩人初次見面晤談。隔日的日記上，她說，她所以成為社

28　*The Diary of Beatrice Webb*, vol. one, 240-241.

29　Charles Booth ed. *Life and Labor of the People in London* (London: Williams and
　　Nartgate, 1889).

30　*The Diary of Beatrice Webb*, vol. one, 221-222.

31　*Ibid.*, 287.

32　*Ibid.*, 321.

會主義者，並非因為社會主義可以改善大眾的生活，而是相信只有生產的公有化（commual ownership），個人的發展才得以達到最完美的境地。換句話說，十全十美的社會主義可以與絕對的個人主義調和一致。[33]由此可見，她的社會主義在傾向集體主義之餘，也肯定個人的地位。姑且不論這種說法是否是道地的社會主義，但值得一提的是，她已經以這種思想自居了。一八九一年，她的第一本著作殺青，書名是《英國合作社運動》（*The Co-operative Movement in Great Britain*）。這本書充分流露碧翠絲想借用現成的、實際存在的工人組織來改善國家的行政體系，最終達成社會主義的理想。這本書既談合作社的過去，也談其現況和未來。既是史書，也是社會思想的作品，充分表現作者的歷史意識和社會意識是如何的息息相關。

碧翠絲與衛布從認識到結合，感情的發展曾因主、客觀因素導致一段波折和阻力；但是，始終都欣賞彼此的才能。衛布優於社會主義的理論以及現實改革的策略。碧翠絲長於勞工現況的落實研究。他們兩人終於因社會思想相近而結合，並且從此以後合作無間，相輔相成，邁向共同的志業。

中期的社會改革理想及對勞工的看法

從衛布夫婦新婚到第一次世界大戰前夕，英國的社會主義顯得比從前蓬勃發展；然而論政治實力，社會主義的信徒並不足以和自由黨或保守黨人士相抗衡。當時，自由黨中年輕一代的黨員愈

---

33 *Ibid.*, 326.

來愈激進，也重視勞工問題和積極鼓吹社會改革，不讓社會主義專美於前。例如，一八九○年代有批自由人士（以Herbert Samuel和Leonard Hobhouse爲首），時常與「勞工大聯盟」（General Laborers' Union）的成員一起聚會，研討如何改善工時和工資等問題。[34]又如，一九○六年英國大選，約有三分之二的自由黨候選人在政見上都以協助老人、改革勞工法及土地價值稅、和解決失業問題爲主。結果，這批自由人士佔盡優勢，自由黨因而贏得多數席位。[35]反過來看，一八九三年「獨立勞工黨」（Independent Labor Party）成立，政綱卻不夠明確，對於未來的遠景更是曖昧不清，缺乏明燈示人。[36]加上當時各工會組織都只顧眼前的現實問題，計較物質生活的改善，少見任何雄心和理想。[37]甚至到了一九○六年工黨成立時，也還缺乏政治氣候。所以這段期間，衛布夫婦與許多費邊社員對政黨政治缺乏興趣，他們多半以費邊社爲活動基地，只想維持所謂「純教育的團體」。[38]按照這句話的原意，是指廣義的教育，意思是比較注重思想觀念的傳播，試圖從各種管道爲每一個階層的每個人輸入集體主義的觀念。

　　大致而言，衛布夫婦按照這個方針進行了幾項重要的工作。一八九五年，衛布夫婦經營創辦了倫敦政經學院（London School of Economics and Political Science）。這所大學設立的宗旨，除了提

34　H. V. Emy, *Liberals, Radicals and Social Politics* (Cambridge: Cambridge University Press, 1973), 104.

35　*Ibid.*, 141.

36　Frank Bealey, "Introduction," to *The Social and Political Thought of the British Labor Party*, Bealey ed. (London: Weidenfeld and Nicolson, 1970), 66.

37　*Ibid.*, 6.

38　*The Diary of Beatrice Webb*, vol. Two, Norman and Jeanne MacKenzie ed. (Cambridge, Mass.: Harvard University Press, 1983), 66.

供學生直接從事原手資料的研究工作之外，更希望粹勵一批有思想的改革者。碧翠絲曾說：「改革不能光憑咆哮，而是需要精明實在的思考力。」[39]可見創辦學校，主要還是爲了培育政治上的菁英。基於類似的動機，他們於一九一三年創刊《新政治家》（*The New Statesman*）雜誌，開闢討論政治社會的園地。雖然沒有擔任主編的職務，但他們對此刊物卻相當關注，實質上的影響力不小。[40]

其次，衛布夫婦在衡量當前的政治環境之下，一方面採「滲透」的方式，試圖左右英國的政局。另一方面衛布本人則積極參預倫敦市政局（London County Council），以求改革的實效。這兩項工作也都屬於廣義的「教育」。費邊社自從成立以來，社員人數一向有限，而且又主張溫和的路線，所以只計畫在現有的政治體制內分別影響自由黨或保守黨員的觀念，使得他們在費邊主義的感化下，改弦易轍，朝向社會主義。[41]爲了「滲透」的策略，衛布夫婦廣結知名人士，社交頻繁。這種方法畢竟不如直接參政，很難有立竿見影的成果，所以費邊社員無法擠進英國政府的核心，而衛布也只好選擇在地方政府發揮所長。從一八九二至一九〇一年期間，加入倫敦市政局中許多單位的委員會，而且幾乎每項市政改革都參與意見，其中他在教育改革委員會特別投入大量的心血。[42]

著述立說當然也是種廣義的「教育」。衛布夫婦早在新蜜月期間，已迫不及待著手研究工會史。[43]他們因爲關懷勞工的處

---

39 *Ibid.*, 57.

40 S. K. Ratcliffe, "The New Statesman," in *The Webbs and Their Work*, Cole ed., 131-144.

41 R.C.K. Ensor, "Permeation," in *The Webbs and Their Work*, Cole ed., 57-71.

42 Alan M. McBriar, "Sidney Webb and the L.C.C.," *The Webbs and Their Work*, Cole ed., 75-97.

43 *The Diary of Beatrice Webb*, vol. Two, 19.

境，寄望健全工會的組織，藉以促進英國實行社會主義，而且他
們也都意識到歷史可以指責現實，所以合著《英國工會史》，並
於一八九四年出版。這本書象徵著兩人志業上的結晶。繼這本書
後，因有感於史書只能描繪工會的外在性質，無法掌握其內的
共同觀念（common notions），所以又採用所謂科學的社會學取
向，撰寫另一部有關工會的著作，稱為《工業民主》（*Industrial
Democracy*），於一八九八年問世。[44]這本書的內容，分別剖析工
會的結構和功能，以及評論各種工會理論的得失。由於含有濃厚
的個人價值判斷，實質上這本書是衛布夫婦的社會主張。以往他
們談論費邊主義的基本理論，也針對勞工困境提出一些立即可行
的改革措施，但是，都不如這本書之有系統研究工會的組織和任
務。鑑於十九世紀的改革多半僅止於政治民主的層面而已，這本書
再度聲明，完美的民主應該擴及經濟和社會層面。所謂「工業民
主」一辭，以我們現代的語言表達，就是一種具有民主色彩的社
會主義體制，人人享有政治及經濟社會雙重層面的平等權利。為
了這項終極目標，衛布夫婦肯定工會組織應該負起相當重大的時
代使命。本書明確地指出，現行的工會仍然有不少缺點，其中較
特別的有：各工會之間的組織有失鬆散，很難發揮「集體交涉的
方略」（the method of collective bargaing）和「制定法令的方略」
（the method of legal enactment）。[45]衛布夫婦理想中的工會是，
應有權力較集中的同盟組織（a centralized federal action），有中
央委員會（a central committee），以及有一批菁英，即負有實際
責任和領導權的幹部（a front Bench of responsible leaders），以求

---

44 S. & B. Webb, *Industrial Democracy* (London: Longmans, Green, and Co., 1897), v.
45 *Ibid.*, 173-277, 247-278.

徹底有效地解決勞工問題。[46]應該特別留意的是，衛布夫婦所建議的勞工中央組織，並非絕對中央集權或者個人獨裁，而是採取同盟的形式（a federal form）。在這同盟組織內，一切都實行代議制（representative）。[47]所以工會也類似國會一樣，有專業性的、受過教育的代表，眾人集思廣益，既能提升工會的素質，又能不慍不火契合民主的原則。[48]

由於衛布夫婦所期望的勞工運動是理性的及民主的，所以對時下一些較偏激、較集權，或者賦予勞工過多時代使命的社會思想，他們也一概迎擊反對。二十世紀初工團主義（Syndicalism）興起時，衛布批評這種思想不僅過分強調暴力的罷工手段，而且成員也毫無組織和計畫。同時，這批人的著眼點也太囿於物質層面了，為了維護本身的利益，一切都以仇恨和敵對為出發點，缺乏友愛之情和追求彼此共同利益的理想。這種心態被衛布鄙視為「自我本位的物質主義」（egoitistic materialism）。[49]另外，他也批評工團主義的做法有許多不切實際之處。例如，工團份子主張勞工應該擁有一切生產所得，及廢除資本主義的薪資制度。但是，衡量實情，勞工根本缺乏積蓄，即使礦工能組織全國性的工會（the National Union of Coalminers）也得按時領錢回家，否則立刻三餐難繼，更不用說與資方長期對抗了。再說，「勞工每週領回來的錢，對他的妻子而言，仍然是一筆『薪水』，唯一不同的是，其款額與她丈夫從前領

46　*Ibid.*, 275.
47　*Ibid.*, 136 & 140.
48　*Ibid.*, 275.
49　S. & B. Webb, *What Syndicalism Means* (London: The National Committee for the Prevention of Destitution, 1912), 16.

自資本家手中的數量不同而已。」[50]一九一二年，由柯爾（G. D. H. Cole）、霍布生（S. G. Hobson）和奧倫基（A. G. Orange）為首，另起爐灶，提倡「基爾德社會主義」（Guild Socialism）。這種思想也因受工團主義的影響，帶有無政府主義及反行政官僚的色彩，雖然手段上有別於工團主義的偏激，但卻重視勞工之控制社群。[51] 這種想法當然也與衛布夫婦一向所重視的行政體系想齟齬，所以後來也被費邊社中老一輩的領導人所壓制。[52]

完成《工業民主》以後，衛布將大半精力轉而投入一些實務，例如，倫敦市政局、倫敦政經學院和倫敦大學。他們寫作的重點則轉移到地方政府和濟貧法的研究。由於衛布外務繁雜，實際上碧翠絲在這方面反而盡了較大的心力。從一八九八年起，他們夫婦陸陸續續發表有關地方政府研究的作品，後來經集結成為一套叢書，共有十一冊。其內容分別涉及英國的地方行政單位（有 parish, county, manor, borough）、地方政府的特殊職責、皇家的馳道、地方政府的監獄、英國濟貧政策、濟貧法史、以及酒類管理法等。這些實際問題，有不少是衛布參與倫敦市政改革的經驗，投射到有系統的研究。大致而言，這套叢書的寫作方式，大都先追述每個研究對象的歷史，而後分別就其結構與功能來分析，並評價其得失。這與他們研究工會和合作社一樣，不僅留心歷史演變背景，而且也分析動態的結構和功能。同時，寫作的動機，無不為了經世致用，改革現世。工會也好，合作社也好，和地方政府一樣都是屬於廣義的社會組織或機制（social institution），衛布夫婦傾力研究它們的歷

50　*Ibid.*, 12.

51　Gerald L. Houseman, *G. D. H. Cole* (Boston: Twayne Publishers, 1979), 50.

52　M. Cole, *Story of Fabian Socialism*, 207.

史、現在的結構與功能，並設計未來的藍圖。他們在在所關心的
是，如何健全這些社會組織的行政體系，以便順利推行社會主義的
目標。勞工固然是衛布夫婦念念不忘的一群人，但是所有的社會組
織，依他們夫婦的主張，並不應該完全由勞工領導控制（workers'
control），也不應該完全只爲了勞工而已。

晚期的思想及參與英國黨政

　　大約在第一次世界戰爆發的前夕，衛布逐漸參與政黨政治，並
且奠立日後跨入中央政府權力核心的基礎。一九一四年之前不久，
國際間戰雲密布，情勢愈來愈緊張，英國勞工一度想防止戰火的
點燃，殃及民生，曾組織「和平緊急委員會」（Peace Emergency
Committee）。當戰爭成爲不可避免的事實時，勞工又改組成立所
謂的「勞工國家委員會」（Workers' National Committee）。由於
工黨和費邊社都是這個組織的團體會員，衛布得此機會與工黨的領
袖廣泛接觸，並且逐步參預工黨的事務。[53] 到了戰爭末期，英國勞
工運動發表「戰爭的目的」（Labor's War Aims）。衛布不是這紙
宣言的唯一作者，但他卻是主要的起草者，可見他在工黨中已是舉
足輕重。[54] 一九一八年工黨內部大幅度整頓，除了團體會員，個人
也可以入會，同時，工黨發表新的政治綱領「勞工及新社會秩序」
（Labor and the New Social Order）。這分文獻幾乎完全出自衛布一
人之手，同時也象徵衛布眞正參與政黨政治的開端。在文獻中，他

53　J. S. Middleton, "Webb and the Labor Party," in *The Webbs and Their Work*, ed. by M. Cole, 169.

54　MacKenzie, "Introduction," to *The Diary of Beatrice Webb*, vol. Three (Cambridge, Mass.: Harvard University Press, 1984), 210.

提出戰後政治的四大原則：（1）普遍實施全國性法定最低工資制
度；（2）工業的民主；（3）國家財政的重大變革；（4）剩餘財
富歸爲公益。[55]其中的基本精神可以說是衛布社會思想的流露。到
了一九二二至二三年期間，衛布擔任工黨全國執行委員會主席，並
且參加選舉，當選爲議員，入席下議院。一九二四年，工黨第一度
組閣，衛布首掌商務部（Board of Trade），可見此時衛布不僅在工
黨黨部內，而且更上一層樓，在英國政府中也位居要津。

　　除了實際參政，戰後衛布夫婦仍然不斷發表有關社會思想的
著作，只是篇數已不如往前之多。就重要性而言，《大英社會主
義的共和國的憲法》（*A Constitution for the Socialist Commonwealth
of Great Britain*）最值得留意。這本涉及政治藍圖的作品與《工業
民主》的基本見解一樣，認爲討論政治應該將每個人同時當作既是
生產者、消費者，又是國家公民來看待。所以談民主，不僅應該顧
及公民的權利，也應該考慮生產者或消費者的利益。[56]由此可以肯
定，他們夫婦是多麼執意民主應該包括政治、經濟和社會的層面
才得以周延。另外，他們也聲明，民主不僅是社會主義的目的，
而且也是方法。[57]可見，溫和漸進的路線仍然是他們實踐理想的法
則。在這本書的第二部分，衛布竭盡心力勾畫未來全國性政治組織
的藍圖，其中有關國會的部分，英國傳統的上議院已被取消，下
議院則分化成兩個新單位，一是所謂的「政治議會」（the Political
Parliament），主掌全國性的政治和法律，另一是所謂的「社會議

55　Middleton, "Webb and the Labor Party," 176.

56　S. & B. Webb, *A Constitution for the Socialist Commonwealth of Great Britain* (London:
　　Longmans, Green and Co., 1920), xvii.

57　*Ibid.*, xviii.

會」（the Social Parliament），專營經濟和社會的問題。[58]談起有關企業國有化時，衛布夫婦表示，未來的社會主義國家，因為地方政府及消費合作社將負起相當重要的功能，所以大約只要六個國家直營的企業就足夠了。[59]至於合作及工會，他們夫婦的期許並不減當年。只是他們不滿合作社運動至今仍然缺乏有效率的組織，假使不把所有的會員凝聚在一起，根本緣木求魚，奢想實現民主政治。[60]工會的組織雖然情況稍佳，至少有三種全國性的團體存在，即：英國工會大會（the British Trade Union Congress）、地方性工會的同盟（the Federations of Local Trade Unions）和工黨。可惜，這些組織，依衛布夫婦的標準，仍嫌鬆散，功能也自然有限。[61]衛布夫婦對勞工社會組織所以如此責之切，可以說完全是基於愛之深。自從一九一七年俄共革命以及第一次世界大戰結束之後，英國弊端百露，自由黨也大為式微，衛布夫婦對資本主義之失望有增無減。[62]他們認為，資本主義不僅是貧困叢生及種種不平等現象的根源，而且也是世界戰爭大浩劫的禍首。[63]資本主義的文明面臨崩潰之際，勞工和社會主義無疑的應該擔當時代的主流。[64]所以工會也應該更有組織，發揮力量，成為反資本主義的主要利器。[65]

　　兩次大戰期間，工黨曾經先後兩次組閣，表面上來看，似乎已成功取得政權，其實卻艱辛萬難，挫折重重。第一次，工黨政府只

58　*Ibid.*, 110-111.

59　*Ibid.*, 168.

60　*Ibid.*, 31-32.

61　*Ibid.*, 32.

62　S. & B. Webb, *The Decay of Capitalist Civilization* (Westminster: The Fabian Society, 1923), 155.

63　*Ibid.*, 148-149.

64　*Ibid.*, 4.

65　S. & B. Webb, *The Decay of Capitalist Civilization*, 274-277.

有短暫一年的壽命。這個內閣剛成立不久，即在一九二四年初，碧翠絲對新政府的穩定性並不表樂觀。她表示，真正的民主政治其政府應該得到大多數人的支持，議會組織也應該擁有大多數選民的擁戴。然而，藉這次選舉而上台的工黨，其國會議員所獲得的總票數，並沒有佔大多數。[66]碧翠絲的預言不幸而言中，第一次工黨內閣不久便夭折。一九二九年，工黨再度組閣，可惜遇到經濟大恐慌的風暴，工黨成員束手無策。一九三一年八月二十二日，衛布參加內閣會議，回家後，一時之間身心無限疲憊，萬念俱灰，雖然懷有理想、有主張，善於組織籌畫，此時此刻也茫然不知所措。[67]於是就在心情低潮的狀態下，衛布夫婦將目標轉移到俄國的共產社會。

衛布夫婦從早年以來一向不喜歡馬克思主義，對於一九一七年成立的俄國共黨政權也不表推崇。一九二六年，還曾在日記上表示，蘇維埃俄國和法西斯義大利都是一丘之貉。[68]一九二○年代，他們夫婦雖然曾言及「階級戰爭」（class war），和「階級意識」（class consciousness）等字眼，[69]但這並不意謂他們已放棄溫和路線，改用革命、暴力的手段。其實，他們仍一如往昔，反對任何突然而來的巨變。[70]所以一九二六年五月初英國大罷工（the General Strike）發生時，碧翠絲深感無法容忍這樣的舉動。[71]然而，為什麼在短短的數年間衛布夫婦轉而心儀共產政權？有幾項因素值得一提。自從一九三○年初以來，衛布夫婦與當時俄國駐英大使索

---

66 *The Letters of Sidney and Beatrice Webb*, vol. Ⅲ, 193.

67 *The Letters of Sidney and Beatrice Webb*, vol. Four (Cambridge, Mass.: Harvard University Press, 1984), 251.

68 *Ibid.*, 89.

69 *Ibid.*

70 *Ibid.*

71 *The Diary of Beatrice Webb*, vol. Four, 75.

可尼卡夫（Gregari Sokolnikov）認識而相交，並且日漸受其「滲透」。[72]這位大使曾進一步策畫邀請衛布夫婦到俄國旅行，安排他們參觀各項所該看的。加上當時納粹（Nazi）興起，歐洲國際間有股洪流傾向共產主義和蘇聯。然而衡量各種因素，最重要的一點，還是衛布夫婦對工黨政府及英國社會的徹底絕望。他們本性崇尚實際，主張改革社會必要先建立功能良好的社會組織，並且以「社會工程師」自居。[73]他們確實費盡心血，精製新社會的藍圖，並且按圖施工。但是在一九三○年代卻發現工黨政府這部新社會的機器失靈，無法應付經濟大恐慌。相反地，當時史達林（Stalin）實行五年經濟計畫（Five Year Plan）頗為成功，蘇維埃俄國大展鴻圖。兩者相互對比之下，晚年的衛布夫婦奮筆疾書，讚美俄國社會主義是人類的新文明，並且為史達林辯護，說他不是獨裁者。[74]尤其，他們夫婦還肯定俄國政治是全世界最民主和平等的；[75]換句話說，也就是「工業民主」的實現。[76]

晚年衛布夫婦對於俄國的印象，可以說是因為對英國現實政治社會組織的絕望，才轉而寄望東歐現行既有的組織之上，但這並不等於他們放棄了一生經營所得的社會理想。一九三八年，碧翠絲重估馬克思主義，對《資本論》（*The Capital*）的興致比從前提高。

---

72 *Ibid.*, 208.

73 *The Diary of Beatrice Webb*, vol. Three, 357.

74 衛布夫婦晚年所著有關俄國的作品，計有 I*s Soviet Communism a New Civilization* (London: The Left Review, 1936) ; *Soviet Communism: A New Civilization* (London: Longmans, Green and Co., 1944) ; *Soviet Communism: Dictatorship or Democracy* (London: Longmans, Green and Co., 1942) ; "The Future of Soviet Communism," in Cole ed., *What is Ahead of Us?* (London: George Allen & Unwin Ltd., 1937) .其論史達林之語，見 *Soviet Communism: A New Civilization*, xx.

75 *Ibid.*, xxi.

76 *Ibid.*, xiix.

她表示過去所犯的錯誤，是忽略了馬克思之宣稱資本主義終將崩潰。[77]這段自白千萬不可被誇張或扭曲成衛布夫婦已信仰馬克思主義的證據。一九四○年年底，碧翠絲在一封私函上曾說：「我們所稱讚的並非馬克思的辯證法，而是列寧（Lenin）和史達林所建立的民主政治。」[78]一九四二年，還說：「政治民主若是沒有工業和社會民主便是滑稽可笑的。」[79]可見他們夫婦所犯的錯誤，在於把俄國現行的組織當作他們一生理想的實現，至於從早年以來所懷抱的社會終極理想並沒有拋棄，直至一九四三年碧翠絲過世，及一九四七年衛布也過世。

衛布夫婦的史學認知取向

衛布夫婦生性比較務實，不喜歡空談社會理想，或浮泛的改革政策，所以治學的層次既不高攀到形上學，或任何超越時空的普遍性法則，更不深入任何有關本體論或人性論的問題。即使談論具有時空界定的歷史現象時，他們也不樂道那些涉及亙古數千年的哲學性解釋。唯一層次較高、涵蓋較遠，而爲衛布夫婦終生信守不渝的理念，就是進步史觀了。

本章前節曾提起，衛布夫婦時常以進步史觀說明社會思想的發展，並以此推論社會主義即將來臨。這種理念早在《費邊論文集》中，已表現得非常清晰。衛布以進步史觀爲架構，敘述英國

77　*The Diary of Beatrice Webb*, vol. Four, 412.

78　*The Letters of Sidney and Beatrice Webb*, vol. Ⅲ, 445.

79　*Ibid.*, 459.

和歐洲如何由中古封建社會演變到個人主義的資本社會，而後預
言社會主義即將來臨。[80]一八九〇年以後，衛布屢次陳述這種見
解。例如，《英國之進步朝向社會民主》（*English Progress toward
Social Democracy*）很具體地指出，人類的進步與追逐經濟效益
（economic rent）和剩餘產品有很密切的關係。[81]直到晚年，衛布
夫婦對於進步史觀的肯定語氣似乎有增無減，甚至直截了當宣判
資本主義已經崩潰，被時代洪流所淘汰。[82]其實，除了社會思想
史，衛布夫婦也經常以進步史觀解釋社會史和勞工史。碧翠絲晚年
曾經向漢蒙（Hammond）表示有意寫一部著作，敘述從費邊社會
主義，經資本主義的崩潰，到蘇維埃共產主義之間三個階段的歷
程。[83]這一部從來沒有開筆的作品，其骨架也是以進步史觀為主。
值得留意的是，這種念頭充分流露了衛布夫婦的自信。他們以為，
一生的心路歷程正好踏在人類社會體制發展的軌道之上。他們有感
工業文明的困境和種種不平等的現象，因而對勞工及下層社會付諸
關懷，所以都屬於軟心腸的「悲觀史家」（the pessimists）。[84]然
而，對人類文明的遠景和信心來說，他們的生命意識卻分享維多利
亞女王時代英國人的樂觀精神。只是其中的差別是，維多利亞的樂
觀是以中產階級為基礎，以當時大英帝國的富強繁榮為背景。而衛
布夫婦的樂觀是預定資本主義已經崩潰，社會主義即將來臨。前者
是滿足現狀的樂觀，後者是寄望於未來的樂觀。

衛布夫婦的進步史觀，從遠處講可溯源自啟蒙運動時代，當時

80　S. Webb, "Historic," in *The Fabian Essays*, 24-27, 56-57.

81　S. Webb, *English Progress toward Social Democracy*, 4-5.

82　S. & B. Webb, *The Decay of Capitalist Civilization*, 6-7.

83　*The Letters of Sidney and Beatrice Webb*, vol. Ⅲ, 443.

84　Hartwell, "The Standard of Living," 135.

有些英法學者因為對理智及實證方法充滿信心，所以肯定文明勢必不斷進步朝前。這種見解及生命意識後來由孔德加以發揚光大，並提出由神學經玄學到科學等三個時期的進步史觀。衛布夫婦的認知取向，承續了這套傳統。不過，從近處講，他們的進步史觀是直接採擷自史賓塞的學說。由於早年就傾向社會主義，衛布難以接受史賓塞含有個人主義及中產階級意識的社會思想，但卻吸取了社會有機體說，一方面相信社會文明演化的觀念，一方面也認為社會並不是一群獨立、個別原子（individual atoms）的聚集，而是類似細胞之間有生命的整合。[85]很顯然地，衛布轉化並強化了史賓塞的有機體說，使之成為其社會主義的基石，同時承續其進步史觀，推演社會主義的來臨。至於碧翠絲與史賓塞的關係更非常人所可心擬。幼年時，處處以基督教信仰為原則，然而在與史賓塞接觸後，她愈來愈崇信實證科學。尤其讀過了《第一原則》（*First Principles*）以後，幾乎完全成為史賓塞的門徒。[86]因為轉向社會主義又與衛布結婚（史賓塞一直大力反對），從此才與史賓塞斷絕來往。但她仍然沒有忘懷他的教導恩澤。一九〇三年史賓塞去世的噩訊傳來時，碧翠絲在日記上追思這位「老友」，感激受其科學思想和社會有機說的薰染。[87]

由於衛布夫婦的思想直接承續自史賓塞，所以掌握這條線索，更進一層從因果論和認識論下手，將有助於顯示這對夫婦的思想。史賓塞早年的成長環境中，除了基督新教（主要有英國國教、衛理教派和桂格教派），就是以自由放任為基礎的功利主義主導英國的

85　S. Webb, *Difficulties of Individualism*, 17.

86　*The Diary of Beatrice Webb*, vol. One, 27.

87　*Ibid.*, vol. Two. 307-308.

思想。史賓塞的學術成就，在於如何衝破宗教的桎梏，以及如何在功利主義的基石上又往前推進，[88]既是繼承而又有批判。衛布夫婦的學術歷程幾乎也是一樣。他們疏離宗教信仰，不以神學為認識論和社會思想的支柱，而一再強調科學的實證精神。早期撰寫的作品中，衛布很喜歡引用統計上的資料，證明社會現況有那些具體的缺失，以供社會改革者和市政改革者參考。[89]衛布在費邊社的長年老同事也曾說，衛布無論治學或論政都熱勁十足，喜歡舉出詳確的事實。[90]至於碧翠絲則更積極從事田野調查，直接落實體驗下層社會的生活。一八八三年，為了研究合作社運動，曾到一個有許多紡織廠的小鎮（名Bacup）上，[91]而後也深入倫敦東區的工人社會。碧翠絲的研究方法，除了受史賓塞的影響，也受布斯先生及兩位實證主義學者（Edward Spencer Beesly和F. Harrison）的親自指導。[92]由此可見，衛布夫婦的認知取向基本上站在「經驗——實證的」傳統之內。也因為如此，他們結婚之後便一拍即合，秉執這個信念合作著述。在《工業民主》的序文中，他們一開始便宣稱，這部作品試圖以科學的分析法來研究英國工會，其內容將竭盡所能提供量化的資料，以供了解靜態和動態的工會。[93]一九三二年，他們更有《社會研究的方法》（*Methods of Social Study*）問世。這本純粹關於方

88　J. W. Burrow, *Evolution and Society: A Study in Victorian Social Thought* (Cambridge: Cambridge University Press, 1966), 185.

89　如所著之 *Facts for Socialists* 及 *Fact for Londers* (London: The Fabian Society, 1889).

90　Peace, "Webb and the Fabian Society," 17.

91　*The Diary of Beatrice Webb*, vol. One, p.99.

92　按 Harrison 於一八八〇年至一九〇五年任倫敦實證會社（Positivist Community in London）的主席，一八九三年創刊《實證主義評論》（*Positivist Review*），碧翠絲受其影響，見 *The Diary of Beatrice Webb*, vol. One, 168. Beesley 也是英國實證主義的名流，專攻勞工問題，碧翠絲與他的關係，見 *Ibid.*, vol. One, 194.

93　S. & B. Webb, *Industrial Democracy*, v.

法論的作品，內容充分顯示重實際經驗，及個別具體事實的實證精神。他們建議，研究社會的人員都應具備幾項基本態度。第一，對於所看的、聽的、或讀的，必須集中專注；第二，必須謹慎耐心，檢討所有蒐集到的事實資料，千萬不可亂猜想，或者拿一些能適用的答案來套任何通盤性的問題。最後，必須認清自己的偏見，並且想辦法盡量免除這些偏見。[94]

就因果論而言，衛布夫婦並不嗜談任何太抽象、涵概性太廣泛的普遍法則。進步史觀是他們唯一接觸到層次最高的法則。然而，嚴格地說，他們的進步史觀相當沉潛，而且有限度，既不是目的論，可以橫架整個永恆的時空，更不是馬克思的歷史物質論，可以從遠古的原始共產社會，一瀉千里談到未來的共產主義社會。當然也不是蘭克（Leopold von Ranke）的歷史主義，把歷史的每一個時期、每一個個體平等地歸源於上帝的旨意。衛布夫婦的進步史觀，頂多只是指導他們，解釋從封建社會到社會主義這段過程而已。他們雖然主張研究方法不妨借重一些假設（hypotheses），[95]但是就因果法則的實際應用上，他們還不如法國年鑑史家（the Annales historians），如布洛克（Mac Bloch）之尋求「長程的法則」（the long terms of historical law）及「環結」（ties），[96]或如薄岱爾（F. Braudel）之熱中歷史的「長波」（the long waves）及涵蓋性較短的「連結」（conjunctures）。[97]衛布夫婦在因果法則的處理上，還是與史賓塞比較接近。

94　S. & B. Webb, *Methods of Social Study* (London: Longmans, Green & Co., 1932), 31.

95　*Ibid.*, 60.

96　Georg Iggers, *The New Directions in European Historiography* (Middletown, Connecticut: Wesleyan University Press, 1975), 55.

97　*Ibid.*, 59.

　　史賓塞直接繼承十九世紀功利主義的經驗哲學，同時又得在這塊礎石上修建新的殿堂。在因果論上，他曾抨擊功利主義的學者太誇張人性的不變律或永恆律，而忽略了演化過程的變動性和複雜現象。[98]衛布夫婦所要突破的藩籬與史賓塞一樣。他們和早期費邊社的多位同事都表示，他們的社會終極目標都是爲了一般平凡大衆（the ordinary man），因爲這些人才是在工業社會下忍受一切痛苦的最大多數人（the great majority），如今的社會主義者就是新生一代的邊沁主義者（the Benthamites），其時代使命是爲這一代的幸福而改革社會。[99]衛布夫婦所主張的「非革命」社會主義，僅就思想邏輯而言，也與功利主義有直接的關係，因爲他們都堅持憑藉非革命的途徑，才能符合所謂「最大多數人的最大幸福。」[100]以上兩點是衛布夫婦與功利主義的繼承關係。至於在批判關係上，他們夫婦也如同史賓塞一樣，不滿意邊沁把社會人群視同原子單位的聚集，所以轉而宣揚社會有機體的學說。[101]史賓塞的社會有機說，特色之一是，把社會當作整體單元看待，屬於一種「綜合的哲學」（Synthetic Philosophy）。研究社會群體時，他重視社會組織的結構和功能。[102]衛布夫婦完全師承這套觀點，所以在學術研究上，樂道各種不同的、既有的社會組織，如工會、合作社及地方政府，甚至於孜孜不倦，設計一個理想中的「工業民主」和「社會主義共和

98　Burrow, *Evolution and Society*, 216-217.

99　S. Webb, *Socialism: True and False* (London: The Fabian Society, 1894), 6.

100　G. D. H. Cole, *The Development of Socialism during the Past Fifty Years* (University of London, The Athlone Press, 1952), 5.

101　Webb, *Toward Social Democracy* (Westminster: The Fabian Society, 1916), 39-40; S. & B. Webb, *Methods of Social Study*, 10.

102　Burrow, *Evolution and Society*, 194.

國」。他們也主張分別觀察社會組織中的結構和功能。[103]以《工業民主》爲例，這本書前兩個單元的標題，分別就是「工會的結構」和「工會的功能」。當討論「結構」時，除了先描述早期工會的成員、領導形態，和各部門的相關性，接著便大篇幅剖析十九世紀工會內部的體系。他們夫婦宣稱，這個部分只做靜態的觀察，而不涉及好壞的評價。第二個單元衡量在工會的組織運作下，「集體交涉的方略」、「制定法令的方略」、「仲裁」等等功能有多大的效率。取比喻，第一個單元好比先觀察一匹賽馬的筋骨，第二個單元則測試及評價牠的奔馳飛躍能力。了解衛布夫婦治學的著眼點，便可以順理解答，爲什麼他們的社會改革思想一向偏重社會組織或社會行政體制。在衛布夫婦的眼光裡，國家是個整體的大組織，所以他們以「國家」爲對象寫了《社會主義共和國的憲章》，也加入英國的黨政活動，並且評價英國工黨政府和俄國蘇維埃政權的優劣。衛布夫婦，認爲大組織之下各小組織也應健全，所以，他們獻身工會、合作社和地方政府的研究和實際改革活動。由此可見，他們夫婦的學識與現實工作，即知與行之間，有堅韌的連帶關係；他們的視野因爲如此的落實在既定的時空之上，所以研究取向雖然偶爾借重因果法則，但其涵蓋範圍相當保留有限。

　　社會有機說比功利主義更強調社會的變動，所以顯得更有歷史意識。衛布夫婦一生都以社會學家自居，所寫的《社會研究的方法》也以社會學的方法論爲出發點。然而，社會學的取向及方法論並不能滿足他們的變動意識或歷史意識。在研究眼前一些比較具體的社會組織時，他們都先描述歷史的變遷。這也是爲什麼他們的作

---

103 S. & B. Webb, *Methods of Social Study*, 13-14.

品觸及工會史、合作社運動史和地方政府史。比較一下衛布夫婦和湯恩比處理歷史變遷的取向，可以凸顯他們夫婦的歷史思想。湯恩比因為受格林的觀念論和歷史主義的影響，所以歷史意識比英國古典經濟學者鮮明，而且從這種觀點發展出一套經濟學。他所寫的作品既可視為經濟學，也可當作歷史書，二者合而為一。[104]雖然他的歷史認知取向並非道地的觀念論，但最起碼已叛離了古典經濟學的「經驗──實證的方法」。至於衛布夫婦的歷史意識，顯然站在「經驗──實證的」認知取向之內。他們只在這個認識論的傳統內做局部的改變，增補古典經濟學者及功利主義者所短拙的歷史意識。為了達成這項目的，衛布夫婦選擇扮演雙重角色，有時候是社會學家，有時候是史家，二者互補，但不是整合為一。

撰寫歷史作品，除了可以滿足認知取向上的變動意識，衛布夫婦另有濃厚的現實動機。十九世紀蘭克所屬的歷史主義，在史學理論上主張「為歷史而研究歷史」（Study history for its own sake）。這種信念，直到二十世紀仍然被新觀念論者，如巴特費爾德（Herbert Butterfield）所宣揚。巴氏曾在一九三〇年以此論點撻伐十九世紀惠格史學的「以今論古」或「古為今用」，因為惠格史家受了政黨偏見所驅使，研究歷史多少現實的功利價值意念。[105]另外，一八八〇年代以來，歐美史家日漸走向專業化，因而多半也站在求真的立場上，標榜為學術而學術。不過，歷史主義學者和專業史家雖然理論上都自信「價值中立」（value free），實際上都免不了有各自的政治社會立場。[106]衛布夫婦的社會主義立場與惠格史家

---

104 周樑楷，〈英國史學上的經濟取向〉，頁二五八。

105 Herbert Butterfield, *The Whig Interpretation of History* (London: G. Bell and Sons, Ltd., 1963), 24, 39-40.

106 Rosemary Jann, *The Art and Science of Victorian History* (Columbus: Ohio State

不同，已勿庸再詳論，然而在治史的動機上，兩者雷同，都有現實的目的。這一點正是他們夫婦與歷史主義和專業史家在史學理論上最大的區別。以下略舉衛布夫婦的具體言論以資證明。在研究英國地方政府的基礎單位時，他們曾說：

地方政府目前的現實問題，是我們主要的興趣所在。我們所注視的，是分析我們這一代的地方政府。但是，在這工作之前，我們得先討論一八三五年之前的舊事。……我們發現現今的地方政府十分根深柢固源於過去，然而過去是如此複雜和朦朧難解，所以我們不得不特別花點工夫，研究一八三二至三五年改之前的歷程。[107]

又說：

沒有歷史，就不可能真正了解今日的任何事實……[108]

可見歷史往事有指導現今工作的功能。為了這個動機，他們當然考慮到立場及偏見的存在。於是他們又說：

歷史要有意義及興致，必須從某個觀念來寫。假使我們愈能直言不諱、承認自己的立場，則愈可能減少損害。[109]

其實，就實際成果而言，史家自古以來不管如何自信「價值中立」，都免不了與現實掛鉤。衛布夫婦與蘭克、巴特費爾德，或專業史家的不同，並不在於誰的史觀能免除現實的政治社會立場，而

　　　University Press, 1985), 226.
107　S. & B. Webb, *The Parish and the County* (London: Longmans, Green, & Co., 1906), vi.
108　S. & B. Webb, *English Poor Law Policy* (New York: Archon Books, 1963), v.
109　S. & B. Webb, *English Poor Law History, Part* II (New York: Archon Books, 1963), viii.

是在於誰較有濃厚的現實意識？那位史家實際上站在那一個立場來解釋歷史？衛布夫婦服膺「經驗——實證的」認知傳統，特別是奠立在這個傳統基石上的史賓塞社會有機體說。他們的確有求眞的誠摯，但卻也堅定社會主義的立場。對他們而言，兩者之間似乎並不矛盾，因爲理論上他們自信自己是踏在歷史進步的正軌之上。下節將更進一步審查衛布夫婦如何解釋英國的勞工史。

解釋英國勞工社會史的觀點

十八世紀中葉以來，工業革命對於現實社會的衝擊，並不亞於歷史上任何政治性的巨浪，因此研究近代勞工史所牽涉的論題也非常繁多。例如，有些學者比較注意激增的勞工人口對於社會階級所造成的影響；有些比較重視勞工生活的水準和處境；有些則專門探討勞工的各種抗議活動和社會主義的發展；有些則特別關注社會立法的變遷。近二、三十年來，更有不少學者把研究的焦點放在勞工的日常生活，或者大眾文化之上。由於可供研究的論題形形色色，加以研究取向及社會立場諸般不同，所以勞工史的史學也複雜萬千。

衛布夫婦研究勞工史與其認知取向和社會思想有不可分割的關係。在進入正題、分析他們如何解釋英國勞工史前，不妨先描述他們如何跨入這個學術領域。在婚前，衛布除了提出一些與改革有關的具體主張，也撰寫社會思想的理論性作品。這些著述頗能呈現一套社會思想發展史，而且頗有歷史意識。不過，嚴格地說，這些都不是眞正的歷史著述，也談不上勞工史的研究。倒是碧翠絲早年在

布斯先生的影響下，直接投入勞工社會的田野調查。一八八六年，
她初步意識到研究歷史的重要，曾說：「研究歷史，大致而言有兩
個主要的用途：（人們不僅可以）獲得不可或缺的史實知識，借以
了解社會的結構，並且可以培養不可或缺的想像力，因而認清人類
社會的複雜和多變。」[110]從這段簡短的話中，可以發現，她這個時
候已漸有變動意識，而且也注意到社會的「結構」。不久，也就是
一八九○年前後，她開始著手研究合作社運動史，一年後正式出
版。在序文中，她以十分肯定地口氣說，合作社是英國邁向工業民
主的一項重要組織，從其發展大致可以了解十九世紀英國勞工史的
特質。[111]為了鑑古知今，認知過去與當今英國社會的發展，她選擇
了研究合作社這項與勞工有關的組織。或者更進一步說，她之所以
如此選擇，最大的可能是出自對史賓塞學說的信，傾心一個社會組
織的結構和功能。，而她之嚮往社會主義，更促使她挑選一個與勞
工運動有關的社會組織。衛布與碧翠絲認識以後，由於他原來也接
受社會有機說，以及又是費邊社會主義的發言人，因此兩人志同道
合，很快地就結伴參加合作社的會議，以便深入探察其性質。後來
結婚以後，首件工作便是研究勞工的另一項重要組織——工會。由
此可以證明，他們的社會思想、認知取向及歷史研究之間是絕對無
法分割的。

　衛布夫婦撰寫合作社和工會的歷史，都從其起源一直敘述到
他們寫作的年代才停筆。這些書都屬於通論性的專史。談到合作
社的起源，碧翠絲認為，大約於十九世紀初由一些糧食磨坊和麵

110　*The Diary of Beatrice Webb*, vol. One, 164.

111　B. Webb, *The Co-operative Movement in Great Britain* (London: Swan Sonnenschein &
　　Co., 1895), preface.

包廠的工人首開風氣。[112]至於合作社的理念，應出自歐文（Robert Owen）的創意。[113]基於這兩點理由，合作社應是近期的產物，而且相當具有英國的特色。有關工會的起源，回溯的年代比較久遠，可以上溯到中古時代。十九世紀有些學者主張，昔日的基爾德制度（guild）是日後工會的鼻祖。衛布夫婦對此一說不敢苟同，因為基爾德並非純粹工人的組織。[114]比較合理的解釋是，工會應源自中古末期有些薪資工人，同行之間一些不定期的會議。[115]不過，由中古時代薪資工人的臨時性聚會演進到固定的社團組織，仍然有一段距離。這段路程，依衛布夫婦的研究指出，要等到一六八一年，才終於出現由裁縫業所組成的固定性工會組織。[116]

衛布夫婦合著的《工會史》，雖然溯源自中古時代，但實際上是略古而詳今。從第二章起，這本著作敘述十九世紀初以來的工會發展。由於碧翠絲個人所寫的《英國合作社運動》也是以十九世紀初為開端。因此這兩本書有一段時間（即十九世紀）相互重疊，而且佔了大半的分量。值得留意的是，綜合比較這兩本書的敘述，工會與合作社興衰起伏幾乎是平行的，尤其這兩個組織在不同時間的成敗，據他們夫婦所提出的解釋，其原因也大同小異。可見這兩本史書的基本架構非常接近，論點也十分類同。綜合比較這兩本書，並不難掌握他們夫婦是以怎樣的信念和喜惡來評論勞工史的變遷。

一八三〇年左右，依照衛布夫婦的分期，是工會和合作設發展史上的一個重要年代。在這之前，由於英國政府對集會的限制，公

---

112 *Ibid.*, 41.

113 *Ibid.*, 1.

114 S. & B. Webb, *The History of Trade Unionism*, 13.

115 *Ibid.*, 22-23.

116 *Ibid.*, 31.

開的組織既敏感而又遭致取締，所以有些學者在研究一八二四年集
會法案（Combination Law）之前的勞工史時，喜歡刻畫這批下層
社會的人士是如何地無奈和困苦。[117]衛布夫婦不以爲英國勞工是全
然消極、不知自立的一批人。他們強調，一八三〇年之前工會所以
得以成立，勞工本身獨立堅持的意志也是重要的因素。[118]同樣的，
早期消費合作社的成立動機，也與窮人對物價壟斷之極端怨憤，進
而組織起來抗議有關。[119]換句話說，勞工開始懂得獨立站起來，這
種積極的心態是項寶貴的源頭。衛布夫婦視勞工史爲一部勞工的
「心路歷程」，十九世紀初期勞工的奮鬥，搖晃不穩，但卻是他們
起步而行的時刻。至於「一八三〇年左右」特別受到衛布夫婦的重
視，主要是因爲這個時期工會開始有全國性的組織，[120]而且風靡一
時。[121]同時，合作社方面已由一八三〇年的一七〇個組織，快速增
加到一八三二年的四、五百個單位。[122]一八三〇年左右因而象徵著
勞工組織首次在數量上的激增，以及走向全國性的聯合。

　　只可惜，勞工史上這朵初綻的花蕾並沒有大放異彩。衛布夫婦
認爲，一八三〇年代全國性工會失敗的原因固然非常複雜，但其中
比較重要的，首推工會人士多半過於理想，幻想人間天堂、人道精
神，而不切實際和不重組織。其次，勞工所採取的罷工或杯葛手
段，顯得太魯莽而不夠穩健。另外，來自資產階級的抵制也是一項
因素。[123]談起合作社在一八三二年之後一度式微的原因，碧翠絲主

117　*Ibid.*, 119.

118　*Ibid.*, 44.

119　B. Webb, *The Co-operative Movement in Great Britain*, 141.

120　S. & B. Webb, *The History of Trade Unionism*, 1140.

121　*Ibid.*, 124.

122　B. Webb, *The Co-operative Movement in Great Britain*, 124.

123　S. & B. Webb, *The History of Trade Unionism*, 153-154.

要歸咎於：這種組織內部尚缺乏法規的制裁力量，所以其經理、祕書、或會員可能私藏貨品、或貪取公款，而逍遙法外；另外，會員對於組織本身也缺乏忠心，過分貪婪個人利益。[124]這個時期的工會和合作社在組織結構上有失健全，不切實際，其功能當然也就微乎其微。無怪乎，一八三四年之後，大多數的勞工轉而傾偏激路線的憲章運動。

一八四〇年至一八六〇年間，工會和合作社雙雙並肩跨向重要的旅程，衛布夫婦認為，它們在組織上和觀念上都樹立了「新模式」和「新精神」。就工會而言，他們歸功於這個時期教育普及提升了知識水準，同時工會所制定的策畫也比較實際可行。[125]除外，這個時期所謂「新模式」的工會，限制必須屬於工人身分才可入會，同時，也有一比較強而有力的中央組織。例如，沒有中央執行委員會的允許，任何會員即使有地方支部的同意也不可以隨意罷工。[126]更重要的一點是，「新模式」的「新精神」，以全國聯合工會（National Association of United Trades）為例，明顯地採取較溫和的路線。它們擺脫一八三〇年代的革命暴力手段，並且為日後一八六〇年代的國會路線鋪路。[127]這個時期在合作社方面，一八四四年有所謂的「羅德爾合作社」（Rochdale Co-operative）的成立，依碧翠絲的評價，這是個純粹民主的組織；[128]而且由於它的誕生，在一八四七年至四八年之間，許多合作社爭先效尤，紛紛成立。[129]

124　B. Webb, *The Co-operative Movement in Great Britain*, 51-53.

125　S. & B. Webb, *The History of Trade Unionism*, 153-154.

126　*Ibid.*, 217, 221.

127　*Ibid.*, 195-196.

128　B. Webb, *The Co-operative Movement in Great Britain*, 63.

129　*Ibid.*, 77.

碧翠絲依此更進一步評論說，合作社組織是否成功主要不在於某些個人能力的強弱，而是在社團民主自治程度的高低。[130]可見，健全的結構，以及對內民主、對外溫和的路線，是衛布人婦所樂觀其成的。

　　不過，十九世紀中葉新成立的勞工組織並非毫無瑕疵。全國性的工會在組織上仍嫌鬆弛，加上當時地域觀念太過膨脹，所以地方性的工會（甚至在一八七○年之後）仍然扮演主要的角色。[131]當時各工會領袖即使爲了共同的利益想要改善立法，往往因爲不夠團結，而功敗垂成。[132]合作社運動，大約在一八四七年至四九年間，因爲受法國的影響，在英國也有生產合作社（associations of producers）。這種組織有別於消費合作社（associations of consumers），比較注重勞工之直接控制生產組織。論組織形式，大約又可分成四大類。據碧翠絲所指，在英國以第三類居多。它的性質是，勞工自己組織及管理自己，但也雇用一些其他的工人。碧翠絲批評這類團體的勞工私心太重，往往以自己的利益爲前提，雖然身爲勞工，卻又是老闆，雇用其他的勞工，壓榨同一階級的利益，這好比狐狼之著羊皮，僞裝慈悲而已。[133]再說，這批人的行政才能也拙劣有限。[134]

　　談到一八九○年代左右的勞工組織，衛布夫婦非常樂道這個時期的成就。他們採用「新工會主義」（New Unionism）這個名稱來區別前後工會組織的性質。按照衛布夫婦的見解，新工會主義最

130　*Ibid.*, 91.
131　S. & B. Webb, *The History of Trade Unionism*, 359.
132　*Ibid.*, 372.
133　B. Webb, *The Co-operative Movement in Great Britain*, 144.
134　*Ibid.*, 149.

主要的特質，在一八八九年英國勞工接受了社會主義的思想，並且採取溫和路線，積極地參與現有體制下各級行政組織和各級議會，希望達成真正社會主義的目標。簡單地說，這是憲法路線的集體主義（Constitutional Collectivism）。[135]其立場顯然與個人主義的自由主義不同，也與革命路線的社會主義有所區別。衛布夫婦舉實例說明此時勞工思想的轉變。例如，一八八〇年初，布恩（John Burns）被選為倫敦市政局的委員，非常積極地提出一套「官僚體系的市政集體主義」（a bureaucratic municipal Collectivism）；[136]主張從行政結構體系著手，採取社會主義路線，改革市政。大約在同一個時期，英國也有不少勞工脫離含有馬克思主義色彩的社會民主同盟（Social Democratic Federation），轉而參與市鎮的議會，或以選舉的運作方式，達到某項改革的目的；他們不再崇尚空談社會主義，或者一昧地爭取經濟和物質上的利益而已。[137]換句話說，這批勞工已懂得把握現實既存的行政組織，一則希望改變它們的結構，一則等待發揮社會主義的功能。[138]不過，「新工會主義」只是勞工運動的一道里程碑而已，其組織仍然有待改進。為了它的遠景，衛布夫婦在一八九五年合著《工業民主》，設計了一幅更完善的工會藍圖。談到此時的合作社運動，碧翠絲覺得其結構尚有待加強，而其思想也有待糾正。例如，當時屬於全國性的合作社同盟（Co-operative Congress），仍然受基督教社會主義的影響，擺脫不了理想主義的論調。[139]碧翠絲為了改進當時的合作社運動，在全

---

135 S. & B. Webb, *The History of Trade Unionism*, 412.

136 *Ibid.*

137 *Ibid.*, 413.

138 *Ibid.*, 418.

139 B. Webb, *The Co-operative Movement in Great Britain*, 179.

書近尾聲之處，呼籲勞工組織在新工業時代之中應有專家菁英參與工作。[140]她也鼓勵勞工入閣參政，或參與立法，如此步步爲營，朝向理想。[141]爲了這個目標，衛布夫婦也類似《工業民主》一樣，在一九二一年撰寫《消費合作社運動》（*The Consumers' Cooperative Movement*），設計理想中的合作社組織。

　　《英國合作社運動》和《工會史》前後在一八九〇年代出版，所以敘述的歷史事實也到此停筆。《英國合作社運動》於一八九二年再版時，除了訂正錯字，內容完全依舊，沒有任何刪補。然而，《工會史》在一九二〇年所發行的增訂本，內容比原著大約多出三百頁，專門描述一八九〇年至一九二〇年之間工會發展的細節。大致來說，衛布夫婦對這三十年間的工會尚稱滿意。這段期間，工會成員不斷的增加。[142]尤其可喜的是，新會員，有來自婦女及屬於更下層社會的生手勞工，也有來自較上層的小職員、店員、和政府的低層員工。[143]工會的績效也歷歷可數，許多勞資的糾紛大都因爲立法程序之改善而大量減少。[144]例如，此時的礦工組織最能發揮集體活動的運作力量。[145]不過，總括檢討這個時期的工會，衛布夫婦仍然批評組織內部的領導權還不夠集中，領導人之間也很難提出共同的、爲大眾所堅持的、努力不懈的目標。[146]更重要的是，勞工並沒有覺悟到他們必要有「勞工的政治才能」（labor's statesman-ship）。換句話說，勞工還不懂得如何在辦公桌處理各種事務，如

140　*Ibid.*, 168.
141　*Ibid.*, 168-169.
142　B. Webb, *The History of Trade Unionism*, 472-473.
143　*Ibid.*, 503.
144　*Ibid.*, 474.
145　*Ibid.*, 510.
146　*Ibid.*, 575-576.

何運籌帷幄管理人事，以及如何團結薪水階級玩好「團隊遊戲」（team play）。[147]

衛布夫婦對於歷史上各個時期勞工組織的評論，大約不外乎反對任何唱高調，或太強調從改善道德入手的改革思想，因為這些都是不切實際的理想主義。同時，他們也反對罷工、暴力和革命等粗莽的手段。他們夫婦肯定，勞工應有健全的和民主的組織，內部應有專家菁英參與，且應有效率較高的中央核心，因為唯有具備這些條件，勞工才能運用力量，透過國會立法路線，實際改善社會。勞工也應該在本身的組織之外，參與各級政府機構或議會，施展他們的影響力。同時，最重要的一項是，勞工本人應該具有社會主義的理想。以上，衛布夫婦這套歷史解釋的準繩，如果再往深層分析，可以化約地說，是以「社會有機體說」為基礎的溫和社會主義。由於這套見解的內涵有積極樂觀的進步史觀，所以他們所寫的勞工史的確深具方向感（orientation），能使讀者感覺到勞工運動如何一步一步往前邁進。他們於一九二〇年增補新版的《工會史》時，英國工黨正經過一番革新，努力大展鴻圖，同時，衛布本人也積極投效這個政黨。所以在這部新版的工會史中，他們表示，一部英國勞工史就是一部勞工的「心路歷程」，如今時代的責任已從工會轉移到工黨。[148]換句話說，勞工邁向了正確的道路，衛布夫婦也自認為踏在這條正途之上。

---

147 *Ibid*., 576.
148 *Ibid*., 718.

結語

衛布夫婦雖然一向以社會學家自居，並且信服「經驗──實證」的認知取向，但也頗有歷史意識，注重社會的複雜和多變性。所以除了研究工會、合作社及地方政府的靜態現狀，也追溯它們的歷史變遷。衛布夫婦從事歷史研究時，並沒有隨同十九世紀新興的專業史家高唱「價值中立」或「為歷史而歷史」。相反地，卻肯定歷史知識有指導現實的功用。從他們研究英國勞工史的觀點，不難發現社會思想和史學理論對於他們的歷史解釋和價值判斷有必然性的關係，或者說，他們有意識的扣緊了古今的互動辯證關係。

就研究歷史以供現實所用這一點而言，英國的史學向來便有此傳統。巴特費爾德曾指出，十九世紀的英國史家，不管是惠格黨或者托利黨，都免不了以今論古。[149]所以就這個線索來說，衛布夫婦治史的動機與惠格史家並無軒輊之別。唯一不同的是，惠格史家多半以自由主義為其政治思想的立足點，而衛布夫婦則是站在社會主義的觀點之上。惠格史家把英國史解釋成一部憲法和議會的進步史，衛布夫婦卻把工業革命以來的英國史當作是從自由主義演進到社會主義的歷史，或者說，是勞工組織的心路歷程。

史家治學在「今」「古」之間保持某種程度的對話是不可避免的，而且也不是絕對要不得的錯誤。衛布夫婦以費邊社會主義的立場研究英國史，傾力分析勞工如何運用社會組織影響改革決策，乃

---

149 Butterfield, *George III and the Historians* (New York: Macmillan Co., 1959), book two, passim.

至於整個英國政治社會。他們掀開了一面一向不太爲人所注意的歷史現象，這是值得肯定的貢獻。但是史家有自己的立場，而且有意進行今古的對話，應該特別留意不可犯了「自以爲是」（self-righteousness）的弊病。巴特費爾德對惠格史家的批判便是在這一個關鍵之上。[150]衛布夫婦又何嘗能避免。他們夫婦認爲，他們所認同的費邊社、英國工黨和蘇維埃俄國就是部近代工業民主的發展主流。他們也認爲，勞工史就是一部民主政治的「心路歷程」。換句話說，他們偕同勞工都是踏在歷史的正途之上。這種自信，先不論那些屬於右派的、非社會主義的學者如何迴應，就是連左派的、社會主義的一批也未必欣然接受。

以社會史和勞工史的研究而言，衛布夫婦可以和湯恩比同列爲第一代的學者。他們三人同站在左傾的立場探討工業革命對勞工社會的影響，並寄予無限的關懷。湯恩比三十一歲辭世，只留下一本有關工業革命史的小書，所以未能在社會史或勞工史上樹立卓越的典範，只能算是先期的開拓者。衛布夫婦顯然比湯恩比幸運多了。以作品的數量而言，包括工會史、合作社史和地方政府史，總共至少有十餘本之多。就影響而言，他們夫婦所合著的《工會史》一書，從一八九四年出版一直到一九六○年代仍然具有相當重要的地位。[151]這本書或許在資料上和論點上，後來的史家不盡表示同意，但在一九六○年代以前，一直是最重要的、最值得參考的工會史作品。一九六○以來，衛布夫婦的史學所以遭致較強烈的批評，大致有下列數點原因：第一，新一代的社會史家，如湯姆森和霍布斯邦

---

150 Butterfield, *The Whig Interpretation of History* 105.

151 V. L. Allen, *Power in Trade Unions: A Study of Their Organization in Great Britain* (London: Longmans, Green, & Co., 1954), v.

等人，持馬克思主義的觀點，比較重視勞工的階級意識和群眾性，反對衛布夫婦過分強調社會組織的官僚行政體系和菁英的地位。第二，有些專門研究工會的學者，如穆森（A. E. Musson），比較強調英國工會的複雜性和地方性，主張分別針對各個工會的性質和地域做深入的調查，反對如同衛布夫婦之重視一般性的解釋和偏愛全國性工會組織。[152]第三，一九六三年培林（Henry Pelling）所出版的《英國工會主義史》（*A History of British Trade Unionism*）被公認為是一本工會通史的佳作，因而不讓衛布夫婦的著作再專美於前。

　　總而言之，衛布夫婦這對早期的社會史家，因為生長於維多利亞女王時代，所以他們的「經驗──實證思想」、進步史觀，和現實意識的治史現世態度，都繼承自當時的思潮。不過，他們的費邊社會主義卻與十九世紀末的社會運動息息相關。由於這個立足點，他們的史學與十九世紀的惠格解釋大異其趣。衛布夫婦與湯恩比同屬左派社會史的先鋒。一九六○年代以來，他們夫婦在這個取向傳統內的地位已經動搖，但是他們的社會思想、史學認知理論、和勞工史解釋觀點，確實曾經交織在一起，推動了近代英國史學史的腳步。

152　A. E. Musson, *Trade Union and Social History* (London: Frank Cars, 1974), 2.

第三章

漢蒙夫婦的社會思想 和史學思想

「上乘的歷史好比藝術作品一樣，其色調情感都發自於作者的心靈。」

「歷史教學是靠著筆桿或課堂上的講述，我想（學歷史）是為了培養良好的
　　公民，然而我也應該思索什麼才是良好的公民。」

漢蒙夫婦（John Lawrence and Barbara Hammond）與柯爾夫婦（George Douglas Howard and Margaret Cole）都屬於第二代的學者。論他們的出生年代，大約在一八七〇至一八九〇年之間，與上一代的湯恩比和衛布夫婦相比，年齡差距有二、三十歲。前後這兩代的史家對於中下層人士都深表關懷，並且有意改革現實的社會。第一代的史家在年輕的時候，正是維多利亞中期國力最繁榮強盛之際，所以在批判社會之餘，多少流露出樂觀積極的見解。他們與維多利亞中期的人士一樣，分享了進步史觀。相反地，屬於第二代的史家，漢蒙和柯爾兩對夫婦出生的時候，經濟已開始衰退，社會混亂不安，整個大英帝國面臨走下坡的趨勢，自由黨即將分裂，尤其第一次世界大戰的浩劫嚴重創傷人心，所以，這一代的史家對現實社會並不樂觀，同時對進步史觀也躊躇懷疑。

由於時代環境的變遷，漢蒙夫婦以及其他第二代的史家，自然與第一代史家有些差異。不過，第二代學者彼此之間也難免各有特性。繼研究湯恩比和衛布夫婦之後，本章以漢蒙夫婦為特定對象，首先觀察他們的社會思想，說明他們如何回應英國的政局和社會動態，而後剖析他們的史學思想及對勞工史的解釋，並以此判定他們在史學史上應有的地位。本章研究的材料，涉及漢蒙夫婦的歷史著作、政治社會評論，以及典藏在牛津大學波黎恩圖書館（Bodleian Library）的手稿和信札。

左翼自由主義的道德理想

一八七二年，漢蒙出生在自由主義的中產階級家庭中，英文

全名爲John Lawrence Le Breton Hammond（本文以下簡稱漢蒙）。他比夫人芭芭拉‧漢蒙（Barbara Hammond，本文以下簡稱芭芭拉）大一歲。他們兩人從小分別生長在宗教氣氛濃厚的家庭中，雙方的父親都擔任英國國教教區中的神職。[1]一八九一年，漢蒙進入牛津大學的聖約翰學院（St. John College），專攻古典研究（Classics）。與他比較接近的同學中，政治立場大都傾向自由黨，例如：後來成名的經濟學者希爾斯特（Francis W. Hirst）、大理院院長（Lord Chancellor）西蒙（John Simon）、希臘語文教授費爾模（J. S. Phillmore）和詩人貝洛克（Hilaire Belloc）。[2]漢蒙在參加牛津同學會（Oxford Union）的定期辯論賽時，也一直堅持自由黨的立場。[3]

芭芭拉於一八九二年一八九六年間在牛津大學的女子學院（Lady Margaret Hall）就讀，專攻希臘和拉丁文學。業師哈布浩斯（Leonard Hobhouse）是位自由黨派的哲學家，著有《勞工運動》（*The Labor Movement*）等作品。[4]芭芭拉和漢蒙一樣，在學生時代就非常關心現實的政治社會問題。史家陶尼（Richard H. Tawney）曾經指出，漢蒙和芭芭拉可能都受到波爾（Sidney Ball）的影響。[5]波爾曾是費邊社的成員，在當時社會主義的人士中，是少數享有學術聲譽的一位。漢蒙和芭芭拉傾向自由主義，不過，因爲有深切的

---

1 R. H. Tawney, "J. L. Hammond, 1872-1949," *Proceedings of the British Academy*, Vol. 46 (1960), 267; and Arnold J. Toynbee, "The Hammonds," in his *Acquaintances* (London: Oxford University Press, 1967), 98.

2 Tawney, "J. L. Hammond," 267.

3 ilbert Murray, "Hammond, John Lawrence Le Breton, in *Dictionary of Biography, 1941-1950* (Oxford: Oxford University Press, 1950), 351.

4 Peter Clarke, *Liberals and Social Democrats* (Cambridge: Cambridge University Press, 1978), 8.

5 Tawney, "J. L. Hammond," 267.

社會關懷，所以多少能與波爾的心境相映。

除了教育背景，英國國內外的政治問題，對漢蒙和芭芭拉的衝擊更是不容忽略。以自由主義的思潮來說，在一八七〇年代至一八八〇年代之間，英國的自由改革人士，大致可以分成兩類。[6]所謂的道德派（The moral group），以格林和湯恩比爲代表，他們的社會思想含有濃厚的道德理想主義，並且偏重由國家政府主動推行社會改革。所謂的機械派（The mechanical group）則以格拉史東（William E. Gladstone）爲首，比較堅持個人主義和自由貿易的原則，並且主張以民主的政黨制度來推動改革。[7]這兩派的政治理念，到了一八九〇年代，仍然相峙對立。道德派中後起之秀，例如，哈布斯和撒姆爾（Herbert Samuel）等人，主張國家干預、市政革新，並且相當同情勞工階層。[8]相反的，機械派中繼之而起的，有羅素俱樂部（the Russell Club）的會員。他們如同前輩一樣，依然堅持自由貿易，並且偏重由教育著手，達成改革的理想。漢蒙是羅素俱樂部的成員，對格拉史東也十分尊敬，視之如同精神上的導師或先進，因此，把漢蒙的自由主義歸爲機械派並無不可。[9]不過，嚴格地說，學術思想很難涇渭分明、斷然以二分法區別。漢蒙及其夫人的社會思想其實多少也有道德派自由主義的色彩。關於這一點，可以從他們日後實際參預的社會和政治問題得到證明。

一八九七至一九〇六年期間，漢蒙主要從事新聞寫作。大學

6　Clarke, *Liberals and Social Democrats*, 5.

7　*Ibid.*, 7.

8　H. V. Emy, *Liberals, Radicals and Social Politics* (Cambridge: Cambridge University Press, 1973), 104.

9　Tawney, "J. L. Hammond,"268.

畢業後不久，首先擔任布魯納（Sir John Brunner）的祕書，協助他在兩家報社（即 Leeds Mercurry 和 Liverpool Post）負責主筆的工作。兩年後，漢蒙轉任《發言者》（*Speaker*）的編輯。除了在這份自由黨新創辦的週刊擔任編撰，他也常投稿給其他的報紙（如 Tribune 和 Daily News）。[10]可見寫作之勤奮。一九〇〇年之前，他的作品，以收錄在《自由主義文集》（*Essays in Liberalism*）和《自由主義與帝國》（*Liberalism and Empire*）兩本書中的文章，最值得留意。

《自由主義文集》是由幾位自由派的政治家和新聞從業人員合寫的（其中有 John Morley，Sir H. Campbell-Bannerman，Leonard Henry Courtney，和 Sir James Bryce），於一八九七年出版。《自由主義與帝國》的作者，除了漢蒙，還有希爾斯特和莫列（Gilbert Murray），在一九〇〇年發行問世。前後出版的這兩本文集，主題都圍繞著應該如何拿捏國家與個人之間的權力。例如，《自由主義文集》的第一篇文章是〈自由的傳統〉，由貝洛克執筆。內容中全力維護自由的原始、主張機會均等、和攻擊國家干預的經濟政策。[11]這些觀點其實反映了十九世紀以來自由黨的政治和經濟思想，也是漢蒙的基本信念之一。不過，漢蒙在自由貿易的大前提下，對於資本主義和工廠制度深表不滿，尤其對於勞工階層的貧困無奈，更是痛心疾首。為了紓解勞工的困境，漢蒙強調從教育改革入手，而不主張改革中央及地方政府，或者成立勞工組織。[12]很顯然地，漢蒙的見解反映了他對知識和真理的高度信賴。他說：

---

10 Murray, "Gannibdm" 351.

11 Hilaire Belloc, "The Liberal Tradition," in *Essays in Liberalism*, by Six Oxford Men (London: Carsell and Co., 1896), 8.

12 J. L. Hammond, "A Liberal View of Education," in *Essays in Liberalism*, 177.

「掌握教育就是主控政治權力的祕訣。」[13]他反對英國國教徒（the Anglicans）以教會負責窮人的教育工作。理由是，如果政治和宗教被單一團體聯合壟斷，勢將阻礙國家教育制度的健全發展，也違反自由人士的心願。漢蒙把教育當作國家最重要的一項福祉工作。透過教育才能建立機會及社會地位均等的國家。此外，受過教育的薪水階級才會促使工業界更有人道精神，並且增進雇主和受雇者之間互相尊重的精神。[14]

　　雖然漢蒙一再維護個人的自由，但他也反對個人自我利益的無限膨脹，在《自由主義與帝國》的篇章中，他批判狄斯雷利（Benjamin Desraeli）、史賓塞、張伯倫（Joseph Chamberlain），以及其他受社會達爾文主義影響的人士。理由不外乎是，他們的政治主張太受自我利益的約制。[15]漢蒙推崇的政治家，有福克斯（Charles James Fox）和格拉史東，因為他們兩人在處理國際事務時，能兼顧道德的原則、拒絕以自我利益為施政的不二法門。[16]為了表示對福克斯的敬意，漢蒙撰寫了生平的第一本傳記，以福克斯為傳主。這本書仔細描述福克斯如何推動國會改革、嚐試賦予愛爾蘭合法的獨立地位、以及主張立即廢止奴隸貿易等改革措施。漢蒙的筆端中，福克斯是位具有崇高人格的公共政治人物。[17]漢蒙對格拉史東的崇拜更是無以復加，因為這位政治領導人堅信英、法以及義大利的自由主義彼此有關聯，絕不容許因私自的貪婪而輕易破

13　*Ibid.*, 179.

14　*Ibid.*, 217, 212-213.

15　Hammond, "Colonial and Foreign Policy," in *Liberalism and Empire*, by Francis Hirst, Gilbert Murray and Hammond (London: R. Brimley Johnson, 1900), 171-176, 181.

16　*Ibid.*, 165.

17　Hammond, *Charles James Fox* (London: Methuen & Co., 1903), 23.

壞。換句話說，格拉史東非常尊重國際間平等的原則，反對以自大自滿的心態破壞和平。[18]從漢蒙對福克斯和格拉史東的評論可以看見，他因爲把道德當作爲人的基本素養，所以喜好本著道德理想主義品評人物的高下。

　　一八九九年底，南非爆發波耳戰爭（Boers War），英國軍隊介入殖民地的爭奪戰。由於漢蒙偏好從內在的思想層面剖析問題，舉凡個人的道德、風格和理想，或者帝國主義的罪行，都一一考量在內，所以，他抨擊波耳戰爭肇因於英國政府的貪婪無厭，和政治領導人的戕害道德。[19]漢蒙對於外交問題一如內政問題，都秉持自由主義的原則。他釐清自由主義和帝國主義的差別在於：前者採取和平的方法影響他人，而後者卻藉著戰爭，掠取齷齪卑鄙的利益。[20]漢蒙頻頻說這些話，毫無疑問地，是爲了祈望國際間互助合作以及促進全人類的友誼。例如，十九世紀末年，愛爾蘭爲了自決的問題，與英國的關係日趨緊張不睦，漢蒙察覺到：這兩個地區在宗教、生活習俗和其他種種問題的歧異，所以主張給愛爾蘭人機會、傾吐他們的心聲、透過英國國會在體制內化解愛爾蘭的問題，因爲唯有如此才能契合自由黨的基本原則。[21]

　　一九〇六及一九〇七兩年，對英國自由黨以及漢蒙夫婦的生涯都有重大意義。自由黨贏得一九〇六年的大選，許多新當選的國會議員都比較關懷貧困和失業的問題，而鮮少談論武器競爭的事宜。[22]換句話說，這些人的政治理念與漢蒙相當接近。漢蒙在

18　Hammond, "Colonial and Foreign Policy," 168-169.

19　*Ibid.*, 191.

20　*Ibid.*, 196.

21　*Ibid.*, 207.

22　Trevar Owen Lloyd, *Empire to Welfare State: English History, 1906-1976*, 3rd ed. (Oxford:

一九〇七年離開新聞工作，轉任行政事務委員會（Civil Service
Commission）的祕書。由於工作比較輕鬆，他和芭芭拉利用公餘
之暇，撰寫與近代英國相關的史書。因此，他們夫婦後來得以在
一九一一年完成《鄉村的勞工，一七六〇至一八三二年》（*The
Village Labourer, 1760-1832*）。史家陶尼曾經說明，漢蒙夫婦爲何
首先選擇農村問題當作歷史的題目？他說：

二十世紀初的頭幾年，糧食生產一直不景氣，而且似乎會拖延下
去，當時各界議論紛紛，爭辯英國農業的前途……這些熱門話題當
然會引起對農業史的關心，尤其有關整大片農村的重建問題，更扣
緊了生產及鄉村生活的大目標。[23]

　　陶尼的分析正好可以指出，漢蒙夫婦的歷史研究和社會的關懷
互爲表裡。他們夫婦日後在一九一七年完成《城鎮的勞工，一七
六〇至一八三二年》（*The Town Labourer, 1760-1832*），在一九一
九年寫就《技工，一七六〇至一八三二年》（*The Skilled Labourer,
1760-1832*）。這兩本書與先前所出版的《鄉村的勞工》結合在一
起，正好是描寫社會勞工史的三部曲。

　　第一次世界大戰也免不了衝擊漢蒙夫婦的生活。戰爭剛發生的
那一年，漢蒙已是四十二歲的中年人，不過，還是入伍擔任野戰
砲兵（Field Artillery）。一年以後，被徵召加入重建部（Ministry
of Reconstruction）。一九一八年十一月底，轉任《曼徹斯特防衛
報》（*Manchester Guardian*）的特派員，前往巴黎探訪巴黎和會
（Peace Conference）的新聞。由於他一如往昔，秉持道德理想主

Oxford University Press, 1986), 12.
23　Tawney, "J. L. Hammond," 272-273.

義與和平思想，所以當目睹各國代表勾心鬥角、罔顧國際間的永久和平時，內心沉痛無比。[24]

巴黎和會結束以後，漢蒙立刻回國，重返新聞撰寫的工作，專職為《曼徹斯特防衛報》效力。《曼徹斯特防衛報》自從一八七二年來先後由斯考特父子（即 Charles Prestwish Scott 和 E. T. Scott）擔任主編和行掌社務。這分報紙一向高舉自由主義，漢蒙因而非常禮讚這對父子，並且為老斯考特編著傳記。[25]漢蒙從巴黎回國後，一直和這家報社維持密切的關係。一九三九年，為了全力參與報紙的編撰，特地從倫效遷居曼徹斯特，直到一九四五年才因健康的理退休卸職。

第一次世界大戰結束以來，漢蒙夫婦特別關心幾年英國內政和外交上的大事。首先，因為一九一〇年代初期愛爾蘭獨立運動已臻白熱化，漢蒙在一九二一年間先後發表〈恐怖行動〉（*The terror in Action*）和〈錯誤的悲劇〉（*A Tragedy of Error*）兩篇作品，批評英國的愛爾蘭政策。他說，英國對待愛爾蘭好比君王對待臣民一樣，而不是當作兄弟之邦。[26]為了更落實瞭解愛爾蘭的現況，漢蒙在一九二一年先後兩次訪問愛爾蘭，會見了愛爾蘭工黨（Irish Labor Party）的祕書（即 Dr. Thomas Johnson）。[27]到了一九三〇年代，愛爾蘭獨立已經底定。漢蒙為了終結歷史上這段恩怨糾結的過程，選擇格拉史東為焦點人物，一方面為這位他所景仰的政治家位

---

24 Hammond, *C. P. Scott of the Manchester Guardian* (New York: Harcourt Brace & Co., 1934), 266.

25 *Ibid.*, 207.

26 J. L. Hammond, *A Tragedy of Error* (London: British Periodicals Ltd., 1921), 19.

27 *The Hammonds Papers*, 165, folio 68, *The collection of J. L. & B. Hammond's diaries, correspondences, and draft writings*. The Bodleian Library, Oxford University, Oxford.

傳，一方面分析英國的愛爾蘭政策。這本書訂名爲《格拉史東與愛爾蘭》（*Gladstone and the Irish Nation*），於一九三八年出版。漢蒙敘述研究的心得說：

愈仔細研究他（格拉史東）的生涯，愈肯定他的聲譽，因爲他意志明確，堅定爭取愛爾蘭的自由，絲毫沒有個人的私心或企圖。[28]

從漢蒙爲傳記主所下的評論，可以再度證明，漢蒙的確偏好從道德理想主義的角度品評人物。

其次，一九二〇年代末期至一九三〇年代經濟大恐慌所造成的震撼，並不亞於愛爾蘭獨立運動。這場經濟風暴，促使人們懷疑自由貿政策，並進而主張廢棄這套已經實行了一百多年的制度。漢蒙面臨如此重大的挑戰，不得不奮筆疾書，以〈近代世界秩序的成長〉（*The Growth of Modern World Order*）爲總標題，寫了一系列的社論。其主旨表明，過去英國人經商所以能一帆風順，是因他們比較懂得剝削他人，結果反而造成全世界經濟拮据。現在英國所面臨的問題是，如何建立政治秩序，使得全世界各地都可以共享生活和貿易的利益。[29]由此可見，即使在經濟最困厄的時期，漢蒙絲毫也不動搖動自由貿易的信念。他所要強調的是，在維護自由貿易的大前提下，各國應分享利益，英國尤其應該特別遵守這個原則。[30]

芭芭拉和漢蒙一向志同道合，爲了替自由貿易政策辯護，她在自由派的婦女團體中（即Dover Women's Liberal Association）發表

---

28 J. L. Hammond, *Gladstone and Irish Nation* (London: Longmans, Green and Co., 1938), preface, ix.

29 J. L. Hammond, [England's Free Trade], *Manchester Guardian* (May 20, 1932) .

30 J. L. Hammond, "The Growth of the Modern World IV, Commerce Become, the Source of Power," *Listner*, vol. 7, No. 172 (April 1932), 601.

文章，抨擊張伯倫（Neville Chamberlain）的經濟保護政策。[31]她列舉三項理由：第一，保護政策勢必造成各地經濟生產脫序，因為假使英國自己生產糧食而不再從俄國進口，那麼英國就不能以棉織品的盈餘購買俄國的糧食，結果棉紡織的勞工就得失業；第二，實行保護政策的時候，各行各業勢必行賄，以便從關稅政策上獲取利益；第三，保護政策會刺激物價上揚，結果勞工階層反而成為最大的犧牲者。[32]從這篇文章可以看出，芭芭拉與漢蒙一樣，以經濟、政治和社會的整體考量，反對廢止自由貿易。

　　納粹的興起也使得漢蒙夫婦忐忑不安。希特勒自從取得政權後，便逐步計畫對外擴張。一九三八年，德國佔領奧地利，直接威脅捷克。當時候，漢蒙已經查覺：歐洲的情勢遠比第一次世界大戰期間更為險惡。但是，漢蒙並不死心，繼續以理想主義的口吻，喚醒歐洲大眾的良心。他警告世人，法西斯可能摧毀西方文明的民主制度。[33]張伯倫從慕尼黑（Munich）與希特勒會談後，漢蒙極憤慨地說：「沒想到張伯倫竟是如此無知和遲鈍。」[34]不久，英國國會議員紛紛在辯論納粹的侵略行為，漢蒙也頗表失望。他認為，大多數（英國）保守黨的領導人和大企業代表，簡直向希特勒獻殷勤示好。[35]然而，希特勒的軍隊仍然一步一步地踏上他國的領土。巴黎淪陷時，漢蒙的士氣也隨之而跌入谷底。不過，他沒有完全失去

31　Barbara Hammond, "Free Trade, "Free Trade," a paper read before the Dover Women's Liberal Association, no date, *The Hammond Papers*, 127, folio 255.

32　*Ibid.*, folios. 25-260.

33　J. L. Hammond, "The Contribution of the Smaller Nations to the Civilization of Western Europe," *The Hammond Papers*, 126:h: folio 311.

34　J. L. Hammond, "The Conscription Bill," *Manchester Guardian* (May 1, 19..).

35　J. L. Hammond, "The Tragedy of Czechx-Abandoned to the Invader-Nazis Black List England and France's Heartless Neglect," *Manchester Guardian* (Oct. 5, 1938).

信心，反而不斷撰寫政論，強調「有兩種武器希特勒永遠不可能
從我們這兒奪走：那就是法國人的精神，以及大英國協人民的精
神。」[36]漢蒙的立場是否完全正確？在此不擬置評。然而，值得留
意的是，漢蒙這位理想立義者，仍然相信思想和精神力量足以為利
器，維護國際間的和平。

　　第二次世界大戰結束後，漢蒙夫婦和許多知識份子一樣，思
考如何穩定社會秩序。當時專攻俄國史的學者卡爾（Edward H.
Carr）主張，英國應該和美國及蘇俄保持密切的外交關係。漢蒙深
深不以為然，因為蘇聯有祕密警察和集中營，並且放逐異己，和壓
制政治言論。[37]漢蒙強調，國際間應該遵行自由主義，同時，英國
的社會秩序也不可以倒向社會主義、或採取任何暴力的手段。[38]環
顧戰後英國內部的社會，漢蒙和芭芭拉兩人仍舊堅持自由主義的原
則。漢蒙於一九四九年過世，臨終前一年，仍然以肯定的口吻說：

這些原則之一是經驗主義（empericism），我的意思是說，從經驗
主義出發，把屬於教條式的自由理念應用到現實生活中……。第
二，自由的原則是要懂得寬容的價值是什麼……。最後，（自由的
原則）也是一種自我節制的習性。……英國人應該知道，自我節制
是懂得自我管理的民族應有的美德。自由黨派的人士長期以來負起
了大半的責任，教導人民這一項真理，他們的偉大領袖格拉史東更
是如此。[39]

36　Hammond, "Paris," in Hammond's *Faith in France* (Manchester: John Serratt & Son, 1946), 14-15.

37　Hammond, "British Foreign Policy: a Summary Up, "*Listner*, Vol. 27, No. 944 (Feb. 13, 1946), 273.

38　*Ibid.*, 235.

39　Hammond, "The Liberal Party in Perspectives,"*Listner*, Vol. 40, No. 1027 (Sept 30,

芭芭拉的晚年較少公開露面或寫作，於一九六一年過世。她和漢蒙一樣，終生不渝，以自由主義和道德理想主義爲圭臬。夫婦兩人堅守這個基調，論述現實社會的種種，並且也以此觀看歷史往事。

漢蒙夫婦的史學思想

漢蒙夫婦並不熱中史學理論或方法論，有關這方面的作品顯得少之又少。但史家未曾撰寫理論的文章，並不見得等於沒有個人的歷史理念。漢蒙夫婦的歷史作品，基本上都得自經驗式的研究（empirical studies），以具體的史實爲基礎，沒有刻意應用任何理論系統。不過，仔細剖析他們的思維方式，仍然可以整理出基本的史學認知取向。

漢蒙夫婦專攻早期工業時代的社會史。對於這一段時期，他們始終無限感嘆、沮喪而且悲觀。也許是因爲這個緣故，他們對於十九世紀所盛行的進步史觀不敢苟同。舉《近代工業的興起》（*The Rise of Modern Industry*）爲例。這本書於一九二五年出版，撰寫期間，第一次世界大戰的餘悸猶存，英國自由黨已日薄西山，失去了昔日的光輝。漢蒙夫婦在書中敘述近代商業的發展，如何從新大陸發現的時期，經由工業革命以至於到近代。在這數百年裡，英國首先躍昇爲海上的強權，接著邁向工業先進的國家，然而，在第一次世界大戰結束以後，就一蹶不振了。漢蒙夫婦以低沉的語調，論述

1948), 482.

這段史事說：

回顧英國過去在海域上驍勇進取的歷史，從一開始令人顫慄的陰影
就處處可見。當全世界主要的商業活動由地中海轉移到大西洋時，
那種邪惡滿貫的體制也隨著傳播過來。這種體制蔓延迅速，很快地
使人們染上嶄新的利害觀念，到了十八和十九世紀之間，成爲歐洲
及其殖民地生活中最令人不恥的的現象。談起這件事，十八世紀的
英國人眞是罪不可恕，因爲他們從事奴隸買賣，既獲利又造孽，並
且得以在海上攫取霸權。[40]

以上這段頗富情感的言語，表露了漢蒙夫婦對爭權奪利的不
滿。他們以灰黯的筆調，刻畫資本主義的價值觀。資本社會裡生活
的目的無不爲了追求利益；[41]所以自從發現新大陸的時代起，歐洲
各地到處充斥罪行。[42]

漢蒙夫婦另一本小書，專門描述一八三二至一八五四年期間
所謂「憲章運動的時代」（The Age of the Chartists）。他們都感受
到，這個時期的社會嚴重脫序，到處分崩離析；在失望之中，採用
《蕭瑟的時代》（The Bleak Age）當作書名。[43]從以上這兩本著作
可以得知，漢蒙夫婦絕對不是進步史觀的信徒。他們公然質疑說：

所謂進步的歷史其實就是記載，世界上原先的財富和勢力被征服者
所掠奪和所佔有，而後再演變成另個世界，在那裡這批征服和掠奪

40　J. L. & B. Hammond, *The Rise of Modem Industry* (New York: Harper Torchbooks, 1966), 190.

41　*Ibid.*, 222.

42　*Ibid.*, 237.

43　J. L. & B. Hammond, *The Bleak Age* (London: Longmans, Green and Co., 1945).

者又被另一批人搜刮。凡是後來居上的一批人都是打著旗號標榜，
爲人類的需求而效力！[44]

　　漢蒙夫婦經常借著贊美古代希臘和羅馬，反諷和批判近代工商
社會。從學術背景來說，早年在牛津大學就讀時，主修希臘和羅馬
時代；因此，所結識的朋友中有的後來成爲著名的古典學者，例如
莫列和湯恩比（A. Toynbee）。莫列曾經撰文比較西洋上古及近代
的異同，並且下結論說，近代遠不如古代。[45]湯恩比治學也喜歡採
用比較法，在《歷史之研究》（A Study of History）中，甚至還比
較世界各地的文明，並且認爲近代西方文明已經危機四伏。由此可
見，在第一次世界大戰以後嶄露頭角的這一代英國古典學者，有不
少人偏好以比較方法治學，而且都認爲古典的黃金時代已經消逝，
近代反而不如上古。漢蒙夫婦一直沒有撰寫希臘羅馬史的專著，不
過，在許多書中的導言或結論裡，經常提起古典文明。按照他們的
見解，古典社會雖然並非十全十美，但絕對勝過近代。希臘人特別
珍視美感，視之如同精神的力量，因爲美感可以影響政治，使人
磊落大方而更有公德心，並且也可以化解人們因處理公務時而造成
派系對立、意氣用事。[46]漢蒙夫婦同意，羅馬人因爲比較粗魯，不
如希臘人，不過，羅馬的政治制度保存了希臘的人道思想和美感傳
統。[47]

　　大致來說，漢蒙夫婦和莫列、湯恩比一樣，都非常推崇古代希

44　J. L. & B. Hammond, *The Age of Chartist, 1832-1854* (Hamden, Connecticut: Archon Books, 1962), 30.

45　Murray, "The Exploitation of Inferia Races in Ancient and Modern Times," in *Liberalism and Empire*, 158.

46　J. L. & B. Hammond, *The Age of Chartist*, 30.

47　*Ibid.*, 14.

臘和羅馬的政府；[48]至於論起早期工業時代的英國政府，這對夫婦就不敢恭維了。[49]他們以比較的方式說：

由於工商業的進步，英國人比希臘、羅馬人更富有；然而，英國新興的都市反而比希臘、羅馬的都市更窮酸可憐，因爲無論就其市容外觀、財物設施，或者就其追求各種欲望和享樂的偏好品味而言，英國都市都顯得拙劣庸俗。[50]

　　由於漢蒙夫婦崇拜古典文化，所以近代人士中只要具有希臘的氣質和涵養，便不難贏得他們的讚譽。本章上節已說明漢蒙夫婦景仰格拉史東的原因。其實更深一層的原因，是這位政治家擁有古希臘人的品味，處理公務時頗能遵循道德原則和敬重他人。[51]更具體地說，格拉史東的品德大都衍自宗教信仰和荷馬（Homer）的智慧。在從政期間，始終謙卑爲懷，以教會的僕人自居，一心事奉上帝，希望以正義降服暴力。[52]一八五至五八年間，他一度離開公職、沉潛賦閒，所以藉機撰著一部總共三卷的書籍：《荷馬及荷馬時代之研究》（*Studies on Homer and the Homeric Age*）。漢蒙特別指出，格拉史東百般讚賞荷馬時代的社會，及推崇那個時代的品德和哲理堪爲後人的借鏡。[53]漢蒙對古典歷史的看法和格拉史東略有出入，例如，他主張：西元前五世紀的雅典才是希臘文明成熟的時

48　*Ibid.*, 15.

49　J. L. & B. Hammond, *The Growth of Common Enjoyment* (Oxford: Oxford University Press, 1933), 18.

50　J. L. & B. Hammond, *The Age of Chartist*, 30.

51　J. L. Hammond, *Gladstone and Irish Nation*, 64.

52　*Ibid.*, 50-53.

53　*Ibid.*, 701.

期，荷馬的時代還未臻於高峰的階段。[54]不過，這些觀念上的差異並不影響漢蒙夫婦對格拉史東的評價。

漢蒙夫婦比較古典與近代西方文明時，幾乎都以精神或文明的高下為標準。因此在書中最常使用意志、人心、責任、榮譽感、羞恥心……等字眼。他們不喜歡經濟史家或經濟學者只著眼物質的因素，而抹煞精神和文化的力量。他們強調，研究工業社會也應該顧及生活、宗教和文學等層面。探討社會問題時，除了物質上的史實，更應該同情瞭解下層階級在精神上所忍受的各種痛苦。很明顯地，這種認知取向屬於觀念論的立場。在〈工業革命及怨憤不滿〉（*The Industrial Revolution and Discontent*）這篇文章裡，漢蒙曾全力抨擊經濟史家克拉漢（John H. Clapham）。理由是，⑴克拉漢在討論工業及農業革命對於勞工的影響時，比較認同其正面的效果；[55]⑵克拉漢偏好統計方法，以數字來計算勞工的平均工資。[56]漢蒙批評說，克拉漢幾乎漠視勞工的安全問題，忽略了他們在精神上的種種折磨和痛苦，同時也迴避勞工現實的生活困境，以及勞工薪水的提高不一定趕得上物價波動等問題。[57]

十九世紀末以來，專攻工業革命及其影響的史家大有人在。他們之間的論點和研究取向難免有些齟齬。漢蒙置身在這行學術圈子裡，反思他們的得失，並且首開前例，採用「悲觀史家」（Pessimist）和「樂觀史家」（Optimist）這兩個名詞，以便區別這些學者。依照漢蒙的解釋，這兩類學者所以意見相左，既不在於

---

54 *Ibid.*, 702.

55 J. L. Hammond, "The Industrial Revolution and Discontent," *The Hammonds Papers*, 126: a folio 4.

56 *Ibid.*, folio 8.

57 *Ibid.*, folio 30-31.

他們屬於哪個階級，也不在於他們的政治觀點是什麼，而是出自於彼此對事務的通盤看法不同，他們有的以為，早期工業社會的勞工身心飽受煎熬；有的卻認為，勞工也享受了不少工業進步的成果。[58]漢蒙區分的標準頗有參考價值，所以在史學史作品裡，常有人沿襲這兩個名詞，稱呼湯恩比、衛布夫婦、漢蒙夫婦、柯爾夫婦、霍布斯邦及湯姆森夫婦等人為「悲觀史家」，並且稱呼克拉漢、艾希頓、哈特韋爾（R. M. Hartwell）等人為「樂觀史家」。換句話說，研究工業社會的史家中，凡是能顧及精神文化的層面，關懷勞工身心的困境，都可能被歸類為「悲觀史家」。反之，偏重物質經濟層面的學者，主張早期工業社會裡的勞工和雇主雙方都能獲利，而且改善了生活，所以，他們被歸類為「樂觀史家」。有些學者以為「悲觀、樂觀」這兩個名詞不甚妥當，應該在字面或修辭上略加斟酌。不過，修訂後的理念總脫離不了漢蒙最原始的區分法。[59]可見，漢蒙在史學和方法論上頗有見地，足以影響後人。

漢蒙夫婦傾向觀念論，所以強調從精神、思想和文化的層面來剖析歷史，也因此較能發現勞工生活困苦陰暗的一面。除外，他也經常抨擊決定論和實證論者濫用普遍性的法則。例如，古典經濟學派及新古典經濟學派一脈相承，都以實證論的方法分析問題，進而探求一些涵蓋面較廣的「理論」。漢蒙夫婦直斥這種方法過分化約原本複雜多變的事實。他們說，史家不應效法牛頓及其他數理學者追求抽象的通則。許多經濟學者和經濟史家往往太迷戀實證論，以致於忽略了道德和宗教的力量。[60]漢蒙夫婦認為：

58　*Ibid.*, folio 20.

59　周樑楷，〈英國史學上的「經濟史取向」：其形成及艾希頓的貢獻〉，錄於《近代歐洲史家及史學思想》，（台北：唐山出版社，一九九六），頁40。

60　J. L. & B. Hammond, *The Rise of Modern Industry*, 217.

上乘的歷史好比藝術作品一樣，其色調情感都發自於作者的心
靈。[61]

　　他們夫婦相信，人文學者的生命意識是創作或研究工作最珍貴
的泉源，有了清明的心靈，才能有高遠的見識，一味套用理論、法
則反而迷失了治學和求真的方向。探究真理必須善用想像力。而所
謂的想像力，不僅是知識性的同時也是道德的。[62]

　　就認識論而言，漢蒙夫婦屬於道地的觀念論者；從生命形態
而言，是道德理想主義者（moral idealist）。這兩種取向其實是
一體的兩面，不容分割的。值得留意的是，他們也頗有菁英主義
（elitism）的保守心態。兩人的著作中，一方面不斷披露工業資本
社會的缺點，要求改革。另一方面，則主張應該由政壇上菁英人物
掌舵、負責改革。改革若要成功、發揮效率，就得由有權力和果斷
力的人士來執行，因為惟有如此才能掌握英國人追求的理想是什
麼，並且促使人們接受新穎的觀念。[63]漢蒙夫婦關懷中下層社會，
是無庸置疑的。不過，他們既不希望勞工主導社會改革，也不主張
採用國家干預的政策。他們只期盼有位偉大的政治家，就像他們筆
下所刻畫的格拉史東一般，或者像韋伯（Max Weber）所說的「卡
里奇瑪」（Charisma）一樣，既有上層社會崇高的品格，又有同情
大眾的心懷。漢蒙夫婦盼望，理想中的政治家應採用教育的方法，
促進社會機會均等，並且提高人們的品德，如同上層社會的人士一
樣，也懂得自我節制，有責任感，友愛四鄰，以及懂得生活的品

61　J. L. Hammond, "The Epic of Ireland," *The New Republic*, Vol. 30, No. 398 (July 1922), 212.

62　J. L. Hammond, "History and Citizenship," *Journal of Education* (March 1939), 148.

63　J. L. Hammond, *Gladstone and Irish Nation*, 65.

味。[64]漢蒙夫婦雖然對現實社會相當悲觀，卻從未絕望，相反地，還滿懷理想，有意重振古典文明的精神，促使現實社會的改革。研究歷史的時候，一再堅持這種現實意識和價值導向，所以曾經說：

歷史教學是靠著筆桿或課堂上的講述，我想（學歷史）是為了培養良好的公民，然而我也應該思索什麼才是良好的公民。[65]

其實，漢蒙夫婦的答案早已呈現在眼前。他們不斷肯定，想像力與同情的了解是認知歷史的基本方法，也是人人應具有的品德。漢蒙夫婦就是秉持這個取向，從事英國的勞工社會史。

解釋英國勞工社會史的觀點

漢蒙夫婦的勞工史三部曲：《鄉村的勞工》、《城鎮的勞工》以及《技工》，都是研究一七六〇至一八三二年之際的作品。從時間的起迄來說，與湯恩比的《工業革命史講稿》正好是一致的。其實，漢蒙夫婦的觀念頗受湯恩比的影響。例如，他們都以一七六〇年界定工業革命的起點，並且強調先有農業革命的基礎才有工業革命的成就。這套三部曲完成以後，經常再版，連右派的史家哈特韋爾都得承認這套書的影響力。[66]漢蒙夫婦日後又出版《近代工業的興起》和《憲章運動的時代》。這兩本書涉及的時間範圍從一八三二年到一八五四年，所以如果配合從前的三部曲，漢蒙夫婦所專攻

64　J. L. Hammond, "History and Citizenship," 148.

65　*Ibid.*

66　J. L. & B. Hammond, *The Rise of Modern Industry*, preface Viii.

的英國勞工社會史，總共涵蓋的時間大約有一個世紀。

顧名思議，《鄉村的勞工》是以早期工業社會的鄉村勞工為對象，主題在探討這些平民物質上和精神上的生活情形。[67]這本書當然記載了勞工運動的發展。不過，這一類有關社會衝突的問題僅屬於次要的，並非全書的重點。第一版《鄉村的勞工》的第一章中，漢蒙夫婦從一六八八年的革命（the Revolution of 1688）起，談論鄉紳（gentry）如何能以少數人操縱全英國的多數人。[68]他們夫婦非常重視圈地運動的影響，尤其特別分析它對於社會結構有什麼改變。[69]他們不太著墨圈地運動與政策的關係，也不願突顯它對農業增產的貢獻，而只強調圈地運動如何破壞原來鄉居的生活。[70]很明顯地，這種角度反映了作者的懷舊心理。漢蒙夫婦在收音機廣播、報紙和雜誌的文稿中，反覆肯定圈地運動對農業革命的影響時，總會指出它的負面作用。[71]他表示：

……英國要餵飽快速成長的人口，必須有一次農業革命。……但各方面急進地發展，勢必破壞農民階層原有的一切……。[72]

早期工業社會中勞工生活水準的好壞，是研究近代工業社會史最容易引起爭議的課題。本章前節討論「悲觀和樂觀史家」的分

67　J. L. & B. Hammond, *The Village Labourer, 1760-1832, A Study in the Government of England before the Reform Bill* (London: Longmans, Green & co., 1912), 25.

68　*Ibid.*, 7.

69　*Ibid.*, 2-3.

70　*Ibid.*, 16-17.

71　J. L. Hammond, "The Problem of the Village," *Guardian* (Sept. 21, 1923), 843; "The Village: Talk Ⅱ, The Landlord," draft of BBC Broadcast (Oct, 27, 1936), *The Hammonds Papers*, 126:h, "Making Ends Meet in the Cottage," *The Listener* (Nov, 11, 1936), 893-894; B. Hammond, "Open Spaces and Enclosure," *The Hammond Papers*, 166, an unpublished paper written during the last years of her life, 228 leaves.

72　J. L. Hammond, "Making Ends Meet in the Cottage," 893-894.

野，主要就是與這項課題有關。漢蒙夫婦以「悲觀的」立場，在《鄉村的勞工》指出，下層社會的生活，牛奶、麵包、食物和衣服幾乎樣樣短缺，更可憐的是，勞工還經常承受一些不平等、缺乏正義的待遇。《城鎮的勞工》也描寫勞工在物質上困乏的情形。漢蒙夫婦反對以二分法區別上層雇主與下層勞工的生活水準；不過，卻承認社會上大致有批富裕的雇主和一批楚楚可憐的無產階級。[73]鄉村和城鎮裡的勞工其實最大的憂慮還是「恐懼」被解雇、個人的尊嚴遭到機器和工廠制度損傷和扭曲的「感覺」，以及有錢人的「心態」和「觀念」。換句話說，勞工的壓力和痛苦主要來自於精神和思想層面，而這些現象都是樂觀史家永遠無法藉統計方法核算出來的。有些樂觀史家辯駁說，工業社會中勞工普遍窮苦的現象，並非工業資本制度所造成的，因為早在十八世紀以前，下層社會的人們也常生活在絕境邊緣。漢蒙夫婦指責這種歷史觀點欠缺周延。他們強調，農業社會的工匠即使生活百般困苦，好歹是自己的主人，然而，新的工廠制度下，勞工的生活處處受約束，工廠的鐘聲一響就得動身上下班，生活作息完全隨著機器律動。更悲慘的是，婦女和兒童常常在暗無天日的環境工作，有時候，一天工作長達十二小時，年輕的母親因而無法照顧小孩。[74]漢蒙夫婦進一步指出，新興城市和工廠的外貌都庸俗醜陋，生活其間根本無法舒展身心，毫無樂趣可言。[75]

自從工業革命以來，上層社會時常有意無意間壓迫勞工階層。漢蒙夫婦強調，十八世紀末以前，英國中央政府很少管理地方上的

73　J. L. & B. Hammond, *Town Labourer, 1760-1832, the New Civilization* (London: Longmans, Green, & Co., 1920), 103.

74　*Ibid.*, 18-19,23.

75　*Ibid.*, 40.

教育、衛生、住家、安全等問題，一切任憑地方官員自行處理。[76]
勞工階層絲毫沒有權利參與公共事務。教會團體經常訓勉勞工信
徒逆來順受、不要抗爭。例如：美以美會（Methodist Church）一
向反對民主運動，阻止工會的成長。[77]漢蒙夫婦毫不保留地披露上
層社會及教會人士的保守心態，不過，他們也責怪，勞工運動所以
挫折重重，與勞工本身的缺失有關。勞工們往往不眠不休勤奮的工
作，死心塌地忠於雇主，卻很少爲自己著想，其實勞工當時經濟狀
況，遠不如農業經濟時代在甘蔗田裡工作的奴隸。[78]

《技工》的主題，在指出工業社會裡種種不平等和違反人性的
現象。漢蒙夫婦先以濃郁的懷舊筆調，描述工業革命以前的社會。
在那個時代，勞工可以隨自己的意願外出，或在花園裡動動鋤頭，
抽根菸。勞工爲自己生產糧食，也爲自己紡紗織布，生活上大致可
以自給自足，一切自己作主。[79]反過來看，工業革命摧毀了從前的
社會經濟體制，也剝奪了勞工自由自主的生活，資本家掌握社會大
半的資源和權力，逼得勞工不得不低頭而出賣勞力。[80]

大致來說，技工比農村和城鎮裡的勞工更懂得抗爭。《技工》
裡記載許多社會衝突的史實。連漢蒙夫婦也爲此感嘆不已，覺得
這個時期的英國史簡直就是一部內戰的歷史。[81]漢蒙夫婦首先記載
泰恩（Tyne）和韋爾（Wear）這兩個地方的礦工，描述他們的困
境，並且說明他們如何由早期和平手段的抗爭，一步一步走向一八

---

76 *Ibid.*, 38.
77 *Ibid.*, 283.
78 *Ibid.*, 325.
79 J. L. & B. Hammond, *The Skilled Labours, 1760-1832* (New York: Augustus M. Kelley Publishers, 1967), 267.
80 *Ibid.*
81 *Ibid.*, 1.

三二年激進的罷工事件。[82]漢蒙夫婦按照紡織品的不同，分類研究各地紡織工人的情形，以及勞工對機器設備的仇視心態。漢蒙夫婦十分注意這個課題的發展，因爲早期勞工不瞭解現實困境和生活壓力來自資本家和工業資本體制。資本家不斷推陳出新，採用新式的機器，以便提高效率，節省人力，結果威脅到勞工的工作機會。[83]早期勞工幾乎看不清箇中的道理，因而只能盲目地反彈或抗爭。一七七九年，有些紡織工人起而破壞機器設備。[84]到了一八〇〇年以來，勞工才逐漸領悟抗爭的對象和策略，所以開始組織工會，要求改革。[85]

　　一八三二年至十九世紀中葉期間，英國的勞工和社會運動達到高潮。這時候全國的勞工，不論在鄉村或者在城鎮裡，幾乎都參與活動。漢蒙夫婦在《憲章運動的時代》和《蕭瑟的時代》裡，批評各地方政府漠視市政建設，也不規畫都市發展，以致於房舍建築零亂擁擠，住家環境惡劣。[86]他們稱讚憲章運動者繼承了英國社會改革的「精神」，不過，卻鮮少突顯勞工「組織」的功能。這種寫作取向顯然是他們夫婦與衛布夫婦之間的重大差異。衛布夫婦偏好從勞工組織的功能分析勞工運動的成敗。漢蒙夫婦則喜歡記載菁英份子的影響，刻畫這些人的理念。[87]由於菁英份子登高呼遠，憲章運動才能凝結成一套人生哲學，使得人們自從一八三二年以來日漸重視公園、公共圖書館、聯誼社團和廉價的圖書雜誌等等。也因此，

82　*Ibid.*, 12-14, 24.

83　*Ibid.*, 53.

84　*Ibid.*, 58.

85　*Ibid.*, 94.

86　J. L. & B. Hammond, *The Age of Chartists*, 45.

87　J. L. & B. Hammond, *The Age of Chartists*, 267.

大眾生活的品味提升，大眾文化隨之興起。[88]由此可見，《憲章運動的時代》所彰顯的既不是以暴力對抗的血腥場面，也不是勞工組織的結構和運作，而是這個時代的人生哲學和大眾文化。

結語

　　綜合考察漢蒙夫婦的史觀，基本上他們相信歷史的過程是線型的（a linear interpretation of history）。按照他們的解釋，古典文明是西洋史上的黃金時代，當時候人們最懂得創造及享受生活的品味。其次，工業革命以前的農業社會也值得後人懷念，因為人們生活其中不乏精神上的享受。然而，圈地運動日漸擴大和工業興起以後，各地變得喧囂不安，人們失去了鄉居生活的樂趣，無法隨心自主過日子，勞工尤其遭受各種生活上的困境和精神上的折磨。漢蒙夫婦沒有一筆抹煞近代物質生活的進步和民主政治的發展，不過，卻以「悲觀」的角度，觀看早期工業社會的勞工。身為自由主義的擁護者，漢蒙夫婦經歷英國自由黨的式微、兩次世界大戰的浩劫、經濟大恐慌以及納粹政權的威脅，無怪乎，對現實社會以及早期工業社會都不感表示樂觀。他們捨棄進步史觀，而以線型史觀來解釋歷史，頂多再添加一點古典黃金時代之說，但還不致於完全絕望、淪為退步史觀，或吶喊著「西方的沒落」。

　　漢蒙夫婦具有理想主義的本色，所以在「悲觀」之餘，仍然堅信自由主義可以改善現實社會、促進國際和平。他們將這種心態轉

88　*Ibid*., 338-339. Ch. XVⅡ.

移到歷史研究時，就成為觀念論，偏重精神和文化的層面，強調想像力和同情心的認知取向。綜合地說，漢蒙夫婦是「自由主義的觀念論者」。他們的社會思想和史學取向，顯然與偏向實證主義及「樂觀的」史家之間有極大的差別。漢蒙夫婦上承湯恩比和衛布夫婦，同屬於英國史學界中較具有社會改革意識的學者。這批勞工社會史家，不論研究歷史或者針貶時勢，都具有價值導向，祈盼未來的完美社會。漢蒙夫婦與衛布夫婦不同，並沒有採取社會主義的路線，他們反而比較接近湯恩比，屬於自由主義的觀念論者或理想主義者。只不過，湯恩比的進步史觀很難與漢蒙夫婦的生命經驗相映。他們夫婦終生以愁悵懷舊的筆調，堅忍地守護著自由主義。

第四章

柯爾夫婦的社會思想
和史學思想

「歷史並非只顧攫取史實、爲人提供一些本文而已,相反地,歷史必然不斷
地在說理和論述。也因此,歷史解釋沒有所謂絕對的眞理。」

「對於研究歷史的偉大作家和思想家而言,最重要的莫過於歷史想像力。假
使不能留心人們所生長的環境,我們就無法滲透那些非本質的、非永恆的事
務之內部,觀察絕對的與永恆的價值。」

　　在一般人的印象中，柯爾（George Douglas Howard Cole，簡稱爲G. D. H. Cole）是位社會主義的文人，一生對社會運動的貢獻，遠超過在史學上的成就。[1]其實這種評價不足爲怪。柯爾早在學生時代，就心儀社會主義。在牛津大學期間，身兼「大學社會主義學社」（University Socialist Society）的負責人。而後，在社會主義運動中一直舉足輕重。他和費邊社的關係，更是引人注目。所以有關他的傳記著作至少有四種之多，其中之一還是由夫人瑪格麗特‧柯爾（Margaret Cole，本文以下簡稱爲瑪格麗特）親自執筆的。[2]

　　瑪格麗特和柯爾的關係，好比衛布夫婦和漢蒙夫婦一般，都是志同道合的夫妻。[3]他們一起趁與社會改革，付出心血，研究勞工社會史，而且著書立說。從學術史及史學史的角度來說，柯爾夫婦也是研究英國工業社會及勞工運動的史家，立場上同屬於「自由主義左翼及社會主義的史家」。本章由柯爾夫婦的社會思想著手，與現實社會的辯證關係。其次，分析他們的史學思想，著重他們的史學理論以及認知取向。最後，綜合整理這對夫婦解釋勞工史的觀點，藉以驗證他們的史學思想和社會關懷。本章所依據的資料，有四種柯爾的傳記，一本瑪格麗特的傳記以及其他類似自傳性的作

1　Asa Briggs, "Cole, George Douglas Howard," in *Dictionary of National Biography, 1951-1961*, ed. by E. T. Williams and H. M. Palmer (London: Oxford University Press, 1971), 237.

2　Margaret Cole, *The Life of G. D. H. Cole* (London: Macmillan, 1971) ; A. W. Wright, and G. D. H. Cole, *Socialist Democracy* (Oxford: Clarendon Press, 1979) ; Geralo L. Houseman, *G. D. H. Cole* (Boston: Twayne Publishers, 1979) ; L. P. Carpenter, *G. D. H. Cole, An Intellectual Biography* (Cambridge: Cambridge University Press, 1973).

3　Betty D. Vernon, *Margaret Cole, 1893-1980, A Political Biography* (London: Croom Helm, 1986).

品；[4]另有柯爾夫婦的著作，特別是直接與勞工社會史和政治社會
思想有關的著述。他們夫婦的信函、手稿和日記等，典藏在牛津大
學納費德學院（Nuffield College）的圖書館裡，也都曾一一加以閱
讀及參考引用。[5]

民主社會主義的新義

柯爾與瑪格麗特的年齡相差四歲。柯爾生於一八八九年，瑪格
麗特則在一八九三年。這段時期正是英國史上非常關鍵的時刻。柯
爾曾表示，一八八○年及九○年代有幾件意義重大的事件發生。首
先，在一八八四年英國通過了改革法案（Reform Act of 1884），
因此案而獲得投票權的選民大為增加，總數達到四百三十八萬人，
約佔全國人數的三分之二。這項新法又稱為第三次改革法案（The
Third Reform Act），與一八六七年通過的第二次改革法案（The
Second Reform Act）不同。因為，較早的法案，只賦予都市地區以
及小鎮上的一些勞工投票的權利。新的法案是由自由黨主導通過，
其目的在打擊托利黨壟斷鄉村地區的選票。[6]其次，這個時期，有
許多工會領袖對勞工法的修訂和通過表示滿意，進而認同自由黨，
當然，也有不少勞工對於現狀不滿，變得更為激進，背離原來勞工

4　Margaret Cole, *Growing Up Into Revolution* (London: Longmans Green, 1949).

5　*The Cole Papers, The Collections of G. D. H. Cole's correspondences, notes, and draft
　writings.* The Nuffield College Library, Oxford University; *The Margaret Cole Papers,
　The Collections of Margaret Cole's correspondences, manuscripts and notes,* The Nuffield
　College Library.

6　G. D. H. Cole, *British Working Class Politics, 1832-1914* (London, George Routledge &
　Sons, 1941), 5.

運動的路線。[7]換句話說，十九世紀末的最後二十年間，英國政治顯然比從前更自由更民主，而且勞工和社會運動也更左傾更激進。

柯爾在劍橋出生，不久舉家遷往倫敦。中學期間，對英國古典的詩文就深感興趣，在創作之餘，還編著了個人的詩集。[8]按照個人的回憶，他喜歡詩文的原因，主要是受了莫里斯（William Morris）的影響。他說：

一九〇六年的大選（General Election）工黨（Labour Party）得以正式進入國會。就在這一年或者稍早一點，當我還是中學生時，已經是社會主義的信徒了。我改變信念的成因非常單純，那就是閱讀了莫里斯的《來自不知名處的消息》（*News from Nowhere*）。這本書，讓我在剎那之間，覺悟到只有成為社會主義者，而別無其他選擇了……。[9]

應該特別留意的是，莫里斯是十九世紀下半葉英國知名的作家、藝術設計者和社會主義者。青年時代的柯爾所以崇拜莫里斯，除了政治理念外，也嚮往莫里斯的倫理觀點和美學思想。換句話說，柯爾先從觀念論或唯心論（idealism）出發，然後才踏入社會主義的園地，而不是從物質的或經濟的層面入手。瑪格麗特曾經說明：

……他（指柯爾）接受社會主義，基本上並非為了紓解窮人的苦難，或解決資本主義的矛盾衝突；他是為了促進社會的公正平等，

---

7   *Ibid.*, 77.

8   G. D. H. Cole, al eds. *Oxford Poetry, 1910-1913* (Oxford: B.H. Blackwell, 1913) ; and Oxford Poetry, 1915 (Oxford: B.H. Blackwelll, 1915).

9   G. D. H. Cole, "British Labour Movement-Retrospect and Prospect," *Ralph Fax Memorial Lecture*, Fabian Special No. 8 (London, 1952), 34.

和生活的美感高雅。[10]

　　進入大學以後，柯爾才認識社會主義的人士。一九〇八年，入學牛津的巴里奧學院（Balliol College），並且加入費邊社。當時的指導教授（名 A. D. Lindsay）擔任費邊社牛津分社的主席，他的好友（名 Kingsley Griffith）是該分社的祕書，也是《牛津社會主義者》（*Oxford Socialist*）的編輯。也就在這個時候，他加入了獨立工黨（Independent Labour Party）。柯爾在牛津大學，除了攻讀古典詩文，也接觸經濟學，所以社會理念才更為實際，更能與現實政治契合。一九一二年畢業以後，他在都爾漢大學（University of Durham、位於Newcastle-upon-Type）擔任哲學講師；同時，也在該地的勞工教育協會（Workers' Educational Association）中負責成人教育。[11]

　　瑪格麗特也是在劍橋出生。父親（名John Percival Postgate）於三一學院（Trinity College）教拉丁文，著有《波氏拉丁文法》（*Poatgate's Latin Grammer*）。瑪格麗特自述，她們家裡的成員政治立場偏向保守，宗教上屬於正統的英格蘭教會（Church of England）。[12]從一九一一至一四年，瑪格麗特在劍橋大學吉爾頓學院（Girton college）攻讀古典語文。這段期間，她已日漸關懷社會，喜歡涉獵自由主義或社會主義的作品，例如哈布森（J. A. Hobson）、狄更斯（Charles Dickens）、蕭伯納（Bernard Shaw）和韋爾斯（H. G. Wells）等人的書籍。尤其在閱讀韋爾斯的科幻小說《月球上的最早人類》（*The First Men in the Moon*）時，她深

10　M. Cole, *The Life of G. D. H. Cole*, 34.

11　*Ibid.*, 41-48.

12　M. Cole, *Growing Up Into Revolution*, 19-21.

受作者社會思想的震憾，因而「在一夜之間轉變成社會主義」，[13]
並且從此提倡女性主義。[14]完成大學學業後，她先在倫敦的一所女
子學校（即 St. Paul's Girl School）任教。一九一六年，正值大戰
期間，她的胞弟（名Raymond，原本在牛津讀書）因拒服兵役而
入獄。爲了這個緣故，她到牛津探監。[15]就在這段期間，她認識了
柯爾，並且受聘在費邊社研究部（Fabian Research Department）工
作，因而逐漸參與社會主義的運動。一九一八年，她和柯爾結婚，
從此成爲政壇上和學術上的伴侶。

　　一九一三至一八年期間，柯爾初步奠立了個人的社會思
想。首先，他於一九一三年出版《勞工世界》（*The World of
Labour*），提倡新民主社會主義，稱爲「基爾德社會主
義」（Guild Socialism）。按照一般人的講法，所謂的「基爾德社會主
義」最早見於潘諦（Arthur Penty）所著的《基爾德制度的重建》
（*The Restoration of the Guild System, 1960*）。不過，瑪格麗特並
不肯定潘諦的貢獻，因爲「他偏執在技工的立場，而且厭惡現代
工業的產品。」[16]瑪格麗特以爲，哈布森於一九一二年期間發表在
《新時代》（*New Age*）的一系列文章，才配稱得上眞正有系統的
基爾德社會主義。[17]就外在背景來說，這種新觀念源於當時費邊社
內一群大學生社員對其組織的不滿，他們認爲費邊社由於老一輩
社員（如衛布夫婦）的把持操縱，已經變得非常官僚腐化。一九

13　*Ibid.*, 42.

14　*Ibid.*, 43.

15　Vernon, *Margaret Cole*, 23-24.

16　Margaret Cole, "Guild Socialism and Their Labour Research Department," in *Essays in
Labor History, 1886-1923*, ed. By As Briggs & John Saville (Hamden CT: Archon Books,
1971), 264.

17　*Ibid.*, 265.

一四年，這群年輕的社員成立費邊社研究部，發表一分共同的聲明：「斯多林頓文件」（Storrington Document）。[18]一年以後，約有四十位成員，包括柯爾在內，在倫敦開會，成立全國基爾德同盟（National Guild League）。同年六月，柯爾與一批年輕朋友索性退出費邊社。[19]

　　繼《勞工世界》以後，在一九一八之前，柯爾還出版《工業界中的自助政府》（*Self-Government in Industry*）、《工業思想史導論》（*Introduction to Trade Unionism*）和《共和社會的勞工》（*Labor in the Commonwealth*）。這幾本書的主題，都在批評二十世紀初年英國工會以及其他勞工社會主義團體。他指出：工會中的領導人員墨守成規，毫無求新求變的意圖，他們大概只配當個好雇員，卻不能勝任管理與創業的工作。還有，這些工會的領導人雖然日漸熟悉行政的方法，可是缺乏見識昧於洞察各種面臨的問題。[20]柯爾認為，工會本來應該是反擊資本家的利器，其領導人員必須兼備聰明才幹，才能勝任。過去工會的缺點完全出自於本身知識貧乏，往後工會要發揮效力，必要大力借重理想主義的美德。[21]他特別強調「要建立任何新社會必須以良心（Good Will）為基礎」。[22]

　　從這幾本書的評論，可以得知，柯爾對工會成員的智慧與道德之重視甚於工會的組織。換句話說，在討論如何改進現實社會的種種問題，柯爾總是以精神思想的層面為著力點。這種唯心論的傾向

18　Margaret Cole, "Guild Socialism: The Storrington Document," in *Essays in Labor History*, 1886-1923, 332-349.

19　Margaret Cole, "Guild Socialism and Their Labour Research Department," 271.

20　G. D. H. Cole, *The World of Labour* (Brington, Sussex: The Harvester Press, 1973), 206.

21　*Ibid.*, 16.

22　G. D. H. Cole, *Labor in the Commonwealth* (New York: B. W. Huebrsch, 1919), 22.

主要衍生自莫里斯和盧梭（Jacques Rousseau）的思想。柯爾推崇說，莫里斯是所有革命先知中，最能與全國基爾德同盟的成員血脈相連。莫里斯一生志業遵守的基本原則有：坦率地表達自己，隨性工作和休閒，並且盡性地爲社會服務和享受。柯爾又說，莫里斯的原則也應該是全國基爾德的守則。[23]柯爾也非常景仰盧梭。一九一三年，他翻譯《社約論》（*The Social Contract*）和《論述》（*The Discourses*），合刊爲單行本，並且撰寫長篇的導言，稱讚盧梭是位偉大的哲學家、是唯心論最偉大的先驅。[24]柯爾強調，盧梭並非只是純粹抽象思考的學者，而是位相當務實及具體探討社會問題的思想家。[25]盧梭治學的終極目標在建立具有法律準則的行政組織，透過組織人人各得其所，同時各種法律也都應合情合理。[26]從這些論調可以發現，柯爾所以熱中討論工會的問題，是因爲工會具有組織的實體，很適合借用盧梭的哲學來加以考察。

柯爾以基爾德社會主義爲本，檢討工會何去何從；同時，也依據這種理念，構思理想中的「共和社會」（Commonwealth）。他所以反對工業資本主義，最核心的理由是：這種社會的薪水制度造成科技界只顧追求效率，而昧於人道精神。[27]就動機來說，這些言論有些類似馬克思因顧及勞工的「物化」而反對資本社會。[28]柯爾一再表示，他最關心勞工在身心方面的自由。任何思想家在涉及個人自由的問題時，都得思考衡量個人與國家主權之間關係。柯爾當

23　G. D. H. Cole, *Self-Government in Industry* (London: G. Bell and Sons, 1919), 22.

24　G. D. H. Cole, *Introduction to The Social Contract and Discourses*, by Jean Jacques Rousseau (London: J. M. Dent & Sons, 1947), v-vi.

25　*Ibid.*, xiii-xiv.

26　*Ibid.*, xxii.

27　Cole, *Labour in Commonwealth*, 120.

28　*Ibid.*, 18.

然也不例外。依照他的觀點，邊沁在功利主義中的自由理念，幾乎
等於無政府思想。[29]然而，柯爾也不同意康德和格林，因爲這兩位
唯心論哲學家，都輕率地把自由和法律等同起來，而忽略了在實際
社會上推展的功效。[30]依據柯爾的藍圖，當人們唾棄資本主義、迎
接社會主義來臨時，最理想的國家組織是「共和社會」。因爲這種
組織最吻合基爾德社會主義，既不偏向無政府主義，也不致淪爲國
家集權。[31]柯爾理想中的社會以民主精神爲大前題，所以在「共和
社會」裡，全國唯一較具權威的組織是「邦聯」（Federation）。
而這個「邦聯」是由各工會團體依比例選派代表組合而成，它本身
沒有太多的實權，但是容許不同的階級，包括中產階級在內發揮應
有社會角色。[32]

　　大約在一九一九年左右，柯爾逐漸調整個人的政治思想，尤其
是對國家主權的看法。這個時期，他仍然本著民主的原則，批評極
右的國家社會主義（State Socialism）或集體主義，以及剛建立不
久的蘇維埃體制（Soviet System）。[33]而且，他繼續擁護基爾德社
會主義。[34]不過，仔細分析的話，可以發現柯爾的立場已經有點轉
變，變得更貶抑國家的主權。[35]他希望在「共和社會」裡，不同團
體、族群、職業……的代表均能出席會議，使得地方性的色彩高
於全國性的。[36]一九二〇年，柯爾出版的《基爾德社會主義的再聲

29　*Ibid.*, 193.

30　*Ibid.*, 196.

31　*Ibid.*, 182.

32　Cole, *The World of Labour*, 272.

33　Cole, *Self-Government in Industry*, 2.

34　*Ibid.*, 2-3.

35　*Ibid.*, 6.

36　*Ibid.*, 147-148.

明》（*Guild Socialism Restated*）和《社會理論》（*Social Theory*）充分流露反對中央集權化（decentralization）的民主思想。依照他的說法，每個人從出生開始就屬於不同的組織，每個組織不應當標榜所謂的「整體性的意志」（the will），而會員們之間應有「各種相互契合的意志」（the cooperating wills）。[37]柯爾把盧梭《社約論》中的「共同意志」（General Will）加以轉化，使得它不是指超越個人之上的總體意志。[38]所依照柯爾的看法，新社會結構中任何一位代表，都只為某些團體或某些特定的目的而發言。代表無權為所有的人發言，而只是負有某種功能性的代表而已（functional representation）。[39]從這個觀點出發，柯爾強調國家基爾德的組織應該非常有彈性和包容力，絲毫沒有集權化的色彩。[40]

一九一九年以前，柯爾雖然批評馬克思的思想，不過還是承認馬克思為偉大的經濟學者。[41]然而，到了俄國成立共產政權以及英國成立了共產黨以後，柯爾不能再漠視它們的存在。為了回應共產主義的挑選，他曾經撰寫文章大力反擊。[42]一九二〇年代，柯爾與幾位共黨的同路人（fellow travelers）建議俄國應實施自由化的政治。[43]不過，建議並不等於支持。一九二〇年有五位國家基爾德同盟的成員（即：R. Page Arnot, W. E. Ewer, W. Holmes, William Mellor and Ellen Wilkinsom），起草「行動鋼領」（Programme of

---

37　G. D. H. Cole, *Social Theory* (New York: Frederick A. Stokes Co., 1920), 4.

38　*Ibid.*, 23.

39　G. D. H. Cole, *Guild Socialism Restated* (London: Leonard parsons, 1920), 22-23.

40　*Ibid.*, 64.

41　Cole, *Labour in Commonwealth*, 178.

42　*Ibid.*, 179.

43　G. D. H. Cole, *A History of Socialist Thought*, Vol. 4, Part 1: *Communism and Social Democracy* (London: Macmillan & Co., 1958), 7.

Action）公開支持蘇俄時，柯爾卻堅持不肯背書。[44]柯爾解釋，
自己不願成為共產黨員的理由，因為他一直支持「個人自由」
（libertarian）。此外，他也反對共產黨所信仰的決定論。柯爾再
三表示，自由的基本在於選擇的自由。[45]瑪格麗特的社會思想一直
和柯爾配合無間。她反對共產黨的原因，在於英國共產黨屬於第
三國際（Third International）的支部，缺乏英國本土的自發性和自
主性。[46]由於這個緣故，柯爾夫婦與基爾德同盟內的共產黨份子失
和。一九二四年，柯爾辭去這個同盟中「勞工研究部」的祕書職
務。一年以後，瑪格麗特也跟著他拂袖而去。

　　柯爾夫婦脫離費邊社以後，接著又退出國家基爾德同盟，從此
轉而集中精力在成人教育和撰寫歷史。柯爾在一九二四至二七年間
先後出版《威廉柯柏特傳》、《羅伯歐文傳》和《英國勞工階級運
動簡史》。這三部作品初步奠立了他在史學界的地位。然而柯爾
畢竟不是專業化史家出身，一九二〇及三〇年代，除了出版有關經
濟方面的作品，他也在牛津大學教授經濟學。在經濟政策方面，柯
爾主張將英格蘭銀行（Bank of England）開放給社會大眾。[47]他和
瑪格麗特以及湯尼（R. H. Tawney）等人都呼籲執政的工黨儘速實

44　L. J. Macfarlane, *British Communist Party: Its Origin and Development Until 1929* (London: MacGibbon & Kee, 1966), 34.

45　Cole, *A History of Socialist Thought*, Vol. 4, Part 1, 7.

46　M. Cole, *Growing Up Into Revolution*, 97.

47　Cole's Major writings about economic planning are: *Banks and Credits* (London: The Society for Socialist Inquiry and Propaganda, no date)；Gold, *Credit and Employment: Four Essays for Laymen* (London: George Allen & Unwin, 1930)；*The Intelligent Men's Guide Through World Chaos* (London: Victor Gollancz & Ltd., 1932)；*Studies in World Economic* (Freefort, N. Y: Books form Librarian Press, 1967)；*Economy Planning* (New York: Alfred A. Knopf, 1935)；*The Condition of Britain* (London: Victor Gollancz Ltd., 1937).

現國家經濟計畫。[48]然而，正當俄國的五年經濟計畫（Soviet Five Year Plan）如火如荼展開，而且贏得不少西方學者青睞時，柯爾夫婦對俄國政權仍然持保留的態度。一九三二年，瑪格麗特訪問俄國。剛到列寧格勒（Leningrad），她就發現「這個民族不是很有效率。」[49]在資本主義和社會主義之間，柯爾始終堅持擁護後者的立場，不過，當然不是俄國式的社會主義。[50]柯爾夫婦相信國會制度可以改善現有的經濟和社會。[51]一九二八年，為了回應外在環境的衝擊，柯爾不得不承認，在必要時國家主權可以協助處理社會和經濟問題。或許是這個緣故，他們夫婦和衛布夫婦的政治主張不再扞格不入，而且有轉圜的餘地。一九二八年，柯爾夫婦重返費邊社，從此他們在幾個社會主義的團體中，又漸漸居於領導地位。例如，柯爾參與成立「社會主義研究與宣傳學社」，並且擔任副主席（一九三○年），負責「新費邊研究局」（New Fabian Research Bureau）的祕書工作（一九三一～三五年），當選「費邊社教育委員會」（一九三九～四六年，一九四八～五○年）。柯爾於一九五二年被推舉為費邊社的主席，直至一九五九年過世為止。

瑪格麗特在費邊社裡也很活躍。第二次大戰期間，她一直支援費邊社所辦的暑期學校，也編著書籍，鼓吹戰爭期間疏散英格蘭和威爾斯的兒童。一九三九至五三年，曆任費邊社的名譽祕書。她時常撰寫政論，提倡教育制度的民主化。[52]

48　*The Cole Papers*, B3/5/E, Box 5, folder 7.

49　*The Margaret Cole Papers*, file 2, a letter to G. D. H. Cole.

50　Cole, *The Intelligent Men's Guide Through World Chaos*, 659.

51　G. D. H. Cole and Margaret Cole, *The Intelligent Men's Review of European Today* (New York: A. Knopf, 1933), 597.

52　M. Cole, *Education for Democracy a Report to the Fabian Society* (London: George Allen & Unwin, 1942), 15.

　　綜合柯爾夫婦晚年的社會思想，他們仍與一九一〇年代一樣，
篤信民主體制。柯爾說，對於西方社會主義者而言，「個人」就是
倫理價值的根本。[53]個人主義和社會主義可以並存。[54]而且，「沒
有自由，就不可能有社會主義。」[55]不過，民主自由要付諸實現，
必須以小團體為基本單位。[56]柯爾在《社會主義思想史》最後一卷
中說，未來的社會主義應該由唯心論者負起大半責任，因為他們
堅信人類間的兄弟友誼，並且刻意促進社會正義。[57]柯爾樂觀地表
示，有「團隊精神」（team spirit）人們才能有最佳的工作績效。[58]
瑪格麗特除了與柯爾合作，撰寫短篇的政論外，也提倡女性主義。
她在《今日婦女》（Women of Today）這本書中，一共撰寫了十篇
文章，每篇專論一位女性的貢獻。[59]瑪格麗特也編印衛布夫人的日
記，為她撰寫了一本傳記。[60]此外，瑪格麗特的《過去與現在的婚
姻》（Marriage, Past and Present）是本婚姻史的書籍，從上古時
期敘述到二十世紀。這本書表露一套人生哲學，強調有善心及智
慧才有美好的婚姻。[61]可見她與柯爾一樣，也喜歡從唯心論的角度
談論現實社會的問題。在一九八〇年去世前，瑪格麗特仍然熱心

53　G. D. H. Cole, "What is Socialism?" *Political Studies* Vol. 1, No.2 (June 1953), 183.

54　G. D. H. Cole, "The Dream and Business," *New Statesman and Nation*, Vol. 20, No. 3 (JulSept. 1949), 210.

55　G. D. H. Cole, "Socialism and Communism," *New Statesman and Nation*, Vol. 4, No. 1312 (May 5, 1956), 474.

56　G. D. H. Cole, *Great Britain in the Post-War World* (London: V. Golluncz Ltd., 1942), 12.

57　G. D. H. Cole, "The Future of Socialism – Ⅱ," *New Statesman and Nation*, Vol. 49, No. 1246 (Jan. 22, 1955), 92-93.

58　G. D. H. Cole, "The Case for Industrial Partnership (London: Macmillan, 1957), 118-119.

59　M. Cole, *Women of Today* (London: Thomas Nelson and Sons, 1938).

60　M. Cole, *Beatrice Webb* (New York: Harcourt, Brace and Co., 1946)；M. Cole ed. *The Webbs and Their Work* (London: F. Muller, 1949)；M. Cole ed. *Beatrice Webb's Diaries, 1912-1924* (London: Longman, Green and Co., 1952).

61　M. Cole, *Marriage: Past and Present* (London: J. M. Dent, 1939).

參與社會或學術活動。例如，她擔任工會勞工合作民主歷史協會（Trade Union Labour Co-operative Democratic History Society）的副主席，支助勞工史博物館（Labour History Museum）的成立，爲《勞工傳記辭典》（*Dictionary of Labour Biography*）寫作。

社會理論和史學思想的互動

柯爾夫婦一生參與社會改革，應該都是很務實的文人學者。但從另個角度來看，他們著書立說，構思社會的藍圖，卻又偏向理想主義。柯爾夫婦未嘗專攻知識論等純粹哲學的問題，也沒有思辨歷史方法論上的課題，所以，論及歷史與政治社會時，寧可以「社會理論」的學者自居。如果在哲學與科學之間硬要作二選一的話，他們寧可接受哲學。不過，他們不願意使用社會哲學這個名詞，因爲採用「社會理論」對他們來說比較自在。[62]這很可能就是爲什麼柯爾撰寫《社會理論文集》（*Essays in Social Theory*）和《社會理論》（*Social Theory*）的動機。

柯爾曾經解釋，他以「理論」取代「哲學」或「科學」的原因。他認爲，自己所探討的理論含有價值導向，與一般「經驗——實證論者」所追求的目標不一樣。舉例來說，社會人類學家類似科學家，治學的首要目標在回答人類的行爲，而不是在價值的層次。[63]至於社會理論家，應該比較關注人類思想與行爲之間的問

62　G. D. H. Cole, "Scope and Method in Social Political Theory," in *Essays in Social Theory*, by Cole (London: Macmillan, 1950), 1.

63　*Ibid.*, 4-5.

題，尤其可以評價各種價值觀的意義。[64]很顯然地，柯爾反對以價值中立的取向認知社會與歷史現象。他毫不避諱個人的現實意識，並且提倡含有價值導向的治學態度。他說：

我必須主張某些終極目標是善的，並且抨擊「人是社會的動物」這種觀念。[65]

所以，依照他的說法，社會理論和倫理學的目標是一致的，兩者之間的知識可以互補，兩者的研究方法基本上也沒什麼差別。[66]

同樣的道理，研究歷史與政治應該也密不可分。柯爾強調：

歷史不僅是昔日的政治，而且是在現今政治事件中仍然存在的趨勢。[67]

所以，史家不應只編年記事，也應解釋及評斷過去。[68]雖然，柯爾還不致於狂妄自信：史家主觀的意願足以扭轉乾坤，左右時代趨勢。不過，他這種見解與歷史相對論者（historical relativist）或觀念論者（idealist）倒有幾分雷同之處。例如：貝克（Carl Becker）認為「每個人都是史家」，克羅齊（Benedetto Croce）主張「每件歷史都是當代史，⋯⋯歷史主要是思想的活動。」[69]柯爾和貝克、克羅齊不約而同，強調主觀意識和社會背景促成了歷史解

64　*Ibid.*

65　*Ibid.*, 7.

66　Cole, *Social Theory*, 15.

67　G. D. H. Cole, *Politics and Literature* (London: Leonard & Virgina Woolf at the Hogarth Press, 1929), 25.

68　*Ibid.*, 23.

69　Carl Becker, "Every Man His Own Historian," in *Everyman His Own Historian* by C. Becker (New York: F. S. Croft, 1935), 233-235; Benedetto Croce, *History: Its Theory and Practice* (New York: Harcourt, Brace and Co., 1921), 19.

釋的多樣性，所以，歷史必須不斷地改寫。[70]柯爾說：

人們無法一成不變地對真理保持固定的思考方式，其因是他們有複雜的心理，還有多種的信念。人們對現實的各種信念均出自他們對真理的看法。所以，歷史並非只顧攫取史實、為人提供一些文本而已，相反地，歷史必然不斷地在說理和論述。也因此，歷史解釋沒有所謂絕對的真理。[71]

　　每位學者解釋歷史或社會現象時，必然會觸及有關「通則」或「模式」的問題。通常在社會科學裡，「理論」是指有體系的「假設」，或者可被接受的「原則」。經驗——實證論的史家與社會科學家類似，多半偏愛應用「理論」、「通則」或「原則」來解釋歷史。但是，對於柯爾來說，所謂的「理論」是指一套概念、或者一種觀看之道而已。柯爾重視變遷與差異，反對以任何通則模式治學。假使站在「經驗——實證論的」立場來看，柯爾並不配成為「理論家」。柯爾認為，每個文明都是動態的（dynamic），現代工業文明當然也不例外，所以解釋其歷史必須把握整體趨勢的流動性。[72]然而，這種流動變遷的趨勢具有某種「本質」（essentiality），並非散亂而沒有章法的表象。[73]他強調，研究社會或歷史應該注重這些「本質」。例如，探討社會及政治團體組織時，一方面要注意它們在不同時期的各種形式的變遷，另一方面也應該掌握在長時期之中它們有何「本質」。[74]由此可見，柯爾所說

70　Cole, *Politics and Literature*, 23.

71　*Ibid.*, 24.

72　Cole, *The Intelligent Man's Guide Through World Chaos*, 113.

73　Cole, *Social Theory*, 75.

74　*Ibid.*, 64-65.

的「理論」是套概念性的本質，或是套參考性的觀念，但絕對不同於教條化和公式化的「通則」。[75]

柯爾曾經不遺餘力，抨擊各種實證論的「通則」及決定論。例如，他所理解的馬克思和恩格思（Engels）思想，是種唯物史觀或經濟決定論，因而他對馬克思主義不表苟同。[76]孔德（Auguste Comte）主張應用科學方法研究社會，尋求社會的「法則」。柯爾也攻擊這種取向罔顧個人的存在，忽略每個社會的特殊現象。[77]邊沁的功利主義，在方法論上與孔德類似，也都忽略了社會歷史動態和變遷，柯爾也嗤之以鼻。[78]

柯爾對經濟曾經相當投入和關注，稱得上是位經濟學家。不過，基於方法論的立足點不同，他反對古典經濟學家太倚賴實證論式的「通則」。[79]柯爾如此重視經濟史的變遷，反而比較類似湯恩比及亞希列（Thomas Ashley）等歷史經濟學派的主張。對於當代經濟學者凱因斯（Keynes）的通貨理論，柯爾也表示異議。[80]他曾致函給凱因斯，說道：

我瞭解你的論點，但我發現你的計畫經濟理論很難與各地方實際的情況配合。[81]

換句話說，談經濟現象時，柯爾一如研究社會或歷史，非常關切時空的差異，不輕易接受任何「通則」。

---

75 *Ibid.*

76 *Ibid.*, 146.

77 Cole, *Essays in Social Theory*, 169.

78 Cole, *Studies in World Economics*, 33-40.

79 Cole, *The Intelligent Man's Guide Through World Chaos*, 113.

80 *The Cole Papers, Correspondence*, Box 2, file 43.

81 *Ibid.*, Box 1, file 30.

由於重視變遷與趨勢，柯爾的線型史觀中歷史的流動過程（process）比較樸質而且有彈性，有別於啓蒙史學或社會達爾文主義所主張的武斷式進步史觀。[82]值得留意的是，討論一個人懷疑歷史進步的絕對性時，應該也注意他如何處理道德或價值判斷的問題，否則道德價值判斷失去絕對標準時，一切將變得毫無意義。柯爾承認，社會愈複雜，治理的方式也愈多樣，每個社會組群都應該有它們各自的準則。爲了避免陷於相對的道德價值觀，他肯定所有的社會都需要正義（justice），而且正義永遠不得與社會平等分離。[83]由此可見，柯爾仍然堅持共同的道德價值，所以依此標準仍然可以判定歷史是否進步，只不過這種進步史觀相當有彈性，不容濫用。柯爾同意，在某個特定的時空中會有進步或退步。但是，要銘誌在心的是：文明的進步是多元性的，每條文明的線軸不一定會齊頭並進，整個文明更不可能一致邁前進步。還有，促成社會進步的因素應該不只一端，絕對不可以說所有的因素都同時匯聚成河，朝著共同的方向前進。[84]

其次，柯爾相信知識是累積而成並且是進步的。他說：

我們應該接受這項基本事實，那就是不管在任何社會中，或者在整體歷史中，知識都會持續成長。[85]

柯爾對知識的進步所以如此執著，是因爲他相信「理性」的可貴，以及他接受十六世紀以來西方學者的看法：人類經由理性認世

---

82 G. D. H. Cole, "The Idea of Progress," *British Journal of Sociology* Vol. 4, No. 3. (Sept. 1953), 272.

83 *Ibid.*, 283.

84 *Ibid.*, 284.

85 *Ibid.*, 274-275.

界，並且以此建構知識。所以他說：

也許知識是唯一能促進歷史不斷向前推移的力量。[86]

他又補充說：

我們無法從人類歷史中尋求任何進步的通則，但是在探索真實的知識領域中，卻有可能找出一條理論，說明整部歷史的方向。[87]

最後，就更深入的層次而言，在涉及歷史的意義和社會的終極理想時，柯爾幾乎把「過去歷史的進步」和「未來進步的信念」融合為一。換句話說，他懷有虔誠的信念，以為未來的世界必然趨於完美的理想。他堅持，我們不應該希望奠立在歷史進步的必然法則之上，而應該相信自己和子孫，世世代代都有善心，勇氣和技能，足以應付現世未來的各種問題。[88]從這段話中可以得知，柯爾秉執信念，陳述一套理想主義，而他的社會思想或「理論」，其實就是他的信念。所以，他以肯定的口吻說：

基爾德社會主義者相信，他們已找出最佳的社會形式，提供下個階段類的需要。[89]

柯爾以唯心論的取向，思索尋求一個理想化的（ideal）民主社會主義國度，難怪他強調「這個理想需要配合人們的想像力，以及人們在堅持理想主義的信心時應有的勇氣。」[90]

86　*Ibid.*, 281.

87　*Ibid.*, 284.

88　*Ibid.*, 284-285.

89　Cole, *Guild Socialism Restated*, 24.

90　Cole, *Labour in Commonwealth*, 141.

柯爾因為傾向唯心論，所以解釋歷史的時候，比較偏愛精神、思想或文化的因素。討論基爾德社會主義的發展時，他認為：當今基爾德社會主義者對中古基爾德和國家基爾德的認同，主要是在精神層面，而不在組織的形式。[91]又如，討論中古時代和近代的道德有何不同處，柯爾同意從前的工商界有許多人道德不夠完美，不過他們倒是警覺到自己的過錯，意識到商業道德和社會彼此往來的道德也是一致的。然而，對近代人而言，商業道德卻是一種特定的符碼，與社會間的道德並不相容。[92]所以，柯爾認為，工會果真要成為社會革命的力量，必須以唯心論的美德來鼓舞士氣。我們平常注意探究工業社會的現象，並非我們服膺唯物論，而是因為我們或多或少認同精神論者（spiritualist）。大多數的人幾乎都在工業社會裡工作，而工業社會必須有屬於精神層面的特質。[93]

不過，柯爾並非走偏鋒，處處以思想、精神等唯心論的因素來解釋歷史。他也顧及經濟和社會因素的作用，並進而強調認知社會的整體性。他曾經表示，研究歷史或社會首先要切記，單靠意志或物質環境是不可能創造人類的社會，人人彼此之間是息息相關的。當物質環境改變時，人們必然採取新的生活方式。從另個角度來說，當人們的欲望變遷的時候，他們也得尋求新的社會合作關係。[94]柯爾以為社會的轉型主要不是出於政治的力量，所以他反對以階級意識解釋歷史。[95]更何況階級意識很難整齊畫一支配人心，勞工階級從來沒有全體一致，共同投票贊成什麼法案。所以堅持階

91　Cole, *Guild Socialism Restated*, 46.

92　*Ibid.*, 45.

93　Cole, *Labour in Commonwealth*, 32.

94　Cole, *Social Theory*, 193.

95　Cole, *Guild Socialism Restated*, 180.

級意識這股思想因素並不見得能圓融貫通歷史現象。[96]爲了平衡精神思想與物質社會之間的因果關係，柯爾認爲必要從勞工組織入手研究工運。[97]隨著社會的變遷，有些組織應運而生，有些卻隨勢消逝。[98]社會理論所要探討的，並不是每個人的每項行爲，而是人們參與組織時的所作所爲，那些沒有組織性的、個人的行爲只能偶爾拿來與社會討論一下。[99]柯爾所重視的是，工會組織中人們的精神和思想。他的認知取向偏愛觀念論，借重想像力和洞識力，但他不致於完全服膺偏激的觀念論或唯心論。柯爾這位經濟學者多少還懂得客觀環境的力量，他說：

對於研究歷史的偉大作家和思想家而言，最重要的莫過於歷史想像力。假使不能留心人們所生長的環境，我們就無法滲透那些非本質的、非永恆的事務之內部，觀察絕對的與永恆的價值。[100]

對英國勞工史和社會主義運動的解釋

柯爾夫婦對近代勞工史和社會主義的發展都深感興趣。柯爾在一九二五至二七年間，完成《英國勞工階級運動簡史》（*Short History of British History*）。這套書共有三冊，算得上是部鉅著，頗受學術界重視。到了一九四七年，柯爾又增補了近二十年勞工和

96　*Ibid.*, 178-179.

97　Cole, "Scope and Method in Social and Political Theory," 2.

98　*Ibid.*, 3.

99　Cole, *Social Theory*, 3.

100　Cole, Introduction to *the Social Contract and Discourses*, V.

社會主義的大事。這部作品的架構其實就是後來柯爾寫其他社會史作品的根本，像《百姓大眾》（*The Common People*, 1938）、《英國勞工階級的政治》（*British Working Politics*, 1941）、《在社會主義社會中的英國合作運動》（*The British Cooperative Movement In a Socialist Society*, 1951）、以及《社會主義史》（*A History of Socialist Thought*）。以上這些書籍，幾乎都是宏觀式的作品，內容涵蓋的時間較長。至於瑪格麗特的專著，多半以勞工領袖或社會主義的重要發展階段為主。例如，她的《費邊社會主義史》（*The Story of Fabian Socialism*），比較偏重這個團體在十九世紀末的組織和哲學思想，而不是完整的費邊社歷史。不過，仍然不失為有創見的著作。

柯爾夫婦單獨各自的著述要比兩人合作研究的為多，然而，綜合他們的觀點，不難發現彼此之間有共同的歷史解釋，可以進而整理出一套十八世紀以來英國勞工和社會主義運動的歷史。

按照柯爾的看法，工業革命和法國大革命對於勞工和社會運動的意義特別重要。柯爾討論工業革命時，把焦點放在它對於社會的影響，而不是它的起因背景或年代。[101]他曾經簡明地指出：

工業革命製造了無產階級，勞工運動因而由此產生。[102]

由於柯爾夫婦評論二十世紀的勞工運動時，比較重視勞工的「組織」和思想觀念，強調只有二者相輔相成才能促進當下的勞工和社會運動。其實他們夫婦也從這種角度和立場，研究過去的社

---

101 G. D. H. Cole, *A Short History of the British Working-Class Movement* (London: George Allen & Unwin Ltd., 1948), 9.

102 *Ibid.*, 3.

會。對柯爾而言，工會、合作社、政黨和社會主義團體等「組織」
配合在一起，才有所謂的勞工運動。[103]所以，他喜歡從工業革命起
敘述各項勞工組織的發展。當然，柯爾夫婦並非只注重外在「組
織」的形式，他們更關注勞工積極為理想而奮鬥的一面。為了追溯
探索勞工和社會運動的思想觀念，柯爾刻意突顯法國大革命的影
響。他說：

它（指法國大革命）賜給英國的激進主義一套哲學。同時，它也導
致統治階層採取鎮壓政策。大概有一個世代的時間，任何形式的激
進主義都遭到牽制而難以動彈。[104]

　　依照柯爾夫婦的看法，從工業革命和法國大革命以來，英國的
勞工和社會主義運動大致分成三個階段：一七八九～一八五〇年，
一八五〇～一八八〇年（或一九〇〇年），以及一八八〇年以來的
三段時期。第一個階段充滿抗爭和叛逆，勞工及下層社會運用百般
的技倆和各種新組織，抗拒工業社會中的新現象以及資本家所享有
的新權力。[105]柯爾批判這個階段的勞工運動，尤其是在一八三〇年
以前，仍嫌保守退步，因為他們的社會思想是倒退的，有意走回頭
路，要恢復工業社會之前的時代。柯爾評論說：

以有關破壞機器的勞工（音譯為路迪特，the Luddites）的作品為
例，一八一八年的罷工和搗毀機器、因改革法案而引起的騷動、一
八三一年的「勞工最後的革命」（*Last Labourers' Revolt*）、一八
三〇至三四年期間的歐文式工會思想（Owenite Trade Unionism）、

---

103 *Ibid.*, 7.
104 *Ibid.*, 26-27.
105 *Ibid.*, 4.

甚至於連憲章運動對土地的構想和對穀物法改革者（Corn Law reformers）的敵意……等，都因憎惡而排斥工業文明。[106]

柯爾對這些早期勞工和社會運動的指責，純粹出於恨鐵不成鋼的心理，骨子裡他還是同情下層社會，肯定他們的某些成就。柯爾認為，一八二〇至三〇年期間是英國工人階級觀念和組織的萌芽期。在那十年中，社會主義和激進主義有如雨後春筍，只可惜彼此之間少有聯繫，不能蔚然成風。

柯爾夫婦研究社會運動時，通常比較注意菁英領導份子的角色。這種研究取向與他們夫婦的史學思想偏向觀念論不無關係。瑪格麗特所著的《勞工運動的創治人》（*Makers of the Labour Movement*）特別明顯，因為這本書總共寫了十五位社會運動的領袖。[107]又如，柯爾與波思葛特（Raymond Postgate）合著的《百姓大眾》不免讓讀者有點失望，因為整本書的內容仍然偏重群眾中的菁英，而不是真正「由底層往上來朝看歷史「（study history from the bottom up）。至於柯爾個人撰寫的《社會主義思想史》，每一章都描述數位對社會主義較有貢獻的人，並由此結合成一部全世界社會主義的發展史。柯爾夫婦另有一些作品完全以一、兩位菁英人物為主題。例如，談十九世紀上半葉的勞工史，特別推崇柯伯特（William Cobbett）和歐文的貢獻，所以柯爾曾著《威廉柯柏特傳》（*the Life of William Cobbett*）和《羅伯歐文傳》（*Robert Owen*）；另外，柯爾還將柯柏特所寫的《波顧潘的一生經歷》（*The Life and Adventures of Peter Porcupine*），以及歐文所

---

106 *Ibid.*

107 M. Cole, *Makers of the Labour Movement* (London: Longmans, Green & Co., 1948).

寫的《新社會觀》（*A New View of Society*）重新改編出版。瑪格
麗特個人也曾專著《新納拿克時期的歐文》（*Robert Owen of New
Lanark*），並且與柯爾合編《柯柏特的意見》（*Opinions of William
Cobbett*）。綜合這些作品，柯爾夫婦讚揚柯柏特是位偉大的激進
者，他和那些只會高舉激進的標誌，但絲毫沒有任何現代激進的意
識的政客不同。[108]柯爾夫婦對歐文的評價似乎超過柯柏特。瑪格麗
特表示，歐文的見識和理想遠在同儕之上。[109]不過，歐文仍然無法
避免某些缺點。柯爾曾經批評，歐文獻身社會主義，但是卻無意挑
起勞資之間大規模的衝突。[110]

　　討論第一個階段的勞工和社會運動，任何史家都無法避開英國
的憲章運動。柯爾夫婦以一八三二年為起點討論這個運動的發展。
依照柯爾的分析，憲章運動起因於下層社會為貧困所迫。[111]所以，
基本上它是件經濟上的社會運動，並進而提出政治性的綱領和訴
求。[112]柯爾所著的《憲章主義者的素描》（*Chartist Portraits*），是
本描寫十二位社會運動領袖的傳記，同時也是本評論憲章運動的作
品。柯爾檢討這個運動失敗的原因，在於勞工階級不夠壯大、缺乏
教育、沒有擅長組織和領導的人才足以應付當時政經的狀況。相形
之下，英國資本家在經濟上的勢力卻極為強大。[113]柯爾又說，憲章
運動者一直缺乏有建設性的原則。他們所提出的純粹政治性綱領只

108　G. D. H. Cole and Margaret Cole, Introduction to *Opinions of William Cobbett*, ed. By the
　　　Coles (London: The Cobbett Publishing Co., 1944), 26.

109　M. Cole, *Robert Owen of New Lanark* (New York: Oxford University Press 1953), 2.

110　G. D. H. Cole, *History of Socialist Thought*, Vol. 1, *Socialist Thought, The Forer-cenners,
　　　1789-1850* (London: Macmillan, 1953), 6.

111　G. D. H. Cole, *Chartist Portraits* (London: Macmillan, 1941), 1.

112　Cole, *A Short History of the British Working Class Movement*, 94.

113　Cole, *Chartist Portraits*, 119.

不過是一道簡單的方案，用來贏得工人以及左派激進份子的支持而已。[114]

第二階段的英國勞工和社會運動顯得溫和而守成。從一八五〇年後，勞工先後成立了一些比較穩固的工會和合作社，並且支持少數代表進入國會議事殿堂。柯爾同意，一八六七年改革法案的通過，的確象徵勞工階級在政治上的進步。[115]不過，他提醒讀者留意，在爭取這次改革法案通過時，中產階級中的激進份子所付出的心血，遠超過勞工階級。[116]而且由於這些激進領袖的喚醒，勞工階級才又提出他們原來的政治訴求。[117]從柯爾這種分析的論點，很明顯可以發現，柯爾比較肯定中、下層階級之間的合作才能增進社會的民主。他對於歷史和對於當下的社會，似乎一致地堅持這種溫和的社會民主理念。

柯爾對這個階段的工會大致還算滿意，因為這些組織都能提出關鍵性的立法改革，以供新國會參考。[118]然而，這並不意味此時的勞工運動已完全令人稱心。柯爾綜合批評說，這個時期的勞工仍然接納資本主義的體制，他們並沒有向資本主義挑選，只想在體制內改善勞工的些許利益。[119]可見，柯爾對這個時期勞工階級的妥協忍讓性格頗有微詞。

柯爾也非常重視這個階段世界各地社會主義的發展。在《社會主義思想史》的第二卷中，極大的篇幅描述歐洲大陸的社會主

114　*Ibid.*

115　Cole, *British Working Class Politics*, 29.

116　*Ibid.*, 25.

117　*Ibid.*, 26.

118　*Ibid.*, 32.

119　Cole, Short History of the British Working-Class Movement, 5.

義、馬克思主義和無政府主義。雖然如此，他並不同意從一八五八年憲章運動會議（Chartist Conference）到一八八一年民主聯盟（Democratic Federation）成立期間，英國的社會主義已經奄奄一息。[120]他指出：這個時期仍然有些憲章運動的老將認同社會主義，有些歐文的信徒仍然熱中工會或合作社的活動。再說，這個時候的國際勞工聯盟（International Working Men's Association，即第一國際）在英國也有支部。[121]一八六九年所成立的土地與勞工聯盟（Land and Labour League），其實與馬克思和第一國際之間也有過合作經驗，是個有社會主義傾向的團體組織，[122]因而也值得肯定。不過，這個時期有些由文人組織的小型社會主義團體，因爲思想主張過於溫和，柯爾不太願意浪費筆墨敘述他們的成就。[123]柯爾比較推崇的是，十九世紀末成立的民主聯盟費邊社以及莫里斯。只是，柯爾對莫里斯一向溫和、無意問津政治權力或領導社會主義運動，也深感遺憾。[124]

　　一八八〇年代被視爲英國勞工和社會運動第三階段的開端，因爲這個時候有些勞工組織認同了社會主義。[125]例如，工會擴大訴求，爲窮人和缺乏技能的勞工請命。勞工逐漸組織獨立的政治團體。一八八四年通過的第三次改革法案擴大了英格蘭及威爾斯的選舉人數。[126]一八八五年大選的結果，工會人員在國會的席次由二席

---

120 Cole, *A Short History of Social Thought, Vol. 2, Marxism and Anarchism, 1850-890* (London: Macmillan, 1954), 379.

121 *Ibid.*

122 *Ibid.*, 381.

123 *Ibid.*, 386.

124 *Ibid.*, 424.

125 Cole, *Short History of British Working-Class Movement,* 5.

126 Cole, *British Working Class Politics,* 5.

遞增到十一席。[127]一八八六到九〇年期間，工會人數大量增加，原本只有少數行業的技工准許參加工會，現在礦工、織布工人、造船工人等也都有自屬的工會。[128]至於碼頭工人、瓦斯工人、船員等也都一一成立工會。[129]柯爾對於這股「新工會」（New Unionism）的風潮特別感到興趣，因此以不少筆墨描述它們與社會主義的關係，說明這股趨勢影響下，才有日後的獨立工黨、勞工代表委員會（Labour Representation Committee）和工黨的相繼產生。

柯爾夫婦研究歷史具有濃厚的現實意識，在分析一九〇〇年以來勞工社會史的時候，他們的社會思想更是表露無遺，也因此他們的歷史著作和政論之間界限模糊不清。柯爾所撰寫的、關於第三階段勞工社會史的專著有：《工會思想導論》（*An Introduction to Trade Unionism*, 1918），這本書後來於一九二四年經修訂改名為《有組織的勞工》（*Organized Labour*），以及一九五三年發行的《工會思想導論》（*British Trade Unionism Today*）。至於瑪格麗特特所著的《費邊社會主義史》，不只是有關費邊社的通論性史著，也是柯爾夫婦參與這個團體的現身說法。類似這類歷史作品，顯然已超過主題設定的範圍，內容中涉及過去的歷史和現在的時事，甚至對未來的意見和構想。柯爾晚年所著的《社會主義社會中英國的合作社運動》（*The British Co-operative Movement in a Socialist Society*），也是本現實意識鮮明、含有「言志」意味的歷史作品。[130]

---

127 *Ibid.*, 98.

128 *Ibid.*, 126.

129 *Ibid.*, 127.

130 G. D. H. Cole, *The British Co-operative Movement in a Socialist Society* (London: George Allen & Unwin Ltd., 1951), 16.

結語

　　柯爾夫婦對於勞工和社會運動的解釋和評價，基本上是以民主的社會主義為標準。他們夫婦採取較有保留和彈性的進步史觀，分析社會的發展。所以，縱使近兩百年來英國社會的大方向朝著民主社會主義推進時，實際上還有許多頓挫。柯爾夫婦雖然同情關懷下層階層，但是在作品裡，卻很少描寫勞工的生活困境。推測其理由是，柯爾夫婦不願意把勞工當作工業資本社會中的犧牲品，或完全把勞工當作毫無血性和反應的可憐蟲。相反地，他們情願著墨勞工積極奮鬥的一面，即使挫折連連也是值得記載。柯爾夫婦並不苛責勞工及下層人士的挫折，因為資本家的勢力實在難以對抗。不過，他們夫婦批評十九世紀上半葉的勞工失之於保守溫和，而一八五○至一八八○年間的勞工又太軟弱，比較容易與資本家妥協。由於柯爾夫婦本身參與十九世紀末以來的勞工社會運動，提倡民主的社會主義，所以他們也希望國家社會朝著這個理想邁進。可見，他們本著這種現實立場撰寫過去的歷史。

　　從學術思想的傳承而言，柯爾基本上以盧梭為師。他繼承並且轉化盧梭的學說，倡導社會團體組織應該在結構上和功能上都本著「合同的意志」（co-operating wills）。由於這種信念，柯爾和瑪格麗特研究社會史時，特別注重工會、合作社和勞工政治團體。柯爾夫婦從這些組織的運作，深入觀察它們的「意志」。純就這種研究取向而言，他們應該屬於觀念論或唯心論者，這也是為什麼他們一再強調精神和思想的因果關係，以及肯定想像力在歷史方法的地

位。不過，他們絕對不是極端的唯心論者，要不然他們不會撰寫大量的經濟史作品。平實而論，柯爾夫婦與「經驗——實證論的」經濟學者迥異，也與科學派史家大不相同。他們夫婦都不願借重「通則」來研究歷史。雖然柯爾夫婦把馬克思當作決定論者看待，是項明顯錯誤。不過，他們的史學思想倒是與二十世紀的馬克思史家有些不謀而合之處。柯爾夫婦與霍布斯邦和湯姆森都主張文化思想與社會經濟因素並重，強調以整體觀研究歷史，同時，他們都有意把勞工當作歷史的創造者或參與者。只不過，這些年輕學者以馬克思思想為依歸時，柯爾夫婦所認同的是中產階級與下層階級合作的民主社會主義。他們以此價值導向觀照過去，並且活躍於當下。

第五章

霍布斯邦的社會思想和史學思想

「史家與各種人一樣，對未來都有所期盼。他們爲此而打拚。假使他們發現
歷史的腳步正走在他們所想的道路上，不免喜形於色。」

「我們很難以一套世界性的潮流趨勢解釋從封建制度到資本主義的發展。」

　　一九六○年代是個充滿激情和叛逆的時代，各種社會運動和左派思想蜂擁而起。那個時候，湯恩比和衛布夫婦等第一代的社會史家都已經作古了。屬於第二代的漢蒙和柯爾兩位先生也相繼凋零，留下女史家芭芭拉·漢蒙和馬格麗特·柯爾，但都已經老邁，不如從前活力十足。從六○年代起，史學界的舞台已轉交給第三代的史家，尤其在那個激盪的氛圍中，新生代的馬克思史家，希爾（Hill）、霍布斯邦（Hobsbawm）和湯姆森夫婦（the Thompsons）等人，個個都成為舞台中心的主角。

　　霍布斯邦是猶太人，年輕時，住在德、奧地區。由於納粹的威脅，全家被迫流離，遷徙到英國。學成後，經常來回歐、美等地。從儀表來看，他頗有英國紳士的風度，然而從經歷和思想來看，倒是十分國際化（international），像位世界主義者（cosmopolitan），四海為家。他治學的領域非常廣泛，包括古今的勞工史和勞工問題、初期社會的叛逆份子、農業社會、早期資本主義的起源和轉變、近代未開發國家的革命等等。其中英國社會史固然是項重點，霍布斯邦為此耗費不少心力，但是，近代世界許多地區的社會和文化也是他所關注的。有些人或許以為霍布斯邦的學問過分龐雜，不清楚哪幾本書是他的代表作、以致於難以通盤掌握他的史學思想。其實他一直本著馬克思主義，活學活用，從事歷史研究，常常有點石成金令人豁然開朗的高見。本章研究的取向正如同前四章一樣，扣緊霍布斯邦的社會思想和史學思想。他是位英國共產黨黨員，也是馬克思史家。從這些生涯經歷、現實意識應該不難解讀他的著作，進而剖析他的史學核心觀點。本章為了敘述的方便，將他的生涯細分成四個時期：⑴一九一七年至一九四八年；⑵一九四八年至一九五六年；⑶一九五六年至一九七九年；⑷一九七

九年至今。

霍布斯邦在學術界仍然非常活躍。除了教學、參與學術活動，還不斷著書立說。本人有幸得以親自拜訪他，並做口述訪問。同時由於他的引薦，得以會見湯姆森夫婦。他們幾位都是國際上第一流的史家，而且終生服膺馬克思主義。本章討論時，多半選擇霍布斯邦的著作中與英國社會史相關者，以便將他的思想與本書各章相互聯貫。但是，也盡可能閱讀他的所有著作，希望藉此更能和他的觀點相互映證。

新馬克思主義與當代社會

兩次世界大戰之間的「戰間期」，正是霍布斯邦（Eric Hobsbawm）的青年時代，歐洲的政治社會並不見得平靜安寧。漢蒙夫婦曾說過這是個「蕭瑟的時代」（The Bleak Age）。[1]許多文學創作紛紛呈現傳統秩序的瓦解、以及眾人失落、孤疾和迷惘的心聲。還有不少左傾的「共黨同路人」，把未來的希望寄託在蘇聯政權上，所以有衛布夫婦之造訪俄國。[2]霍布斯邦於一九一七年六月九日在埃及出生。[3]在襁褓期間，霍布斯邦隨家人搬回奧地利（Austria）維也納（Vienna）母親的家鄉。當時，俄國「十月革命」（October Revolution）剛發生，國際上第一個共產國家建立，埋葬資本主義的口號響徹雲霄。同時，中歐地區反猶思想

1　J. L. & B. Hammond, *The Bleak Age* (London: Longmans, Green and Co., 1945)，及參見本書第三章。

2　參見本書第二章。

3　Eric Hobsbawm, *The Age of Empire, 1875-1914* (New York: Pantheon Books, 1987), 1-2.

（antiSemitism）日漸高漲。[4]一九二七年，維也納發生勞工示威，焚毀司法大廈。一九三○年，納粹黨員在大選中勝利，總共贏得一百零七席。這些事件戕傷了霍布斯邦的心靈。[5]為了逃避恐怖的陰霾，他們全家不得不遷移到柏林（Berlin）。然而，不久經濟大恐慌來臨、希特勒（Hilter）主政。霍布斯邦於一九三二年，只有十五歲，就加入了學童的共產黨組織。[6]小小年紀，對共產主義和馬克思思想根本懵懵懂懂，可是為何參加了組織？一九七三年，霍布斯邦在一篇文章中，說明其中的原因：

什麼力量迫使人們走向自覺性的革命之途呢？並非有目標、有企圖，而是所有可能的出路都失敗了，每一道門都被堵死了。[7]

由此可見，來自政治壓力的灼傷，已經深深烙印在這位猶太青年的心中。

為了逃避納粹的威脅，霍布斯邦舉家於一九三三年再度搬到倫敦。他在這個都會裡先完成中學教育，而後轉到劍橋大學。一九三九年大學畢業。然而，第二次世界大戰延宕了求學過程，一九四○至四六年，他入伍從軍。一九四七年，在倫敦大學（Birkbeck College, University of London）任教。[8]一九四八年，霍布斯邦重返劍橋大攻讀博士學位，這是另一段人生旅途的開始。一九五一年，完成博士論文，題目是：《費邊主義和費邊人士，1884-1914》

---

4 Hobsbawm, " Intellectuals and the Class Struggle," in *Revolutionaries*, by Eric Hobsbawm (New York: Pantheon Books, 1973), 250.

5 *Ibid.*, 251.

6 "An Interview with Eric Hobsbawm," conducted by Pat Thane and Liz Lunbeck, *Radical History Review*, no.19 (Winter, 1978-79), 117.

7 Hobsbawm, "Intellectuals and the Class Struggle," 249.

8 *World Author, 1970-1975* (New York: Wilson, 1980), "Eric John Ernest Hobsbawm," 396.

（*Fabianism and the Fabians,1884-1914*），至今一直尚未出版。除了這篇論文，一九五一年以前，他經常以英文或德文撰寫短文和書評，其中幾乎都涉及當時中歐政治問題。由此證明，初試驚啼的霍布斯邦，仍然心繫著幼年時代所生長的土地和社會。不過，霍布斯邦也有活潑輕鬆的一面。從小喜好電影、音樂和文學，曾以「牛頓」（Francis Newton）為筆名，撰寫爵士樂（Jazz）的樂評。他一直樂此不疲，後來在樂評中贏得一席之地。[9]其實，從作品中可以看出一點端倪，早年霍布斯邦已經偏愛富有「叛逆」的大眾文化。[10]

　　霍布斯邦進入大學以後，才開始對歷史發生興趣。尤其在自稱為「英命之徒」、並且接受馬克思的思想時，便奉行這個信念，當作個人的「自我認同感」（self-identity），終生不渝。[11]他認真研讀有關馬克思主義的著作，每當體會一層，就愈覺得歷史知識的效用。[12]一九二〇年，英國共產黨正式成立，人員並不多，一九二六年時已成長至十萬人左右。當時，他們經常飽受批評，例如，同屬左派的工黨人士對共產黨的抨擊幾乎定不手軟。[13]儘管如此，形勢終究比人強，到了一九三〇年代，由於納粹崛起和西班牙陷入內戰，許多西方文人紛紛左傾，促使英國共產黨黨員人數激

9　Keith McClelland ed., "Bibliography of the Writings of Eric Hobsbawm," in *Culture, Ideology and Politics*, ed. Richard Samuel and G. S. Jones (London: Routledge & Kegan Paul, 1982), 357-358.

10　See Eric Hobsbawm, The Jazz Scene (New York: Pantheon Books, 1993) .本書收錄 Hobsbawm早年樂評文章，新版本收錄新作。並參見Tony Coe," Hobsbawm and Jazz," in *Culture, Ideology and Politics*, ed. Samuel and Jones, 149-157; Francis Newton, *The Jazz Scene* (New York: Monthly Review Press, 1960) .

11　"An Interview with Eric Hobsbawm," conducted by Thane and Lunbeck, 111.

12　Interview with Professor Hobsbawm, conducted by Liang-Kai Chou, at The New School for Social Research, New York, November 18, 1986.

13　Henry Pelling, *British Communist Party* (New York: Macmillan, 1958), 25-27.

增。當時，各大學裡多半成立共產黨的支部，例如，劍橋大學有劍橋社會主義俱樂部（Cambridge Socialist Club），領導人（名John Comford）是位年輕的共產黨員，也是激進學生的領袖。[14]大致來說，一九四八年以前，由於各校園裡並沒有明文限制人們討論馬克思主義，所以言論比較開放，共產知識份子得以自由撰寫文章，投稿到組織所屬的刊物上，（例如，有Daily Worker，World News，Marxist Quarterly，Labour Monthly，Jewish Clarion，Country Standard和Change）。同時，這些知識份子也覺得有必要在黨內成立學術專業的支部。[15]所以，共黨史家小組（Historians' Group of the Communist Party）應運而生。早期，小組中負責帶領的師長輩中，有摩頓（A. L. Morton）和希爾（C. Hill）等人。前者於一九三八年出版《英國人民史》（*A People's History of England*），後者經常主持小組中的討論會。至於學生中，值得一提的有：希爾（R. H. Hilton）、莫里斯（Marx Morris）、撒衛耳（John Saville）、湯姆森（E. P. Thompson）、桃樂絲·湯姆森（Dorothy Thompson）以及霍布斯邦等人。[16]

共黨史家小組的成立，象徵英國馬克思信徒對歷史研究的開始。在一九三〇年以前，英國歷史學者鮮少引用馬克思主義。只有少數文人（如 H. M. Hyndman, William Morris 和 Belfort Bax 等人），於十九世紀末借用馬克思的觀點、討論中古時代的社會問

14 Neal Wood, *Communism and British Intellectuals* (New York: Columbia University Press, 1959), 51.

15 *Ibid.*, 176-177.

16 Hobsbawm, "Historians' Group of the Communist Party," in *Rebels and Causes*, ed. Maurice Cornforth (Atlantic Highlands, N. J.: Humanities Press, 1979), 21.

題。[17]二十世紀初，有些奧地利、義大利和德國學者標榜馬克思主義，討論古代希臘、羅馬史，因此有些英國學者（如William Paul）也起而效尤。[18]不過，在一九三〇年以前，還沒有任何學者以馬克思主義研究工業革命及近代英國的社會。以恩格斯的《英國勞工階級的狀況》（*The Condition of the Working Class in England*）為例，這本著作於一八八七年在美國被譯成英文，而英國則要等五年後（即一八九二年），才刊印第一版。[19]大致來說，一九三〇年以前，英國勞工社會史之研究主要受湯恩比、衛布夫婦、漢蒙夫婦和柯爾夫婦的影響。所謂馬克思學者，在英國根本名不見經傳。[20]例如，羅斯史坦（Theodore Rothstein）是位馬克思學者和政治人物，一八九三年至一九二〇年期間曾住在英國，而後投效蘇聯，一去不返，直到一九五三年死於該地。一九二九年，他刊行《從憲章主義到勞工主義》（*From Chartism to Laborism*），算是英國難得一見的馬克思主義著作，可惜影響力非常有限。[21]

共黨史家小組剛成立初期，上級督導學員們集體研究十六至十七世紀的英國史和勞工史。箇中原因與鐸布（Maurice Dobb）有點關係。[22]鐸布從一九二四年起在劍橋大學講授早期英國資本主義的歷史，一九四六年出版《資本主義發展之研究》（*Studies in the Development of Capitalism*）。他個人在史家小組舉足輕重，頗有影

17　Raphael Samuel, "British Marxist Historians, 1880-1980: part one," *New Left Review*. no. 120 (March-April 1980), 28.

18　*Ibid*., 29-30.

19　W. O. Henderson and W. H. Chaloner, Introduction to *The Condition of the Working Class in England*, by Frederick Engels (Stanford, Calif.: Stanford University Press, 1968), xx.

20　Hobsbawm, "Historians' Group of the Communistr Party," 22.

21　John Saville, Introduction to *From Chartism to Labourism*, by Theodore Rothstein (London: Lawrence and Wishart, 1983), xviii-xix.

22　Samuel, "British Marxist Historians," 27.

響力。[23]我們可以說，由於鐸布的指導，英國馬克思史家才開始走向史學專業化。至於他們的研究領域，逐漸從上古史、中古史轉變成近代史。史家小組的學員中，較年長的希爾在一九三四年於牛津大學完成學士學校，接著，留在大學中擔任研究員（即 All Soul College 和 Balliol College）。較年輕的霍布斯邦等人還屬大學生，一方面受學校正規教育，另一方面在史家小組內吸收馬克思主義。因此，他們愈來愈懂得如何以嚴謹的方式、與非馬克思主義的學者進行討論。[24]

　　大約在一九四八年左右，英國馬克思學者終於遭到外來的干預和限制。一九四七年，美國總統杜魯門（Harry Truman）發表宣言（Truman Doctrine），支援希臘和土耳其，正式展開對共產國家的圍堵政策，以及開啓了冷戰的時代。不久，依照馬歇爾計畫（Marshall Plan），美國大量經援西歐國家。一九四九年，北大西洋公約組織（North Atlantic Treaty Organization）正式成立。英國共產黨憤而攻擊執政的工黨，指責這個標榜左派的政府居然推波助瀾，助長冷戰。同時，他們也非難工黨政府在內政上削減工資，不顧勞工利益。[25]工黨政府為了還以顏色，於一九四八年四月驅逐國會中的共黨份子。[26]霍布斯邦回憶這段往事：

一九四八年，（英國政府）突然轉向，反對馬克思份子，從此以

23　Hobsbawm, "Historians' Group of the Communist Party," 23.

24　George Iggers, *New Directions in European Historiography* (Middletown, Connecticut: Wesleyan University Press 1984), 124.

25　John Callaghan, *Far Left in British Politics* (Oxford: Basile Blackwell Ltd., 1983), 165; and James Hinton, *Labour and Socialism* (Brighton, Sussex: Wheatsheaf Books Ltd., 1983), 176.

26　Hinton, *Labor and Socialism*, 176.

後，我們變得非常孤立……。[27]

　　不過，天下事往往福禍相依，這件事對馬克思學者而言，未必絕對有害。在外來的壓力下，困頓的環境使他們反而可以沉潛下來，專心學術工作。

　　霍布斯邦學習馬克思主義的思維方式後，不斷抨擊溫和派的社會主義及其政策。當時（一九四五至一九五一年），工黨政府從事幾項重大的經濟和社會改革，其中包括英格蘭銀行（Bank of England）、礦產、電力和內陸交通的國營化，以及各種保險立法之通過。按照馬克思主義者的觀點，這些措施都「為德不足」，無法建立真正的社會主義國家。霍布斯邦傾力批判政府的不是。[28]他說：

一九四五年來，亞特里（Atlee）對於自身的「階級」以及統治「權利」缺乏信心，以致於不到兩年的時光，就耗盡了豐沛的善意和熱忱……。過去半個世紀以來（只有一次例外），每次選舉必能增進勞工的福祉，然而，現在情勢逆轉了。[29]

　　另外又如，有些人常認為費邊社是工黨的先驅者；霍布斯邦對這種看法，大不以為然。[30]他認為，費邊社會主義太溫和了，尤其，蕭伯納和衛布等人「以寬厚對待大企業，以敵意對待小商

27　"An Interview with Eric Hobsbawm," conducted by Thane and Lunbeck, 112.

28　Hobsbawm, review of *The Labor Government and British Industry, 194-51*, by A.A. Rogow, in Science and Society, vol. 23, no.2 (Spring 1959), 169.

29　Hobsbawm, "Parliamentary Cretinism?" *New Left Review*, no.12 (Nov.-Dec. 1961), 65.

30　Hobsbawm, "The Fabian Reconsidered" in *Labouring Men*, by Eric Hobsbawm (New York: Books, 1964), 251; and his "The Lesser Fabians," in *The Luddites and Other Essays*, ed. Lionel M. Munby (London: Michael Katanka Ltd., 1971), 231.

人，以帝國主義之姿態反對孤立主義，並事事關心英國工業的競爭力」。[31]

大學在一九四七至一九四八年間，由於來自史家小組的意見，霍布斯邦正式著手研究勞工史。當時，史家小組計畫研究英國勞工運動史，指定霍布斯邦編輯屬於近代部分的書籍。[32]這本書名叫《勞工的轉捩點》（*Labor's Turning Poing, 1880-1900*）。一九四八年發行時，與其他幾本書並為系列叢書（即 The Good Old Causse, 1640-1660，由 C. Hill 和 E. Dell 主編；From Cobbett to the Cartists，由 Morris 主編；Labors' Formative Years，由 J. B. Jeffreys 主編）。[33]霍布斯邦在自己所主編的書籍上撰寫導論，陳述一八八〇年到一九〇〇年期間英國勞工運動的重要性。這個觀點以後一直影響他對勞工史、甚至對近代史的解釋。我們可以說，這本《勞工的轉捩點》也是霍布斯邦學術生涯的「轉捩點」。

史家小組顯然對學術研究已略有成就，然而，史家組織的宗旨並不僅止於學術工作而已，而是為了實現共產黨的現實意識：即反對資本主義和中產階級的文化。[34]英國共產黨於一九四七年成立國家文化委員會（National Cultural Committee）。除了主導該政黨的文化和政治活動綱領，委員會也定期評量各成員的具體績效。[35]因此，組織內部對每位知識份子的活動瞭如指掌，完全在控制之中。霍布斯邦解釋說，為何在一九五六年以前他無意研究二十世紀的勞

---

31 Hobsbawm, "Bernard Shaw's Socialism," *Science and Society*, vil.11, no.4 (Fall 1947), 306-307.

32 "An Interview with Eric Hobsbawm," conducted by Thane and Lunbeck, 113.

33 Hobsbawm, "Historians' Group of the Communist Party," 28.

34 Wood, *Communism and British Intellectuals*, 179.

35 *Ibid.*, 179-180.

工史：

按照（黨內）正統的講法，一九二〇年共產黨成立後，（英國）各
種事務才開始轉變……我不採信這種觀點，但公開反對是件既不禮
貌，又是不太明智的做法。[36]

　　換句話說，共產黨以一九二〇年黨的成立為英國史的「轉捩
點」，而霍布斯邦卻強調一八八〇年至一九〇〇年。兩種說法顯然
有所出入。不過，霍布斯邦和大多數馬克思學者一樣為了顧及黨員
應有的忠誠，對黨的限制並不太在意，而且始終保持緘默，順從共
黨的訓旨。[37]

　　英國馬克思史家在不違背共產黨的目標之下，有意發展學術，
希望以不偏不倚的態度與非馬克的學者對話。一九五二年二月，他
們創刊《過去與現在》（*Past and Present*）。這分雜誌由史家小組
中幾位成員，例如：莫里斯、希爾、希爾頓和霍布斯邦發起，完
全與政黨的指令無關。起初，莫里斯建議雜誌應以〈馬克思主義歷
史研究集刊〉（*Bulletin of Marxist Historical Studies*）為副標題。[38]
但立刻被否決掉了。最後改採：〈一本科學性的歷史雜誌〉（*a
journal of scientific history*）。霍布斯邦擔任助理編輯，並參與撰寫
發刊詞（Introduction）。這篇文章宣稱：

（本）雜誌的編輯深信歷史必須經由理性地研究，秉持嚴謹的方

36　"An Interview with Eric Hobsbawm," conducted by Thane and Lunbeck, 117.

37　Hobsbawm, "Historians' Group of the Communist Party," 31.

38　Christopher Hill, R. H. Hilton and Hobsbawm, :"Past and Present: Origins and Early
　　Years," *Past and Present*, no.100 (August 1983), 4.

法，防止各種教條式政黨的偏見。[39]

這段話表示了馬克思史家的決心，他們有意開創嶄新的場域，供大家「討論歷史以及現實上的問題」。[40]這也是爲什麼這分雜誌早期的編輯中，還包括幾位非馬克思史家（例如：G. Barraclough、R. R. Bett 和 A. M. Johns）。

《過去與現在》的編輯固然有意和共黨組織保持距離，以便維護雜誌的學術原則。不過，依照馬克思主義的本質，學術與現實之間應該永遠不斷辯證，不容分離。再說，理想與實踐之間也應並行而不悖的。所以，這本雜誌具有馬克思主義的導向，並不足爲奇，這或許是有人認爲馬克思史家「掌控」這本雜誌的原因。從以下幾項事實足以證明它的基本取向：

一、在「創刊詞」中，強列抨擊「經驗——實證的方法」（empirical-positivist method）。[41]按照「創刊詞」的指控，有些史家往往過分迷戀自然科學，偏好所謂的科學方法，企圖尋求概念性或通則性的論述，以便解釋歷史現象。「創刊詞」強調，社會整體其實十分複雜，而且歷史因果中「文化、思想」和「經濟、物質」之間是互動的，尤其史家應考慮「人是主動而且有意識地創造歷史，而不是一群被動的犧牲者和歷史的標的物而已。」[42]從「創刊詞」的這段批評和主張，不難得知這本雜誌依據馬克思本人的名言：「衆人創造歷史」，表現了「歷史物質論」（historical materialism）的基本史觀。馬克思本人雖然一再強調下層結構、經

39　The Editors, Introduction to *Past and Present*, no.1 (February 1952), ii.

40　*Ibid.*, i.

41　*Ibid.*

42　Karl Marx, "The Eighteenth Brumaire of Louis Bonaparate," in *The Marx-Engels Reader*, ed. Robert C. Tucker (New York: W. W. Norton & Co., 1972), 437.

濟物質因素的重要。但值得留意的是，他也肯定「人的意識」更
是改變或創造歷史的主力。還有，不容忽略的是，馬克思所指的
「人」是複數的，換句話說，是社會大眾，而不是少數菁英而已。
《過去與現在》的編輯委員效法馬克思，在「創刊詞」中劈頭打擊
「經驗——實驗的方法」。假使把「經驗——實驗的方法」的史學
取向縮小特定範圍，專指十九世紀末以來所謂「經濟史取向」的那
批史家時，或許我們可以說，「創刊詞」所要攻擊的頭號學術對
手，就是站在資本社會立場之輩。[43]史學上的論爭，表面上似乎只
是歷史意識及方法論的齟齬，其實社會意識的迴異才是骨子裡關鍵
之所在。

　　二、這本雜誌非常重視歷史的功用。編輯委員所以取名《過去
與現在》，因為他們堅信，歷史不可能很刻板地把研究過去、現
在、未來硬性切開，因為它所處理的客觀現象，即使我們不去觀
察，也會時時變遷，永不停止。[44]在「創刊詞」中，引用了一段西
元前二世紀希臘史家波力比阿斯（Polybius）的作品：

歷史的特質，首先在於它確定了過去實際說過（或做過）的事，其
次在於發現成功或失敗的原因。史實本身或許很有趣味，但未必有
用。研究往事的因果關係才能使歷史收益良多。當我們留意現在所
發生的事因與過去的情形類似時，我們便擁有一個基本點足以衡量
未來……並且有助於我們以滿懷信心面對即將來臨的事。[45]

　　一般讀者看到這段引文，也許會訝異，提問：為什麼在一本二

43　The Editors, Introduction to *Past and Present*, no.1, iii.
44　*Ibid.*
45　*Ibid.*

十世紀的雜誌裡特別引用古代史家的觀點？其實，如果瞭解馬克思本人相當重視治學的價值導向和現實意識時，這個疑難就自然迎刃而解了。原來所謂「過去與現在」正吻合馬克思的理念，肯定歷史意識和現實意識的互動關係。「創刊詞」的執筆者避開馬克思，而提起波力比阿斯，真是用心良苦。

三、這本雜誌既然強調歷史研究的現實意識，而且也接受馬克思的「眾人創造歷史」的理念，那麼論文的題目就不應該訂得太專門偏狹，寫作的文字也不可以太艱澀難懂，否則就脫離大眾，無法產生現實的影響力。[46]關於歷史語言的關係，霍布斯邦在〈學術界的語言〉（*The Language of Scholarship*）一文中，曾經表示：英國馬克思的專業史家和其他專業史家最大區別是，後者只顧撰寫專題的論文，而前者在呈現學術研究成果時寧可採用通俗的語言，讓一般讀者包括勞工在內也能閱讀和接受。[47]這種理想似乎有點誠意過高。以平易近人、深入淺出的語法撰寫論文，其實很難一蹴即成。縱然如此，一九八三年《過去與現在》發行第一百期時，雜誌的三位創辦人希爾、艾爾頓和霍布斯邦仍然不改初衷，肯定這個理想。[48]

《過去與現在》於一九五二年發行創刊號，共有六篇文章，其中希爾和霍布斯邦各有一篇，分別討論「資本主義」這個名詞的內涵和十八世紀勞工中所謂「搗毀機器的人」（The Machine Breakers）。非馬克思史家瓊斯有篇文章談雅典民主政治的經濟基

---

46   *Ibid.*

47   Hobsbawm, "The Language of Scholarship," *Times Literary Supplement*, August 17, 1956.

48   Hill, Hilton and Hobsbawm, "Past and Present: Origins and Early Years," *Past and Present*, No.100, 4.

礎，另外有兩位史家（黨派立場筆者還不太清楚者），一位應是
中國人（名Wu Ta-k'un），撰寫中國經濟史的解釋，另一位（名V.
Kiernan）談福音主義（Evangelicalism）和法國大革命的關係。而
後，這本雜誌每年都定期發行兩期，直到十年後，即一九六二年，
才增加為一年三期。至於篇幅內容，每期大學維持六篇左右，而發
行量在一九五九年以前，大約只有七、八百本而已。[49]就所發表的
內容來說，雖然不是清一色的馬克思史學的觀點，但多半屬於社會
經濟之類的文章。不過，所謂社會史，《過去與現在》所刊登的與
法國《年鑑》（Annales）史學雜誌的取向差別很大。《年鑑》裡
看不見群眾的意識及其活動，頂多只有「心態的現象分析」。相反
地，《過去與現在》裡，農民和勞工的反叛或革命經常出現。由此
可見，早期這本社會史的雜誌頗有獨自的風格。

　　《過去與現在》發行屆滿四年，正式要邁向第五年的時候，國
際間共產世界發生了兩件震驚世人的大事，並且衝擊西方的馬克思
主義者，其中自然包括英國馬克思史家在內。一九五六年二月間，
赫魯雪夫（N. S. Khurshchev）於蘇聯共黨二十大會中發表「祕密
演說」，揭發史達林（Joseph Stalin）的罪行，使得共產世界中所
塑造的革命巨人聲名一落千丈。同年年底，又因匈牙利革命俄國
軍隊和坦克血腥鎮壓，使西方世界許多黨員對共產黨的期望化為幻
影，紛紛脫黨而去，有些人甚至揚棄馬克思主義轉向右傾。在英
國，馬克思史家面臨這種變局時，各有不同的反應。以《過去與現
在》為核心的希爾、希爾頓和霍布斯邦，在該年年底共同簽署公開
信，指責英國共產黨執行委員會支持蘇聯的行動。這幾位史家並且

49　T. H. Aston, "*Past and Present* Number 1-50," *Past and Present*, No.50 (Feb. 1971), 3.

坦承，自己以往對政治的分析大都奠基在「錯誤的事實之上」。[50]
然而，希爾和霍布斯邦也表示，他們並未否定馬克思主義。[51]相反
地，經過這一年的事件以後，霍布斯邦更懂得如何比較客觀地從事
史學研究和時事評論，同時也更成熟，擁有開闊包容的心胸。[52]

　　經過一九五六年的政治風暴以後，霍布斯邦常常鼓勵左派學者
對馬克思主義應有信心。在〈馬克思與英國勞工運動〉中，他強
調：

假使馬克思的理論是英國馬克思主義者的行動指導原則，那麼他們
就必須依此而工作。他們應當學習馬克思的方法，而不是死守著馬
克思及其繼承者的文字。[53]

　　霍布斯邦承認，他曾經反覆省思革命工作的基礎是什麼，而不
是如同以往一樣，盲目地、毫無批判地便接受了戰鬥性的共產生
黨。[54]從此，他更加覺悟：

應與（現實）問題維持適當的距離，並且（社會）運動分離一
點。[55]

　　由於心態上的轉變，霍布斯邦不管研究歷史或評論時事，顯然
都比從前更冷靜客觀、而且更開闊自由。[56]

50　This public letter was published in *New Statesman and Nation*, vol.52, no.1342 (Dec. 1, 1956), 701.

51　"Letters from Eric Hobsbawm and Christopher Hill," *World News*, no.4 (Jan.26, 1957), 62.

52　An Interview with Professor Hobsbawm, conducted by Chou.

53　Hobsbawm, "Karl Marx and British Labor Movement," in *Revolutionaries*, 108.

54　"An Interview with Eric Hobsbawm," conducted by Thane and Lunbeck, 116.

55　Hobsbawm, "Radicalism and Revolution in Britain," in *Revolutionaries*, 11.

56　"An Interview with Eric Hobsbawm," conducted by Thane and Lubeck, 116.

一九五六年起，新左派運動應運而生。當時，不論退黨的或留在共產黨內的學者，多半批評英國共產黨及執政黨，並且一逼朝向民主化的理想。[57]湯姆森等人首先創刊《新理性者》（*New Reasoner*）。[58]一九六〇年，這個刊物與《大學者和左派評論》（*Universities and Left Review*）合併，因而有《新左派評論》（*New Left Review*）。霍布斯邦並沒有參與編務；也不屬於這個新左派團體。但是，他與這幾分雜誌都保持關係。例如，一九五七年，他在《新理性者》發表〈馬克思與維多麗亞的評論者〉（*Dr. Marx and the Victorian Critics*）；在《大學者和左派評論》發表〈馬克思主義的未來與社會科學〉（*The Future of Marxism for the Social Sciences*）。這兩篇文章的主旨，都是替馬克思主義辯護。[59]一九六〇年代，霍布斯邦在《新左派評論》先後也有幾篇文章涉及當代的政治和社會，（例如：*Parliamentary Cretinism*, 1961; *Goliath and the Guerrilla*, 1956; *The Spanish Background*, 1966）。

霍布斯邦撰文針砭時事，難免捲入一些論戰。當時，有些學者偏愛以量化統計的數學，呈現保守黨執政期間就業率的成長、薪資的提高、以及汽車、電視、洗衣機銷售量的增加。[60]霍布斯邦對這些「經濟史取向」的經濟史家（即漢蒙所謂「樂觀派史家」）嗤之

57　Staughton Lynd, "Toward a History of the New Left," in *The New Left*, ed. Priscilla Long (Boston, Mass.: Poster Sargeant, 1969), 2.

58　Callaghan, Far *Left in British Politics*. pp.71-72; and Ralph Miliband, "John Saville: A Presentation" in *Ideology and the Labor Movement*, ed. David Martin & David Rubinstein (Totowa, N. J.: Rowman & Littlefield, 1979), 26.

59　Hobsbawm, "Dr. Marx and the Victorian Critics," *New Reasoner*, no.1 (1957), 29-38, and "The Future of Marxism for the Social Science," *Universities and Left Review*, vol.1, no.1 (1957), 27-30.

60　David Butler and Gareth Butler, *British Political Facts, 1900-1985*, 6th ed. (London: Macmillan, 1986), 380-395.

以鼻，認為他們的研究方法和現實政治上都失之偏頗。霍布斯邦曾就「早期英國工業社會底下的生活水準」這個問題，與哈特韋爾（R. M. Hartwell）等經濟史家展開激辯。他強調：

我們並不只關心某個地區貧苦勞工的收入，而且也關心他們所有的一切。我們不應該把任何貧苦勞工孤立起來，而是把他們當做人口中的多數人。

我們應當解釋都市、勞工和鄉村勞工在生活品質上的差別。[61]

這段話雖然是關於史學方法的問題，但也涉及現實的問題。從一九五一年至一九六四年，英國工會的會員停止成長，而且工黨一直在野。[62]儘管環境如此惡劣，霍布斯邦仍然不改初衷，對勞工寄於厚望。所以在《勞工人士》（*Labouring Men*）這本書裡，還強調階級鬥爭的意義。[63]可是，一九六四年至一九七年期間，工黨再度上台執政，霍布斯邦反而譏諷：「（威爾遜的內閣）違背了英國左派及勞工運動的傳統態度。」[64]

按照霍布斯邦的看法，一九〇五年以來歐洲國家主宰世界的情勢開始走下坡，而後，到了在一九五〇年代中期，再度衰微。霍布斯邦引用列寧（Lenin）的觀點，強調世界革命起源於二十世紀初期，即：一九〇五年的俄國革命、一九〇六年的波斯革命、一九〇八年的土耳其革命、一九一一年的印度國家運動和中國的英命、以

61　Hobsbawm, "The British Standard of Living, 1790-1850," *Economic History Review*, vol.10 (1957-8), 66.

62　Hinton, *Labour and Socialism*, 187.

63　Harvey Kaye, *The British Marxist Historians* (Cambridge: Polity Press, 1984), 139.

64　Hobsbawm, "What Labour Has Done," *New Society*, no.381 (Jan 15, 1970), 102.

及一九一七年的俄國革命。[65]霍布斯邦所以認爲一九五〇年代是歐
洲勢力的第二個衰微時期，因爲當時許多非洲國家獨立、古巴在拉
丁美洲發動第一次社會主義革命，即使沒有成功，但已爲日後的卡
斯楚（Fidel Castro）鋪路了。[66]霍布斯邦投入世界各地的問題，視
野相當寬廣，凡是國際上的革命、叛變、游擊隊和軍事政變等等，
都能引起他的關注。他撰文，分析一九六二年古巴在卡斯楚領導
下引發飛彈危機。他到地中海地區旅行，與當地馬克思主義的學
者聯絡。[67]並且發表個人的閱歷心得，討論十九世紀末、二十世紀
初南歐的社會現象，在一九五九年發表《初期的叛徒》（*Primitive
Rebels*, 1962）、《盜匪》（*Bandits*, 1969）和《領導者的搖擺》
（*Captain Swing*, 1969）。這些作品都十分關心早期以及當今的下
層社會。由此可見，一九六〇年代世界各地社會運動正值高潮的時
期，霍布斯邦奮筆疾書，心繫當下的社會問題。

　　一九七〇年代，各種社會運動仍然波濤洶湧，同時，霍布斯邦
也不斷討論歐洲工業資本社會和第三世界的現象。他出版《資本的
年代》（*The Age of Capital,1848-1875*, 1975）、《歷史上的農民》
（*Peasants in History*, 1980，與 Witold Kula 合編）、《馬克思時代
的馬克思主義》（*Marxism in Marx's Day*, 1980）、《勞工：勞工的
世界》（*Workers: World of Labor*, 1984）和《帝國的年代》（*The
Age of Empire*, 1987）。就數量來說，這個時期有關英國勞工史的
著作顯然減少，不如其他的研究領域，原因是，霍布斯邦比從前更
國際化，更關心世界周遭的問題。

65　Hobsbawm, "The End of European World Domination," *Afro-Asian and World Affairs*,
　　vil.1, no.2 (June 1964), 95.

66　*Ibid.*, 98.

67　"An Interview with Eric Hobsbawm," conducted by Thane and Lunbeck, 116.

其實，霍布斯邦一直惦念不忘英國的勞工，對一八八〇年至一九五〇年，和一九五〇年的勞工評價不一。他肯定，一八八〇年是英國勞工運動的轉捩點。[68]並且以誇讚的口吻說：

……（當時英國勞工）變得愈來愈團結、愈有勞工階級意識。由於現實的需要，各階層及各地區的勞工聯合起來，形成共同的生活風格和社會主義思想。[69]

但是，一九五〇年代勞工運動日漸脫離正軌，尤其一九七〇年以來變本加厲，更令他失望。理由是，一九七〇年代的勞工抗爭太重視經濟問題。[70]許多勞工短視和自我本位，以致於抗爭的動機都只為了提高薪資或保障職業，鮮少有人提起如何有系統地重整工會。

一九七九至一九八〇年之間，西方的政治社會和霍布斯邦個人的生命情境都面臨另一個轉折。當時，柴契爾夫人（Margaret Thatcher）上台，重組英國內閣，雷根（Ronald Reagan）當選美國總統，入主白宮。這兩位新保守主義的領袖不約而同削減社會福利預算，以發展資本經濟為優先。霍布斯邦評估世界的局勢，認為一九七九年大選以後，英國勞工運動已面臨嚴重的危機；究其原因，咎由自取，勞工階級本身的變質是項不可忽視的關鍵。第二次世界大戰以來，已婚女工和移民勞工的人數激增，結果勞工階級內部的

68　The second edition of *Labour's Turning Point* was published in 1974. After 1970, Hobsbawm continued to emphasize the significance of the British labor movement in this period in some of his writings such as: "The Making of the Working Class, 1870-1914," in Workers: *World of Labor* (New York: Pantheon Book, 1984), 194-213, *and The Age of Empire*, ch.5.

69　Hobsbawm, *The Forward March of Labor Halted?* (London: Verso, 1981), 7.

70　Hobsbawm, "The 1970s: Syndicalism without Syndicalist," in *Workers*, 279.

異質性大爲提高，勞工們地域的觀念愈來愈強，以致於很難團結在一起，大家只爲彼此的經濟利益而打拚，心胸狹隘，志氣短小。[71]

　　霍布斯邦所以深責勞工，主要是因對勞工運動的期望比較殷切。一九七九年，曾經發表演講：「勞工前進的步伐停滯了嗎？」（The Forward March of Labor Halted?）。他說：

假使勞工和社會主義者想要恢復靈魂、活力和創造歷史的能力，那麼我們這些馬克思主義者便應效法馬克思的所作所爲，重建屬於我們的新局面，很實際地、具體地分析問題，從歷史及其他方法分析勞工運動成敗的各種原因，重新組織起來，做我們該做的，同時也做我們所能做的。[72]

　　這篇演講引起不少迴響。不過，霍布斯邦認爲，有關勞工運動應該少說一點，多做一點，以正面的證據證明勞工運動的前途是樂觀的。[73]一九七九年，在〈知識份子與勞工運動〉（Intellectuals and the Labor Movement）裡，他再度提起：

自從一九六八年以來，許多知識份子和團體在他們自己的國度裡扮演了非比尋常的角色。[74]

　　他鼓勵馬克思的信徒，身爲知識份子應多多參與勞工運動、階級鬥爭、社會主義和共產主義運動。[75]一九八〇年代，柴契爾主

71　Hobsbawm, *The Forward March of Labor Halted?* 9-14.

72　*Ibid.*, 19.

73　*Ibid.*, 64-71.

74　Hobsbawm, "Intellectuals and the Labor Movement," *Marxism Today,* vol.23 no.7 (July 1979), 214.

75　*Ibid.*, 218.

義（Thatcherism）的保守政策當道，霍布斯邦也沒有放鬆自己的腳步。在《帝國的年代》的「結語」中，樂觀地表示：

尋找完美的社會並非為了要把歷史帶到一個固定的目標，而是要為所有的人，男的女的在內，開啟未知的或不可預知的種種可能性。就這點來說，人類是幸運的，因為前往烏托邦的道路並沒有堵塞不通。[76]

　　一九九〇年代，霍布斯邦已達七、八十歲的高齡。在學術上他還是十分活躍，先後出版《國家與國家主義，1780》（*Nations and Nationalism, since 1780*, 1990）、《極端的年代》（*Age of Extremes*, 1994）以及兩本舊文的合訂本《論歷史》（*On History*, 1997）和《不平凡的大眾》（*Uncommon People*, 1998）。這些作品一如往昔，仍然關心社會大眾。不過，一九九〇年代，蘇聯政權瓦解，國際間共產政府紛紛垮台，勞工社會運動幾乎失去活力和理想。霍布斯邦頓然間憂心如焚，不再樂觀。《極端的年代》裡充滿藍調的史觀，結語中說：

在千禧年的尾聲，人們是否能解決所面臨的問題？或者應該如何解決呢？我的書無法作答。這本書或許能幫助我們了解問題的癥結何在，以及能解決的條件是什麼，但是卻無法指出現在已具備了多少條件，或者已經完成了多少。這本書告訴我們，我們所知道的是多麼有限，而且本世紀中負責重要決策的人士所知道也是極其貧乏，同時更非他們所能預料的。正如許多人所質疑的，除了書寫許多重要的事情，歷史是人類種種罪惡和愚昧無知的記錄。歷史無法預測

76　Hobsbawm, *The Age of Empire*, 340.

未來。[77]

　　到底是霍布斯邦已經上了年紀、衰老了呢？還是冷峻的客觀環境嚴厲壓迫這位左派文人呢？一九九八年距離馬克思和恩格思出版《共產主義宣言》（*Communist Manifesto*）正好滿一百五十年整。出版社爲了迎接這個具有紀念性的年代，特地再版這本小冊子，並商請霍布斯邦執筆寫「導言」。霍布斯邦首先敘述《共產主義宣言》的影響，接著，面對一九九〇年代的世界局勢時，反省這本小冊子的價值。他承認，《共產主義宣言》是本哲學性的作品，缺乏史實研究的基礎，同時，它也過分強調勞工階級在政治運動上的角色。不過，他強調：必須經由大眾創造歷史，歷史才會有所改變。人們如果想要埋葬資本社會，必須靠人們的行動，自己動手來挖掘。馬克思的理論並無意告訴人們「歷史會如何發展」，而是要說「我們該做什麼」。[78]霍布斯邦從猶太移民的年青人，成爲馬克思的史家。一路走來，研究歷史，也針砭時事，其目的都是爲了烏托邦式的理想。他既不像衛布夫婦之相信「進步史觀」，也不是庸俗馬克思主義者以「決定論」斷言歷史的五個階段說。霍布斯邦對眼前的世界失望，但仍保持左派文人應有的「否定」（Negation）精神，知其不可爲而爲。這或許是他的生命意識所以維持不衰的原因。

77　Eric Hobsbawm, *Age of Extremes, the Short History of the Twentieth Century*, 1914-1991 (London: Abacus, 1994), 583-584.

78　Hobsbawm, "Introduction," to *Communist Manifesto* by Marx and Engeles (London: Verson, 1998), 25-26.

霍布斯邦的史學思想

　　霍布斯邦以社會史爲治學的研究領域，並且以馬克思主義爲指導原則。然而，近百年來馬克思主義衍生成許多流派，彼此自以爲是。只憑籠統的名詞「馬克思主義」，勢必無法說清楚霍布斯邦的史學思想。我們必須再進一步深入分析。

　　在共產國家官僚體系的主導下，馬克思主義與唯物史觀其實已成爲同義詞，可以互相取代使用。就歷史認知取向來說，這種教條式的史觀一向走偏鋒，極端強調「物質的、經濟的因素」，而漠視「思想的、文化的因素」。唯物史觀以歷史決定論的思維方式，硬將人類歷史分成五個階段，即：從原始共產社會、奴隸社會、封建社會、資本主義社會到共產社會。由於西方國家的共產黨服從蘇聯官方的指示，所以也憑著唯物史觀這套「通則」解釋歷史以及進行政治活動。一九五六年的匈牙利革命及赫魯雪夫清算史達林，形成難得的契機，促使西方馬克思學者反省唯物史觀的本質。他們有的唾棄它，轉而成爲右派的學者，有的重新檢視馬克思本人的思想、閱讀青年馬克思時代的作品，並進而發揚馬克思主義的要義。從一九五六年到一九六〇年代期間，霍布斯邦潛心探索原典，重振馬克思主義的活水源頭。一九五七年間，他表示：

當今馬克思主義對西方學術界的影響，主要就在馬克思本人……[79]

79　Hobsbawm, "The Future of Marxism in the Social Sciences," 28.

　　一九六四年，馬克思的《前資本主義經濟的形成》（*Pre Capitalist Economic Formations*）英譯本首度發行時，霍布斯邦撰寫一篇長達五十多頁的「導論」，闡述馬克思的思想。[80]如果站在霍布斯邦服膺馬克思主義的立場，替他設身處地著想，我們不能說霍布斯邦有意「開創」新史學的研究取向。不過，嚴格地說，任何人都無法複製別人的思想，霍布斯邦也難免轉化馬克思的觀點，而有自己的史學思想。自從第一次世界大戰結束後，西歐地區興起「西方馬克思主義」（Western Marxism）的潮流。[81]就學術脈絡來說，霍布斯邦正是屬於其中之一。他與西方馬克思學者或新馬克思主義者（Neo-Marxist）協同一致，猛烈抨擊教條化、官僚化的唯物史觀。除外，十九世紀末以來，西方學術界出現「反對實證主義」的浪潮，深深影響二十世紀的思想。[82]霍布斯邦的思想也可以放在這個脈絡來考察。從「反對實證主義」及「提倡馬克思主義」入手，應該可以得知霍布斯邦的史學思想。

　　早在一九三〇年代，霍布斯邦剛起步學習馬克思主義時，英國第一代的馬克思史家，例如：莫頓和鐸布等人，已運用馬克思主義研究十六至十七世紀的社會史。第二次世界大戰曾經使得他們的工作停擺。不過，戰後不久立刻又恢復生機。鐸布的《資本主義發展之研究》好比是本典範，啟發了年輕一代的馬克思學者。希爾在一篇史學史的文章中，明確肯定：

鐸布先生的著作廣受注目，而且成爲英國馬克思主義者熱烈討論的

80　Hobsbawm, Introduction to *Pre-Capitalist Economic Formation*, by Karl Marx, trans. Jack Cohen (New York: International Publisher, 1965), 9-65.

81　Perry Anderson, *Considerations on Western Marxism* (London: Verso, 1987), 26-27.

82　H. Stuart Hughes, *Consciousness and Society: the Reorientation of European Social Thought, 1890-1930* (New York: Vintage Books, 1961), ch.2.

對象。[83]

　　霍布斯邦也承認鐸布的貢獻。他說：

正當有不少年青學子開始轉向馬克思主義並且接觸英國史的時候，鐸布已經就位，引導大眾……[84]

　　鐸布討論階級鬥爭對歷史的影響時，十分重視「史實」，反對武斷地套用「通則」、「理論」，以及肯定「思想的、文化的因素」。[85]換句話說，他的觀點並來自囿於唯物史觀的框架之中。由於鐸布及幾位資深的學者的指導，馬克思主義的知識份子在一九五〇年前大都自信羽翼已豐，可以研究學問，知道如何善用「思想觀念、政治結構和經濟變遷的辯證關係」，以「綜合通觀」（general synthesis）全方位的方式看待歷史。[86]儘管如此，人與人之間的思想總是有差距的，英國馬克思傳統內的思想也有不同的見解。鐸布這位老前輩的思想終於遭遇年輕一代史家的質疑。當代史家強森（Richard Johnson）辨析英國馬克思史的走向，曾經指出：就馬克思主義的譜系來說，鐸布的思想比較些偏重「理論」和「經濟因素」的一端，而年輕一代則傾靠「經驗的」、「文化的因素」的一端，並且對「理論」、「抽象概念」保持比較含蓄的態度。[87]強森的說法值得我們重視，因為他指出了英國馬克思主義在傳統內

83　Christopher Hill, "Historians on the Rise of British Capitalism," *Science & Society*, vol.14, no.4 (Fall 1950), 312-313.

84　Hobsbawm, "Maurice Dobb," in *Socialism, Capitalism and Economic Growth*, ed. C. H. Feinstein (London: Cambridge University Press, 1967), 1.

85　Harvey Kaye, *The British Marxist Historians*, 27-28.

86　Hill, "Historians on the Rise of British Capitalism," 319.

87　Richard Johnson, "Edward Thompson, Eugene Genovese, and Socialist-Humanist History," *History Workshop*, Issue 6 (Autumn 1978), 81.

部的轉變（changes within its tradition）。不過，強森的結論有過分簡化之嫌。如果以霍布斯邦爲個案來說，他的轉向並不如強森所說的一樣，已傾靠到「文化因素」。例如，有些偏向「文化因素」的馬克思學者特別強調，黑格爾的唯心論對馬克思的影響。盧卡奇（Georg Lukas）和魯達（Laszlo Rudas）曾經爲了這個議題，辯論有關黑格爾和馬克思的關係。霍布斯邦先後發表數篇文章，陳述個人的迴應。他認爲，盧卡奇將他個人在海德堡（Heidelberg）所學的那套黑格爾唯心論，轉化成馬克思主義。[88]霍布斯邦提出警示。

過分強調黑格爾的作品對一八四○年代馬克思的影響，是很容易掉入陷阱的。[89]

《前資本主義經濟的形成》的導論是篇重要的文獻，象徵這個時候霍布斯邦的馬克思史學已臻成熟的階段。繼這篇文章之後，他又發表了幾篇擲地有聲的文章：〈馬克思對史學的貢獻〉（*Karl Marx's Contribution to Historiography*, 1968）、〈從社會史到社會的歷史〉（*From Social History to the History of Society*, 1971）。綜合這些佳作，可以分成幾個層次加以說明。

首先，他質疑任何形式化的理論、模式或歷史通則。理由是：喜歡採用理論、通則的學者，其知識論多半建立在實證論之上，並且以十九世紀下半葉的科學哲學爲基礎。霍布斯邦指出：

實證論的弱點在於，直接引用一些非科學的因素或自然科學的模

---

88 That are "The Lukacs Debates," *The New Central European Observer* (Nov.26, 1949), "The Mirror of Reality," *Time Literary Supplement*, Sept22, 1950, and "Introduction" to *Lukacs and Socialist Realism*, by Jozsef Revai (London: Hilway Publish Co., 1950) .

89 Hobsbawm, "The lukacs Debates," 291.

式，輕忽社會上的種種形象。[90]

　　所以，十九世紀實證論史家，例如：巴克爾（Thomas Buckle）、泰恩（Hippolyte Taine）和藍普萊希特（Karl Lamprecht）等人的知識，都十分有限。[91]霍布斯邦對實證論絲毫不敢苟同，同時對庸俗馬克思主義的決定論也難以接受。十九世紀的實證論者雖然多半屬於右派的，資本主義的自由主義份子。如果就知識論來說，他們與左派的庸俗馬克思主義者屬於一丘之貉，都是慣用「通則」、「理論」之徒，偏好突顯長時期歷史過程的定向軌跡。[92]

　　霍布斯邦對「理論」「通則」的質疑，在此需要更進一步的解析，以免滋生誤解。霍布斯邦本人頗有「變遷的意識」或「歷史意識」，處處考慮歷史上個別的、單獨的因素。一九五○年代，許多馬克思史家捲入一場國際性的論戰，爭議有關世界史分期的問題。[93]霍布斯邦在〈從封建制到資本主義〉（*From Feudalism to Capitalism*）這篇文章中，也試圖把歐洲經濟發展史分成六大階段：即：⑴從西羅馬帝國的衰亡到第十世紀；⑵中古盛期；⑶十四到十五世紀封建制度的危機；⑷早期資本主義時代；⑸十七世紀的危機；⑹資本社會勝利的來臨。[94]儘管他陳述了一套長時期的「歷史階段」之說，不過，這並非歷史的必然過程。霍布斯邦撰寫歐洲

90　*Ibid.*, 292.

91　Hobsbawm, "Karl Marx's Contribution to Historiography," *Diogenes*, no.64 (Winter 1968), 40-41.

92　*Ibid.*, 40.

93　*Ibid.*, 43.

94　Rodney Hilton, Introduction to *The Transition from Feudalism to Capitalism*, ed. R. Hilton (London: Verson, 1987), 9-29.

史或者世界史的時候，比較重視「從封建制度到資本主義的興起」
這一時期。鮮少涉及中古時代以前的歷史，而且避免以「通則」套
用歷史的變遷。他表示：

說實在，我們很難以一套世界性的潮流趨勢解釋從封建制度到資本
主義的發展。[95]

　　可見，由於環境的差異，各地的歷史轉變過程無法一概而
論。[96]更何況，歷史轉變必須歷經長久的時間，根本無法被整齊畫
一地說得太死板。[97]霍布斯邦建議，史家最好縮小視野，研究比較
短時期之內的社會史架構，同時更應該顧及：歷史潮流也有走回頭
路的時候。例如，十七世紀歐洲史一步一步由「早期農業資本社
會」邁向「工業資本社會」時，曾經出現一段「危機」。[98]當時，
許多事情阻撓歐洲的發展，使得歷史無法一路順風，未能按照理想
前進。又如，在一篇討論十八世紀蘇格蘭社會的文章中，霍布斯
邦強調，討論農村經濟轉向資本社會農業的過程，史家千萬不可以
憑著先驗（a priori）、套取模式，相反地，應該依據具體的實際狀
況，尊重每個國家、每個時代各自不同的狀況。[99]
　　由於重視歷史的變遷意識，霍布斯邦在批評庸俗馬克思主義

95　Hobsbawm, "From Feudalism to Capitalism," 255.

96　*Ibid.*

97　*Ibid.*

98　Hobsbawm, "The General Crisis of the European Economy in the Seventeenth Century,"
　　Past and Present, no.5 (May 1954), 33-53, and no.6 (Nov.1954), 44-65, and "The
　　Seventeenth Century in the Development of Capitalism," *Science and Society*, vol.24,
　　no.2 (Spring 1960), 97-112.

99　Hobsbawm, "Scottish Reformers of the Eighteenth Century and Capitalist Agriculture," in
　　Peasants in History, ed. Eric Hobsbawm (Oxford: Oxford University Press, 1980), 23.

和實證主義之餘，也轉向矛頭攻擊經濟史家。有一類史家被稱為「機械觀」（mechanistic view）的學者，偏好以社會科學的「通則」解釋歷史。[100]例如，美國的羅斯托（Walt Rostow）將歷史的過程，以經濟為主軸，簡化為幾個階段，即：從「傳統」走向「近代」，再由「近代」形成「工業」社會。[101]但是，依照霍布斯邦的看法，羅斯托的理論太簡化了，而且也「缺少歷史意識」（a-historicism），未能掌握歷史的複雜性和多變性。[102]另一類學者標榜「結構功能理論」（structural-functional theories）。霍布斯邦直接批評他們過分偏重靜態分析和「同時性」（synchronic），所以也犯了「缺乏歷史意識」的偏頗。[103]第三類學者就是所謂的「經濟史取向的」經濟史家。他們借重最新的經濟學「理論」、應用量化方法，以及偏好「經濟的物質的因素」。霍布斯邦經常撰寫專文，評論這類的經濟史家，例如克拉漢、艾希頓和哈特韋爾等人。[104]這些人可以說是霍布斯邦在學術上最大的對手。[105]這就是為什麼他曾經與哈特韋爾論戰的原因。[106]第四類是屬於「結構馬克思主義」（Marxist Structuralism）之流的學者，例如法國的阿圖塞（Louis Althusser）。霍布斯邦曾就歷史認知取向，一語道破阿圖

---

100 Hobsbawm, "Karl Marx's Contribution to Historiography," 47.

101 *Ibid.*

102 Hobsbawm, "The Development of the World Economy," Cambridge Journal of Economics, vol.3, no,3 (Sept 1979), 307.

103 Hobsbawm, "Karl Marx's Contribution to Historiography," 49.

104 For example, Hobsbawm's review of *A Concise Economic History of Brutain, From the Earliest Time to 1750, by J.H. Clapham, in Time Literary Supplement,* Dec. 30, 1949, and review of Economic History of England, The Eighteenth Century, by T. S. Ashton, in *Daily Worker* (July 28, 1955).

105 Hobsbawm, Introduction to *Past and Present*. no.1, ii.

106 Arthur J. Taylor, Introduction to *The Standard of Living in Britain in the Industrial Revolution*, ed. A. J. Taylor (London: Methuen & Co., 1975), xiii-xv.

塞的弱點，那就是：「把馬克思所注視的種種問題過分簡化了；換句話說，失去了歷史的變動性。」[107]由於安德生（Perry Anderson）和華勒斯坦（Immanuel Wallerstein）對近代世界經濟的發展，深受「結構馬克思主義」的影響，所以霍布斯邦也不客氣，點名批評他們的不是。[108]從上述的分析，應該可以瞭解霍布斯邦的喜惡是有尺寸限度的，凡是「缺乏歷史意識」、忽略歷史的個別性和變動性的學者，都難免遭遇指責；反之則能贏得他的恭維。這是為什麼他贊賞陶尼（R. H. Tawney）和布洛克（M. Bloch），而眨抑韋伯（M. Weber）和布勞岱（F. Braudel）。[109]很顯然地，韋伯在方法論上所舉出的「理想類型」（ideal types）並不及格，沒有在霍布斯邦的評量尺寸內。

　　霍布斯邦重視歷史的變遷意識，但是，並沒有走極端提倡相對論（relativism）。面對著馬克思的思想，霍布斯邦必須處理它是否是種「理論」？如何安排特殊性和個別性，以免淪為相對論？他曾經明言，馬克思的「理論」（theory）是種最高層次的通則性（generality）。為了區別馬克思的「理論」和庸俗馬克思主義、實證主義、結構功能理論等所舉的「理論」或「通則」，霍布斯邦強調：

（馬克思的理論）這種通觀性的分析，並未提供任何特別的有關歷史「種類」（species）的陳述……因此，有關人類社會的轉變，如何由某（種類）轉變到另個「種類」，並不是馬克思最關心的問

---

107 Hobsbawm, "The Structure of Capital," in *Revolutionaries*, 149.
108 Interview with Professor Hobsbawm, conducted by Chou.
109 *Ibid*.

題。[110]

霍布斯邦又說：

即使連「階級」（class）這個字眼，在《政治經濟學的批判》的序言裡，也未曾被提過。因爲「階級」（classes）是在歷史的漫長過程中，依不同的社會生產關係而有不同的特景狀況。[111]

又說：

馬克思人道主義的基本是，他認爲人是社會的動物。[112]馬克思的「理論」在於呈現，人與自然的互動屬於社會的演化。[113]

所以，馬克思對史學的貢獻是：

它可以用來分析各種結構和功能，但應同時重視外在因素（包含非人爲的和人爲的）與內在因素的關聯。

霍布斯邦承認，馬克思的確指出社會現象有「上層結構」和「下層結構」的分別，同時在這兩種結構的緊張關係之下，社會的走向可能有某種趨勢。[114]然而，馬克思一向重視社會結構及其「歷史性」的關係。換句話說，馬克思其實肯定歷史的內在變動性。[115]由此可見，「人是社會動物」、「人與自然的互動性」、「歷史是社會演化的史實」這幾個概念就是馬克思的「理論」。眞正的馬克

---

110 *Ibid.*
111 *Ibid.*
112 *Ibid.*, 12.
113 *Ibid.*
114 *Ibid.*
115 *Ibid.*,46-47.

思「理論」是融會貫通這三種概念，成為研究歷史和社會現象的最高指導「原則」（principle）。

我們不妨比較英國史家柏里（J. B. Bury）和卡耳（Edward Carr）的史學思想和霍布斯邦的馬克思史學。柏里、卡耳和霍布斯邦這三位二十世紀的學者，一致反對十九世紀的實證論史學及科學派史學。霍布斯邦認為，這兩類史家要不是高談闊論「歷史通則」，就是沉陷在史料證據堆裡、鮮少有什麼高見。[116]其實，早在二十世紀，柏里已對科學派史家不滿，認為他們無法掌握歷史的「互動關聯」或「一致性」（unity）。柏里曾說：

「持續性的原則」（the Principle of continuity）與「發展這種更高層次的原則」（the higher principle of development）能導致實際的效果，即：讓人們對過去有真正的認識，並且不會以任何有色眼光看待過去的歷史，因而在正確的方向下，對現在及未來發生影響力。這是相當重要的。[117]

柏里的思想曾受德國歷史主義（historicism）的影響。為了表明「連續性」「發展」的原則，他又說：

我提出這個重要的概念，能使我們對歷史的看法能夠客觀些。我們應以永恆的眼光（sub specie perennitatis）來看我們這個微渺的時代。在這個觀念下，現在將與過去的年代共同列入那永無休止的隊伍中，而泯除太過突出的特性。[118]

---

116 *Ibid.*, 37.
117 J. B. Bury, "The Science of History," in *Selected Essays of J. B. Bury*, ed. Harold Temperley (Cambridge: Cambridge University Press, 1930), 12.
118 *Ibid.*, 15.

從這段話我們可以瞭解，當柏里一方面突顯所謂埃及豔后「克麗歐佩特拉的鼻子」（Cleopatra's Nose）等個別、特殊因素時，另一方面也強調「連續性」「發展」的原則。[119]因為史家憑著這種最高層次的原則，才能免於滑落、陷入相對論的困境。

卡耳是位新經驗──實證論的史家。在《歷史論集》（*What is History*）中，他批評「神祕主義」（mysticism）和「犬儒主義」（cynicism）的不是。所謂「神祕主義」，是指歷史意義（meaning of history）放在歷史以外。換句話說，是指以神話、神學或超自然的力量解釋歷史的現象。這種觀點已經難容於二十世紀的學術界，卡耳當然不會接受之。而所謂「犬儒主義」，是認為歷史本無意義，或者有複雜的、同等正確或不正確的意義，甚至其意義乃是我們隨意選擇而加上的。[120]換句話說，這種論調與歷史相對論者相當吻合。卡耳不同意此說，認為，歷史通則比歷史上的個別、特殊因素更為重要。[121]而且，史家應以「進步史觀」當作最高層次的原則。[122]卡耳表示，啟蒙時代（Enlightenment）思想家所相信的「進步史觀」是建立在自然法則的基礎之上。[123]但是，「進步史觀」不能把歷史說成有個明確的「開端」和「結局」。[124]除外，「進步史觀」也不意味「進步是沿著一條連續的直線，沒有倒退，沒有出軌，也沒有中斷。」[125]由此可見，卡耳的「進步史觀」相當有彈性的，歷史可以有「退步」或「斷裂」的時候。

---

119 Bury, "Cleopatra's Nose," in *Selected Essays of J. B. Bury*, 60-69.

120 Edward Carr, *What is History?* (New York: Alfred A. Knopf, 1965), 144.

121 *Ibid.*, ch. iv.

122 *Ibid.*, 176.

123 *Ibid.*, 150.

124 *Ibid.*, 151.

125 *Ibid.*, 153.

　　一九六二年，霍布斯邦發表〈歷史的進步〉（*Progress in History*），直接回應卡耳的觀點。霍布斯邦說：

我和他分享一些共同的觀念：歷史可以通則化、可以提供教訓、可以預測、可以如同自然科學一樣地研究人類世界（假使傳統的科學再度變得較具有歷史意識的話）。[126]

　　這段話涉及當代科學哲學的問題，非常值得留意。由於二十世紀的物理學量子論（theory of quantum mechanics），科學哲學發展出「測不準原理」（the Principle of Uncertainty）。柏里的生平較早，來不及接受「測不準原理」的洗禮。但是，他在《思想自由史》（*History of Freedom of Thought*）中，曾提起「新一元論運動」（New Monistic Movement）對「進步史觀」的影響。[127]「新一元論」是以生物學家（即 Ernst Haeckel）和化學家（即 Wilhelm Ostwald）的觀點為基礎而發展的哲學。它不像舊的一元論含有教條、決定論的思維方式。它認為生物學上的演化論不可被扭曲而變成泛神論或原子論。[128] 由此可見，二十世紀初的史家柏里其實也接觸新興的科學哲學。他所謂的「持續的原則」和「發展的原則」與新一元論之間，有可互通之處。

　　霍布斯邦以馬克思主義為治史的最高原則。它與柏里、卡耳兩人所指的為高原則是有差異的。柏里一直相信，歷史研究可以「價值中立」（value-free）。所以「發展的原則」並不等於說歷史有個固定的方向（direction），而是指歷史是種「線型的過程

126　Hobsbawm, "Progress in History," *Marxism Today*, vol.6, no.2 (Feb 1962), 48.

127　J. B. Bury, *History of Freedom of Thought* (London: Williams & Norgate, 1913), 228.

128　*Ibid*.

（a linear process of history），其中每個時代都是同等的。柏里所說的「我們應以永恆的眼光來看我們這個微渺的時代」這句話，與蘭克（Leopold Ranke）所說的「每個時代都直接與神有關」非常類似。[129]卡耳和霍布斯邦都同意歷史研究應有「價值導向」（value-oriented），所以他們所謂的最高原則與柏里的在本質上大異其趣。如果我們只比較卡耳和霍布斯邦兩人的觀點，後者所謂的「導向」應該比前者所說的更露骨。[130]在給《過去與現在》雜誌的「創刊詞」裡，霍布斯邦引波力比阿斯的論述，強調「歷史的功用」。[131]一九八一年，他還撰文強調：

史家與各種人一樣，對未來都有所期，他們為此而打拚。假使他們發現歷史的腳步正走在他們所想的道路上，不免喜形於色。[132]

所以，按照霍布斯邦的邏輯，研究勞工史比較適合由「認同」勞工的史家來執筆，因為他們最能瞭解新世界需要什麼。[133]史家其實與現實生活密不可分，不斷從經驗中獲取智慧。霍布斯邦說：

大戰期間，我因服役當兵，才得以從技工和生手工人那裡學習不少知識。[134]

談起歷史的價值觀，霍布斯邦明白強烈的現實意識對史家而

129　Leopold von Ranke, *The Theory and Practice of History*, ed. with an Introduction by Georg Iggers and Kornad von Moltke (Indianapolis: Bobbs-Merill, 1973), 53.

130　Hobsbawm, "Karl Marx's Contribution to Historiography," 56.

131　Hobsbawm, Introduction to *Past and Present*, no.1, iii.

132　Hobsbawm, "Looking Forward: History and the Future," *New Left Review*, no.25 (Jan-Feb. 1981), 18.

133　Hobsbawm, "Commitment and Working Class History," *Universities and Left Review*, vol.6 (1969), 72.

134　Interview with Professor Hobsbawm, conducted by Chou.

言，是非常危顯的。他說：

「希望」和「預測」雖然無法分開，但是畢竟不同。[135]

　　換句話說，史家如何拿捏價值論？馬克思史家如何活學活用馬克思主義的最高原則？只能存乎一心，無法言傳了。

　　「物質——經濟的因素」與「思想——文化的因素」之間的關係應當如何處理？這是史學思想中另項核心問題。霍布斯邦常常呼籲這兩種因素應該得到平衡。[136]他批評庸俗馬克思主義太偏重「物質——經濟因素」。[137]同樣地，「經濟史取向」的經濟史家也是一丘之貉。[138]霍布斯邦肯定「思想——文化的因素」，不過，他從未誇張其詞強調思想觀念的影響，更沒有突顯菁英份子的歷史角色。他說：

對馬克思主義者來說，偉人並不能改變歷史的大方向，但他能推促歷史的發展。[139]

　　所以，在處理「大眾文化」的議題時，他重視階級意識和大眾的宗教信仰。例如，他曾討論以美教會和早期勞工抗爭活動的關係。[140]強調勞工運動史，應把勞工的生活和思想納入考量的範圍。[141]從他的理論性文章和實際歷史作品來看，霍布斯邦並沒有太

135　Hobsbawm, "Looking Forward: History and the Future," 18.

136　Hobsbawm, "Karl Marx's Contribution to Historiography," 46.

137　*Ibid.*, 42.

138　*Ibid.*, 52.

139　Hobsbawm, "The Hero in History," *The Modern Quarterly*, new ser. vol.2 (1947), 188.

140　Hobsbawm's "Methodism and the Threat of Revolution in Britain," *History Today*, vol. vii (1957), 115-124, and his *Primitive Rebels* (Manchester: Manchester University Press, 1959).

141　Hobsbawm, *Labor's Turning Point*, 2nd ed. (Rutherford: Fairleigh Dickinson University

偏向「思想──文化因素」。在〈從社會到社會的歷史〉一文中，他明白呈現一種「綜論通觀的思惟方式」。他所謂的「社會的歷史」（History of Society），這個「社會」一詞是整體性的，等於一般人所說的「社會和文化」的整合。他肯定地說：

馬克思已經將（歷史研究的最高理想）勾畫出來了，而且也容許我們鈎畫我們自己。[142]

對英國與近代世界社會的解釋

霍布斯邦的《勞工》出版後，有篇書評說：「這本書少有通則性的概念，也沒有形成綜合性的觀念。書中共有的主題還不夠清楚明確。由於每篇文章之間缺乏具體的關係，所以需要讀者自己把它們貫穿起來。」[143]這段評語相當中肯，點明了《勞工》這本文集的性質。其實，霍布斯邦所有關於勞工社會史的作品也有類似的現象，可以借用這段書評來評論。

霍布斯邦從未撰寫任何一本綜合完整性的勞工社會史。《勞工的轉捩點》是本勞工史的史料文集。《勞工：勞工的世界》是本論文集。《領導人的搖擺》的主題涉及農業勞工，是本與他人合作的

Press, 1974), new preface, i-ii.

142 Hobsbawm, "From Social History to the History of Society," *Daedalus*, vol.100, no,1, (Winter 1971), 20-45.

143 Gareth Stedman Jones, review of *The Laboring Men*, by Eric Hobsbawm, in *New Left Review*, no.29 (Jan./Feb. 1965), 80.

書籍，霍布斯邦只撰寫其中幾章。[144]所以，讀者想要瞭解霍布斯邦如何綜觀英國勞工社會史，必須讀者本人自己把他們貫穿起來。

《勞工的轉捩點》是霍布斯邦生平第一本有關勞工社會史的著作。在「導論」中，已經初步勾畫出勞工史和近代世界史的素描。按照他的說法，一八八〇年至一九〇〇年是英國史的轉捩點。在這個時期，英國工業對全世界的壟斷已成明日黃花，並且英國的經濟社會結構正面臨巨變。十九世紀中葉，勞工因物質環境改善，個個好比「貴族勞工」（aristocracy of labor）一般，軟化了鬥爭的志氣。然而，在十九世紀中葉，半熟練的技工、機器操作員等，一反過去，起而威脅舊有的工會。所以一八八三年至一八九四年的工運刺激了社會主義團體的成立。[145]

繼《勞工的轉捩點》之後，霍布斯邦的著作裡不斷討論英國勞工社會史，而且視野擴大，格局架勢比從前寬廣。霍布斯邦提出新解，認為一七八〇年代是近代史上的分水嶺。在這個年代之前，世界史仍然屬於農業時代，只有局部地區才初步邁向資本化的農業。[146]以整個英國來說，當時還未成為真正的中產階級社會，實際由土地貴族壟斷社會資源的時代。[147]不過，「工業革命」和「法國大革命」形成「雙元革命」（the dual revolutions），相互交織在一起，造成新時代的來臨。霍布斯邦強調，假使說英國工業革命是股主力，影響十九世紀近代世界的經濟，那麼這個世紀的政治和思想

---

144 Hobsbawm and George Rude, *Captain Swing* (New York: Pantheon Books, 1968), preface.

145 Hobsbawm, Introduction to *Labor's Turning Point*, 2nd ed. xv-xxi.

146 Hobsbawm, *The Age of Revolution* (New YORK: The World Publishing Co., 1962), 33.

147 Hobsbawm, *Industry and Empire* (London: Weidenfeld and Nicolson, 1968), 17-18.

觀念主要是受法國大革命的影響的。[148]工業革命是經濟和社會改變所造成的結果。[149]任何單一的原因，例如氣候、地理、國家資源的分配、或政治層面，都無法解釋歷史長期發展的複雜現象，從某種角度來說，由土地貴族主導的英國政府的確十分重要；但是，涉及「歐洲經濟」或「世界經濟」時，工業革命也是項重要的因素。[150]霍布斯邦並未明確指出工業革命於哪一年起源？於哪一年結束？[151]湯恩比以一七六〇年代當作工業革命起飛的年代，霍布斯邦則寧可採用一七八〇年代。理由是：從各方面的統計顯示，一七八〇年代是個「起飛」的時期。[152]也因此，霍布斯邦以一七八〇年代至一八四〇年代為「革命的年代」。這幾十年之間，「資本主義的工業」勝利了。或者說，中產階級的自由主義社會已取得勝利，而不是一般性的自由，或近代經濟、近代政治獲勝。[153]

　　霍布斯邦對工業革命的起因並未著墨太多，相反地，比較重視工業革命的影響，尤其對勞工階級的影響。自從十九世紀下半葉以來，英國史學界為了「工業革命的影響」這個問題引起不斷地爭論。「樂觀派史家」和「悲觀派史家」彼此壁壘分明，在一九二〇、三〇年期間相互攻訐。[154]第二次世界大戰之後，艾希頓於一九四九年又重新挑起這個問題。[155]他力挺克拉漢等「樂觀派」的觀

---

148 Hobsbawm, *The Age of Revolution*, 74.

149 Hobsbawm, *Industry and Empire*, 20.

150 *Ibid.*, 21.

151 *Ibid.*, 20-21.

152 Hobsbawm, *The Age of Revolution*, 46.

153 *Ibid.*, 17-18.

154 R. M. Hartwell, "The Standard of Living," *Economic History Review*, 2nd ser., vol. v, no. xvi (1963-1964), 135; see also Norman Baker's writing in *New Direction in European Historiography*, by Iggers, 157-163.

155 Taylor, Introduction to *The Standard of Living in Britain in the Industrial Revolution*, xii.

點，認為工業革命對勞工的影響正面多於負面。[156]後來，到了一九
五〇年代，樂觀派"和「悲觀派」正式重燃戰火，霍布斯邦和哈特
韋爾成為兩造的要角，分別撰寫論文，爭鋒相對。[157]霍布斯邦有幾
篇文章頗具有建設性。[158]大致來說，他不否定工業革命起飛之後大
量生產提升了勞工的生活水準。[159]但是重點在於：國家財富的整體
分配並不分均。[160]他建議，史家應多考慮貧苦勞工的收入。[161]至於
「樂觀派史家」的統計證據，未必能反映勞工的困境。[162]霍布斯邦
也應用統計量化的資料；除外，他突顯窮人生活的品質，以及他們
在「心理的」或「文化的」苦楚。由此可見，就現實意識及歷史研
究向而言，霍布斯邦也是屬於「悲觀派史家」，繼承了湯恩比、衛
布夫婦、漢蒙夫婦、柯爾夫婦等人的見解。

　　從霍布斯邦對「搗毀機器的工人」和「美以美會」之研究，可
以看出他深深同情勞工運動。按照霍布斯邦的研究，在工業資本主
義的衝擊下，窮人只有三條路可以選擇。第一，力求上游，使自己
變成中產階級；第二，緘默認命，永遠處於社會底層；第三，反叛

---

156 *Ibid.*, xiii.

157 *Ibid.*, xiv.

158 Hobsbawm's writings on the standard of living are "The British Standard of Living, 1970-1850," *Economic History Review*, no.x (1957), 46-68, revised and reprinted in *Laboring Men*, 64-104; "History and the Dark Stanic Mill," *Marxism Today*, vol. ii, no.5 (1958), 132-139, also in *Laboring Men*, 105-119; "En Angleterre: Re'volution industrielle et vie mate'rielle des classes popularizes," Annales, 17e anne'e (Nov.-Dec. 1962), 1047-1061; "The Standard of Living during the Industrial Revolution: A Discussion," *Economic History Review*, vol. vi (1963), 119-134; and "The Standard of Living Debate: A Postscript," in *Laboring Men*, 120-125.

159 Hobsbawm, "The British Standard of Living, 1790-1850," in *The Laboring Men*, 65.

160 *Ibid.*

161 *Ibid.*, 66.

162 *Ibid.*, 67,69.

現實。[163]霍布斯邦研究的對象幾乎都以第三類的人士為主。他試圖呈現他們如何為自己的生命拚命？如何創造自己的歷史？如何在工業資本社會中奮鬥？這種取向其實正是新馬克思史家的共同特色：由下而上觀看勞工的階級鬥爭。[164]所謂「搗毀機器的勞工」，按照衛布夫婦或柯爾夫婦等人的看法，是批保守者，對新機器懷有敵意、僅知責怪節省人力的新機器剝奪了勞工的工作機會。[165]霍布斯邦同意，部分勞工的確保守愚昧，但是，另有些破壞機器的勞工心存特殊的理想。[166]他們破壞機器的目的，其實是針對資本家而來的。[167]所以他們的所作所為，對工會的成長頗有貢獻。[168]

有關美以美教會的問題牽涉的層面更為複雜。史家哈勒維（E. Halevy）在《十九世紀英國人民史》（*History of the English People in the Nineteenth Century*）中，認為一七九〇至一八四〇年代的美以美教會是股反革命的力量。[169]霍布斯邦同意，這個教會的領導者對來自下層社會的革命懷有敵意。但是，這種說法以偏蓋全，不盡屬實，事實上，他們之間有些領導者並不保守。[170]例如，美以美會中的衛斯里教派（Wesleyans）曾參與激烈的反叛活動。[171]霍布斯邦的論文中，以馬克思史觀討論美以美會與英國社會革命的問題。到了一九六四年，《勞工》再版時，霍布斯邦補充了一個註解，肯定湯姆森《英國勞工階級的形成》論及美以美教會的那一章的確

---

163 Hobsbawm, *The Age of Revolution*, 238.

164 Kaye, *British Marxist Historians*, 5-6.

165 Hobsbawm, "The Machine Breakers," in *Laboring Men*, 5.

166 *Ibid.*, 10.

167 *Ibid.*, 11.

168 *Ibid.*, 16.

169 Hobsbawm, "Methodism and the Threat of Revolution in Britain," in *Laboring Men*, 33.

170 *Ibid.*, 25-26.

171 *Ibid.*, 31.

屬於上乘之作。[172]另外，霍布斯邦也肯定湯姆森對「搗毀機器的勞工」之研究。[173]我們可以看出，霍布斯邦和湯姆森的歷史解釋非常接近，他們既不把勞工當作工業社會體制下一群無知的犧牲者，也不把勞工當作盲目的叛逆之輩，而是有階級意識的。

　　階級鬥爭和階級意識是研究勞工社會史的核心問題，否則就無法突顯勞工積極主動的一面。庸俗馬克思主義者尊崇《共產主義宣言》為教條，認為「所有現存社會的歷史就是階級鬥爭的歷史」。[174]霍布斯邦指出，馬克思使用「階級」這個名詞時可以分為兩個不同的意義。[175]第一，把所有被壓迫的人民百姓通通歸納成客觀存在的「階級」。第二，「階級」這個概念含有「階級意識」的主觀成分在內。[176]為了補充說明馬克思的觀點，霍布斯邦說，客觀層面的「階級」指因出生血緣之不同而形成的社會差異，是屬於古代歷史的現象。然而，「階級意識」是近現代社會的現象。[177]換句話說，一七八〇年代以前，英國及其他國家並沒有勞工階級意識。等到一八一五年以後，這種意識日漸浮現出來了。一八三〇年代中，勞工中以技工和獨立工匠等的表現得最活躍、最積極，而且最有政治意識。[178]原因之一是，他們受到法國大革命激進的政治意識的影響。[179]不過，由於勞工彼此之間異質性仍然偏高，霍布斯邦儘

---

172 *Ibid.*, 33.

173 Hobsbawm, review of *The Making of the English Working Class*, by E. P. Thompson, in *New Statesman*, vol. lxvi, no.1707 (Nov. 29, 1963), 787.

174 Karl Marx and Frederick Engels, *Manifesto of the Communist Party* (New York: International Publishers, 1979), 9; Hobsbawm's criticism on the Vulgar Marxism see his "Karl Mark's Contribution to Historiography," 42-43.

175 Hobsbawm, "Notes on Class Consciousness," in *Workers*, 15-16.

176 *Ibid.*, 17.

177 *Ibid.*

178 Hobsbawm, *The Age of Revolution*, 253.

179 *Ibid.*, 249-253, and Hobsbawm, *Industry and Empire* 94-95.

量避免以偏蓋全、籠統概括他們的行徑和思想。

一八三〇年以後，英國勞工運動朝向憲章運動，因而創造了新紀元。霍布斯邦對憲章運動持正面的肯定，認爲這是歷史上工業勞工第一次的社會運動，並且是由手工業勞工率領的。[180]同時，這也是第一次全國性的具有勞工意識的工運，它的目的是爲了反對資本家。[181]憲章運動後來所以功敗垂成，依照霍布斯邦的分析，主要是因爲他們缺乏有效率的組織，也缺乏領導人。[182]這種評語反映霍布斯邦重視勞工的組織。而這種觀點正是衛布夫婦所強調的。不過衛布夫婦比較重視勞工組織的結構和功能，霍布斯邦比較強調勞工組織的階級意識。[183]霍布斯邦引用列寧的觀點，認爲「工會意識」是種自發性的思想，但格局有限。勞工運動需要的是「社會主義的意識」，凡是缺乏這種自覺，勞工意識便不算完整、不夠成熟。[184]

雖然霍布斯邦和湯姆森一樣，強調階級意識在近代工業社會中的重要性。不過，何時英國勞工才眞正凝聚勞工意識，形成勞工階級呢？湯姆森有一八四〇年代之說。霍布斯邦持不同的意見。他認爲，一八四〇年代英國的人口之中多半還屬於鄉村的。[185]所以，一八四八年英國已形成勞工階級之說值得商榷。[186]霍布斯邦明白表示不敢苟同。[187]他認爲，一八八〇年代，或者在一八七〇年代末期左

---

180 Hobsbawm, review of *Chartist Studies*, by Asa Briggs, in *New Statesman*, vol. lviii,no.1494 (Oct.31, 1959), 594.

181 *Ibid.*

182 *Ibid.*

183 Hobsbawm, "Notes on Class Consciousness," 27.

184 *Ibid.*

185 Hobsbawm, "The Formation of British Working-Class Culture," in *Workers*, 179.

186 *Ibid.*, 181.

187 Hobsbawm, "The Making of the Working Class, 1870-1914," in *Workers*, 195.

右，英國勞工才真正形成階級。[188]之前，英國勞工運動的發展從一八四八年到一八八〇年，有明顯的斷裂，而且十九世紀上半葉的社會主義與十九世紀末期的榮工意識有明顯的差別。[189]

　　恩格斯曾經以「貴族勞工」一詞稱呼維多利亞中期的技工及工匠等人。這些人所成立的工會都非常溫和，缺乏抗爭的戰鬥力。[190]尤其第二國際（Second International）的瓦解也與貴族勞工有關。[191]一九三〇年代以前，有些馬克思史家接受恩格斯的見解，但是，史達林主義的教條馬克思學者忽略了這一點。[192]霍布斯邦早在一九四九年的文章中曾經指出，在英國資本社會的黃金時期中（即維多利亞中期），勞工貴族分享了商業利益的果實，他們所組成的各種勞工社會團體多半與資本家妥協。[193]一九五四年，霍布斯邦在另外一篇文章中，再度討論「貴族勞工」的問題。這篇文章實事求是、尊重史實，所以把「貴族勞工」細分成六大類，以便釐清他們之間的異同。[194]綜合評論「貴族勞工」的共同點，那就是他們的時代背景相同，當時世界經濟已邁入工業資本主義。[195]當時「大好的環境」，或者說「戲劇性的進步」，促使勞工得以藉著組織、團體改善他們的處境。[196]然而，貴族勞工和貧困勞工之間的生活，仍然

188　*Ibid.*

189　*Ibid.*

190　John Field, "British Historian and the Concept of the Labor Aristocracy," *Radical History Review*, no.19 (Winter 1978-79), 62.

191　*Ibid.*, 66-67; see also Hobsbawm, "Lenin and the Aristocracy of Labor," in *Revolutionaries*, 125.

192　Field, "British Historians and the Concept of the Labor Aristocracy," 67.

193　Hobsbawm, "Trends in the British Labor Movement," in Laboring Men, 318-319.

194　Hobsbawm, "The Labor Aristocracy in Nineteenth-Century Britain," in *Laboring Men*, 273.

195　Hobsbawm, *The Age of Capital* (New York: Charles Scribner's Sons, 1975), 47.

196　*Ibid.*, 224.

有天壤之別。[197]霍布斯邦的論點激起學術上的連漪，許多史家捲入這場論戰。霍布斯邦承認，他有點忽略一八五〇年以前的問題。[198]不過，仍然堅持：十九世紀下半葉的貴族勞工屬於溫和的，比較缺乏抗爭的鬥志。[199]

　　一八七五年到一九一七年之間是英國勞工史及近代世界史的「轉捩點」。這個時期，國際間相互競爭，提升科技，促進產業生產。[200]而且，從此以後，世界經濟也比以前複雜。英國不再唯我獨尊、傲視工業世界。[201]當時，英國國內有股右派的、保守的，反自由主義和社會主義的勢力。另外，有股由勞工團體所組成的左派、社會主義的路線。[202]在歐陸地區，有些國家的左派政黨在選舉中頗有斬獲，足以左右政局。[203]不過，霍布斯邦一再提醒，每個國家裡的勞工其實異質性相當高，史家切忌過分簡化史實。[204]如果史家能謹記這種理念，不妨可以下結論說：這個時期英國的勞工運動已邁向全國性的組織，並且具有社會主義的政治理想。[205]

　　爲了對十九世紀末、二十世紀初的勞工深入研究，霍布斯邦分別以不同的職業團體爲對象，一一從事分析，例如，瓦斯工人、碼頭工人、鞋匠等等。結果應證了原有的基本觀點：一八九〇年代是重要的轉變時期。[206]這個時期有「新工會主義」（new unionism）

197　*Ibid.*, 226-227.

198　Hobsbawm, "Debating the Labor Aristocracy," in *Workers*, 217-218.

199　*Ibid.*, 223.

200　Hobsbawm, *The Age of Empire*, 67.

201　*Ibid.*, 51-52.

202　Hobsbawm, *The Age of Capital*, 306-307.

203　Hobsbawm, *The Age of Empire*, 117.

204　*Ibid.*, 118.

205　Hobsbawm, Introduction to *Labor's Turning Point*, xix-xx.

206　Hobsbawm, "British Gas-Workers, 1873-1914," in *Laboring Men*, 158.

的誕生。勞工們顯得更有組織、更有策略、更具有社會主義的意識，而且也懂得包容一些未參與組織的勞工。[207]霍布斯邦一方面討論勞工組織的重要性，另一方面也強調勞工的社會主義思想，例如，「新工會主義」是勞工意識成熟的果實。霍布斯邦本著對勞工意識的重視，深入探討勞工文化的問題，例如：足球、勞工的帽子、「魚片和馬鈴薯片」餐廳等等。[208]換句話說，在一九一四年，或者一九四五年以前，勞工彼此互助合作，團結在一起。[209]

霍布斯邦對第二次世界大戰以來的勞工運動頗有微詞。一九五〇年代，勞工的主體文化似乎喪失殆盡。[210]到了一九七〇年，整個勞工運動幾乎陷入「危機」的狀態，對政治很難產生影響。而後每下愈況，很難引起任何作用。

除了工業社會的勞工，霍布斯邦對農村社會的抗爭活動也深感興趣。他研究「初期社會的叛逆之徒」，扣緊他們和農業社會變遷的關係。[211]尤其，由初期社會轉變成工商社會之際，很容易出現一些羅賓漢（Robin Hood）式的俠盜。霍布斯邦對這類型的「叛逆之徒」，既懷有同情瞭解之心，但也批評他們的保守和短視。[212]他評論說：

那是（俠盜）和（初期社會叛徒）的悲劇。因為他們不瞭解新社會的情形，更不知道未來的遠景是什麼。[213]

207　Hobsbawm, "The New Unionism' in Perspective," in *Workers*, 152.

208　Hobsbawm, "The Formation of British Working-Class Culture," 187.

209　*Ibid.*, 191.

210　*Ibid.*, 193.

211　Hobsbawm, *Primitive Rebels*, 1-5.

212　*Ibid.*, 1.

213　Hobsbawm, *Primitive Rebels*, 108.

換句話說，早期農村社會裡各種叛逆和盜賊之徒，完全缺乏「階級意識」，以致於只能做間歇式的反抗，而無法從事前瞻性的社會運動。

結語

綜合霍布斯邦對英國社會史之研究，可以發現他關懷農村和工業時代的下層社會人士。他與「樂觀派」史家辯論有關早期工業勞工的生活水準。他不把勞工當作盲目無知的叛逆之徒或時代的犧牲品；相反地，卻偏好突顯勞工的主動和積極生命活力。所以，一部英國勞工史也是一部他們的鬥爭史。

英國勞工史好比水流是有「方向的」。大致來說，從一七八〇年代到一八四〇年代，英國社會由農業資本主義轉成工業資本主義，同時，也由土地貴族社會走向中產階級自由主義的社會。美以美教會和搗毀機器的工人在這個階段對勞工運動的影響各有得失。從一八五〇年代到一八七〇年代，英國成為全世界工業資本主義的霸主，國內景氣一片繁榮，勞工的收入大量增加，形同「貴族勞工」。可惜，這批勞工所成立的團體組織缺乏積極改革理念，使得勞工運動走入歧途。所幸的，從一八八〇年到一九一四年，勞工運動因經濟衰退而再度興起。這是個歷史上的「轉捩點」，英國勞工們不僅加強組織，而且形成「階級意識」及具有主體的勞工文化。

霍布斯邦對英國社會史的解釋其實與他個人的現實意識有關。他從早年便加入馬克思主義的組織，意圖改造社會。他的筆不斷批判第一代和第二代的社會史家，反對「樂觀派史家」或「經濟史取

向」的史家。他與萊爾、希爾頓、湯姆森夫婦等馬克思史家，同屬
共黨史家小組，經歷過納粹的時代、西班牙內戰，和第二前世界大
戰。雖然他們一度受限於英國共產黨，卻有自知之明，尊重學術研
究的重要性，並成為專業化的馬克思史家。他們進一步創辦《過去
與現在》雜誌，以便與非馬克思史家對話，討論學問。到了一九五
六年，由於外在環境的巨變，終於破繭而出，秉持新馬克思主義的
觀點，活學活用，研究歷史以及評論時事。

　　就歷史認知取向來說，第一代英國馬克思史家難免感染教條主
義、偏向「物質的、經濟的因素」，及強調「理論」「通則」。
霍布斯邦等幾位第二代的馬克思史家比較具有彈性，肯定「思想
的、文化的因素」，注重歷史的變遷意識。但是，這種轉向的前
提是，提升馬克思的思想成為治史的「最高指導原則」。所謂
「原則」，是種綜觀通論、全方位的思惟方法，秉持「人是社會動
物」、「眾人創造歷史」、「人與自然之間的互動關係」、「歷史
是社會演化的事實記載」。它如同物理學上的「測不準原理」，
屬於哲學性的層次，但不是解釋現象的「工具性」定律（laws）或
理論（theories）。霍布斯邦將馬克思史學的傳統，從偏向「物質
的、經濟的」一端轉向肯定「思想的、文化的」因素。但是，所謂
「思想、文化」，不是指菁英份子的理念，而是指階級意識和勞
工文化。平心而論，他頗能保持平衡、同等對待「物質的、經濟
的因素」和「思想的、文化的因素」之辯論關係，所以不致於矯
枉過正，成為「文化馬克思主義者」。美國史家簡諾維斯（Eugene
Genovese）的評語非常中肯，值得參考。他說：

（霍布斯邦）將歷史過程的客觀和主觀因素維持平衡的狀態。他沒

有把「階級」和「階級意識」混淆在一起。[214]

我們可以肯定地說，霍布斯邦替馬克思史學注入新的活力。由於他的貢獻，英國史學得以有嶄新的氣象。

---

214 Eugene Genovese, "The Politics of Class Struggle in the History of Society: an appraisal of. the work of Eric Hobsbawm," in *The Power of the Past: Essays for Eric Hobsbawm*, ed. al. Pat Thane (Cambridge: Cambridge University Press, 1984), 14.

第六章

湯姆森夫婦的社會思想
和史學思想

「藉著階級，我才能掌握歷史的現象，
將一大堆散亂的、似乎不相干的史實串聯在一起。」

「共產主義的目的不是政治的，而是爲人類的，
或者說是爲了改變人類，從動物、走向初期人類、以至於成爲完人。」

　　一九九三年八月二十八日，愛德華·湯姆森（Edward Palmer Thompson）在英國自宅中過世。這則消息立刻引起國際史學界的同聲哀悼。[1]湯姆森因爲於一九六三年出版《英國勞工階級的形成》（*The Making of the English Working Class*）而享譽學界，人們對他的追思是實至名歸，理所當然的。不過這本書厚達八百多頁，主題涉及十八世紀末至十九世紀初英國的勞工社會和文化，細節舉證詳實，一般缺乏耐性的讀者可能很少卒讀全書，更遑論萃取湯姆森史學思想的精華。儘管如此，三十幾年來這本書卻不斷再版，成爲當代經典作品。

　　湯姆森的成就至少可以從三方面來評量。首先，他是位劍及履及的社會運動實踐者。從早年遠赴巴爾幹半島參與反集權反戰爭的活動，加入英國共產黨組織，至後來孜孜不倦領導國際和平運動，且不斷撰寫時論，批判各種弊端。其次，他名列第一流的馬克思史家，一生的專著中有關於工業革命之前十七、十八世紀的社會史，也有十八世紀末至十九世紀上半葉之間的英國勞工史，更有長篇的傳記，專門描述英國著名的詩人、工藝家和社會改革思想家威廉·莫里斯（William Morris）。這些書籍幾乎都已列爲上乘的史學佳作，成爲學者參考引用的讀物。在西方馬克思史家之中，能與湯姆森同享齊名的並不多，大約只有希爾頓（Rodney Hilton）、希爾（Christopher Hill）、霍布斯邦等人而已。可見就史學史而言，湯姆森必然佔有一席之地。第三，湯姆森並不像一般所謂的理論家，嗜好以抽象的觀念討論歷史上的各種問題。相反地，他

1　如加拿大社會史家 Bryan D. Palmer 先發表追思紀念的專文，"Homage to Edward Thompson" Labour / Le Travail (*Journal pf Canadian Labour Studies*), No.32 (Autumn 1993), 11-71，而後隔年出版專書，*E.P. Thompson: Objections and Oppositions* (London: Verson, 1994).

甚至為了馬克思主義的「理論」（theory）問題，曾經與法國馬克思學者阿圖塞（Louis Althusser）針鋒相對，展開一場激烈的辯論，其中最著名的有〈理論的貧困〉（*The Poverty of Theory or An Orrey of Errors*）一篇長文。不過，湯姆森在馬克思主義陣營中，最主要的貢獻當屬一九五六年他所提倡的「社會主義的人道思想」（socialist humanism）。[2]他不僅公開抨擊官僚化、教條化的史達林主義（Stalinism），而且積極闡釋馬克思主義。湯姆森的思想觀念是否能得馬克思的真傳精髓？這是個值得深入探討的問題，然而由於門派之見，可能眾說紛紜，在本章還未詳加剖析之前，只以先肯定他是位道地的史家，除了見識高明之外，也堅持「不可離事而言理」，這一點他的確遵循了馬克思的務實精神。

本章的主題扣緊湯姆森在上述三方面的成就。為了討論的方便，先說明湯姆森的社會關懷，從他的生平奮鬥背景評述他的社會改革理想。接著，探討湯姆森的史學思想，希望能從認知取向或認識論的層次，判定他在馬克思主義的陣營中應有的地位。最後，特別以湯姆森的史著中與英國勞工社會史相關者為實例，驗證湯姆森的史學和社會思想。

在湯姆森生前和生後，已有不少作品研究這位馳名的學者。[3]

2　　E. P. Thompson, "Socialist Humanism: An Epistle to the Philistines," *New Reasoner*, 1 (Summer 1957), 105-43.

3　　如Perry Anderson, *Argument Within English Marxism* (London: NLB, 1980)；"Socialism and Pseudo-Empiricism," *New Left Review*, 35 (Jan./Feb.1966), 2-42; Inga Clendinnen, "Understanding the Heathen at Home: E. P. Thompson and His School," *History Studies* (Australia), vol. 18, No. 72 (1979), 435-42; Richard Johnson, "Edward Thompson, Eugen Genovese Socialist-Humanist History," History Workshop, 6 (Autumn 1978), 79-100; Harvey J. Kaye, *The British Marxist Historians* (Cambridge: Polity Press, 1984), Ch. 6; Harvey J. Kaye & Keith McClelland, *E. P. Thompson: Critical Perspectives* (Cambridge: Polity Press, 1990)；Bryan D. Palmer, *E. P. Thompson: Objections and Oppositions* (London: Verso, 1994).

本章除了研究取向與這些作品不同，也同時將湯姆森的夫人桃樂絲・湯姆森（Dorothy Thompson，本文以下簡稱桃樂絲）納入討論的範圍。這對夫婦志同道合，同甘共苦，不僅攜手相伴，從事社會改革，而且在學術上也彼此分工，相互合作。在口述訪問中，曾詢問湯姆森本人，爲何將《英國勞工階級的形成》一書時間斷限在一八三〇年代？他回答說「除了學術上的理由外，從一八三〇至一八四〇年之間的勞工史，主要交給桃樂絲負責研究」。[4]由此可見，將他們夫婦納爲一體，當作共同討論的對象實屬必要。然而至今爲止，國際間似乎尚無同時研究湯姆森夫婦的作品，女史家遭到忽略不無遺憾。

闡揚社會主義的人道思想

湯姆森夫婦一生對現實社會的改革都非常活躍和熱中。爲了敘述的方便，不妨將他們的生涯分成三個時期：即從一九二三或二四年至一九五六年爲早期，一九五六年至一九六三年爲中期，一九六四年以後爲晚期。

湯姆森一九二四年出生在自由派政治的家庭中。祖父和父親（名爲Edward John）都是傳教士。父親長期支持印度的自決運動，而且與尼赫魯（Jawaharlal Nehru）及甘地（Mohandas K. Gandi）友善。湯姆森的母親（名Theodesia Jessup）是美國長老會

4　周樑楷和張四德，"口述訪問E. P. and Dorothy Thompson,"於加拿大Kingston, April 1, 1988.

（Presbyterian Church）傳教士之女。[5]湯姆森排行老二。他的兄長
（名Frank）在牛津大學期間曾參加勞工俱樂部（Labour Club），
並於一九三九年參加英國共產黨。而後，他遠赴保加利亞，參與
當地的革命運動。不幸，在一九四四年，他於南塞爾維亞（South
Serbia）遇害。[6]湯姆森本人因為這位兄長的影響，早年就相當激進
前衛。一九四○年代初期，正值國際間反法西斯運動方興未艾，加
入了共產黨。一九四六年，志願參與青年團，前往南斯拉夫，義務
修築鐵路。此行的目的，也是為了打聽有關他的兄長的遭遇，所以
行程中包括了保加利亞。對於充滿理想主義的湯姆森而言，這是一
段很有意義的經驗，他說：

我因此而肯定了人民陣線的價值。[7]

　　第二次世界大戰期間，湯姆森入學劍橋大學，然而因烽火燎
原，而且個人又熱中外務，所以無心從事史學工作。[8]他的歷史
觀點倒是從英國共產黨史家中學習得來的。按英國共產黨於一九
二○年成立，各大學有些成員加入。為了組織和培訓人才，該
黨先後成立一些讀書小組，其中之一就是「共產黨史家小組」
（The Communist Party Historians' Group；以下本文簡稱史家小

5　"Thompson, Edward John," *Dictionary of National Biography, 1941-50* (London: Oxford University, 1959), 879-880.

6　T. J. Thompson and E. P. Thompson, *There Is a Spirit in Europe, A Memoir of Frank Thompson* (London: Victor Gollamz Ltd., 1947), 18; see also E. P. Thompson, "The Secret State within the State," *New Statesman*, vol. 96, No.2486) (Nov.10, 1978), 612-618.

7　"An Interview with E. P. Thompson," conducted by Mike Merrill in March 1976 in New York City, in *Visions of History*, eds. Henry Abelove (Manchester. Manchester University Press, 1983), 11-12.

8　*Ibid.*, 13.

組）。[9]湯姆森在這個小組內獲益匪淺，知識增進不少。其中兩位學者對他的影響最顯著。第一位是鐸耳（Dona Torr），爲英國共產黨創黨人之一，也是史家小組中的資深者，曾編譯《馬克思和恩格斯書信集，1846-1895》（*Karl Marx and Freidrich Engels: Correspondence, 1846-1895*）和《資本論》（Capital）。由於她的領導和協助，英國年輕一代的馬克思史家深受影響，並且人人對她心存感激。[10]在一九五〇年代，湯姆森著手撰寫莫里斯的傳記時，鐸耳仍然提供參考意見。日後，湯姆森對此事一直懷念不已，他說：

能有機會與一位如此多才多能、智慧出眾、樂意助人的共產主義學者維持親密關係，真是受益良多。[11]

第二位對湯姆森有影響的，是比他稍微年長的希爾。湯姆森曾說希爾是位「比大眾所知的更不可輕視的理論性實踐者」。[12]希爾本人專攻十六至十七世紀的英國社會史，曾爲了封建制度過渡到資本主義的問題與多位馬克思史家論戰。湯姆森雖然未曾參與這場學術辯論，但在一九六〇年代中期，他也涉足研究早期資本社會。湯姆森直言不諱希爾在這個學術領域中的貢獻。[13]

第二次世界大戰結束後，國際間陷入冷戰的局勢，英國國內的

---

9   周樑楷，〈一九五六年對英國馬克思史家的衝擊：以哈布斯頗和湯姆森爲分析對象〉，錄於《第三屆史學史國際研討會論文集》，國立中興大學歷史系主編 (台中：青峰出版社，1991)，238-240。

10 George Thomson, and al. "Forward." to *Democracy to the Labor Movement: Essays in Honour of Dona Torr*, ed. John Saville (London: Lawrence & Winhart Ltd., 1954), 7-8.

11 E. P. Thompson, William Morris, *Romantic to Revolutionary* (London: Lawrence & Winhart Ltd., 1955), 8.

12 "An Interview with E. P. Thompson," conducted by Merrill, 19.

13 *Ibid.*

共產黨員承受右派政治的壓力。然而，湯姆森並沒有因此軟化，放鬆自己的政治理念。他不斷爲和平運動奔波，反對韓戰，爲英國共產黨效力。[14]除外，他也利用夜間，爲成人教育授課，他認爲：

這段期間對我而言，學習了不少有關工業社會的英國，尤其當我教他們（勞工）的時候，他們（勞工）也就導了我。[15]

在成人教育中，他曾經開授有關莫里斯的課程，因而在一九五五年，出版《威廉莫里斯傳》（*William Morris*）。湯姆森所以爲這位社會主義的詩人兼工藝家立傳，不外乎崇拜他的社會思想和人格；當然，也因爲這本傳記，湯姆森才能晉身爲史家之列。[16]學術界有人對這本傳記頗有微詞，例如，安德生（Perry Anderson）在《在英國馬克思主義之內的爭論》（Arguments Within English Marxism）中，毫不隱諱地抨擊湯姆森。安德生認爲，湯姆森徒有生動迷人的文采，其歷史著作就好比文學名著。[17]安德生的評論有關馬克思主義的部分，有待商榷，然而有關文采的部分，其實絲毫也不差。湯姆森的確可算是位文學家。他有個人的詩集《嬰兒與帝王》（*Infant and Emperor*），晚年更有科幻小說（書名 *The Syksos Papers*）。[18]從湯姆森在文學上的造詣，或許可以得知，他爲何鍾愛莫里斯，還有爲什麼要把這位詩人放在浪漫運動（romantic movement）、前期拉斐爾主義（Pre-Raphaelitism）、卡

---

14 *Ibid.*, 13.

15 *Ibid.*

16 *Ibid.*

17 Perry Anderson, *Arguments Within English Marxism* (London: NLB, 1980), 1.

18 E. P. Thompson, *Infant and Emperor: Poems for Christmas* (London: The Merlin Press, 1983), and his *The Syksos Papers* (New York: Pantheon Book, 1988) .

萊爾（Carlyle）和魯斯金（John Ruskin）這股文藝思潮的脈絡中來加以定位。[19]

　　儘管《威廉莫里斯》觸及文學和藝術史，這本書主要在批判工業資本社會。莫里斯這位傳記主早期不斷抨擊英國的社會，而後於一八八三年加入民主聯盟（Democratic Federation）。按照湯姆森的刻畫，莫里斯與浪漫運動的作家一樣熱愛中古風格（medievalism），但是骨子裡卻是個叛逆之徒，批判英國的工業文明。[20]在這本傳記中，湯姆森也提起濟慈（John Keats）對中產階級意識（bourgeoisidom）和拜金主義（philistinism）之憎惡，因為他的思想對莫里斯影響頗深。[21]至於卡萊爾的影響也不容忽視。在《過去與現在》（Past and Present）這本著作中，卡萊爾以中古社會和十九世紀初的社會相對比，並進而提倡工作（或勞力）的可貴。[22]湯姆森特別指出，卡萊爾對勞力的尊敬，莫里斯深受教化，而且終生履行實踐，同情瞭解勞工階級的處境。[23]

　　濟慈、卡萊爾和莫里斯等人對工業社會不滿，其實也都有強烈的懷舊心態、忘不了工業革命以前的社會。湯姆森明確地指出，中古風格表現了過去社會所擁有的，遠比資本社會更美好和富有。[24]但是，湯姆森並沒有表示這種懷舊心態是保守的或後退的。相反地，他強調，莫里斯服膺社會主義運動，一生從事政治，為人類的未來而奮鬥。[25]他也指出，莫里斯的道德意識是他從事革命活動的

19　Thompson, *William Morris*, 7.

20　*Ibid.*, 22.

21　*Ibid.*, 35,41.

22　Thomas Carlyle, *Past and Present* (London: J. M. Den & Sons; 1912), 194.

23　Thompson, *William Morris*, 62.

24　*Ibid.*, 22.

25　*Ibid.*, 707.

根源。湯姆森藉著成人教育，以莫里斯爲典範，向勞工說：

才智足以讓人有思想，勇氣足以讓人有意志，權力足以讓人向前進取。工人們應該含有這三種素養，而後才能有所作爲。[26]

湯姆森又補充說：

「權力」（power）是指有組織的勞工階級的權力，才智是指他們的革命理論，也就是馬克思主義，而勇氣屬於道德的層次。如今我們需要威廉莫里斯，因爲歷史上從未如同今日，道德的問題強烈挑戰所有的人類。[27]

由此可見，早期的湯姆森與他所崇拜的莫里斯一樣，不僅心存懷舊而且擁有道德意識，尤其都積極爲社會主義而奮鬥不懈。湯姆森幾乎把自己的心志投射到莫里斯的身上了。

桃樂絲‧湯姆森的經歷和理念與丈夫之間有許多相似之處。一九二三年她出生自政治激進的家庭。父親喜好閱讀莫里斯的著作，在一次罷工運動中，與未來桃樂絲的母親相識而結婚。桃樂絲本人於十四歲時便加入青年共產黨。在劍橋大學時代攻讀歷史，大戰期間且曾經擔任機械製圖員。桃樂絲也參加英國共黨史家小組，由於閱讀《資本論》等馬克思的作品，因而有意專攻英國史和勞工史。桃樂絲和湯姆森兩人也是在一次示威遊行中認識的，而後於一九四八年結婚。[28]戰後，桃樂絲也在成人教育學校授課，參加和平運動及其他各種政治活動。他們兩人可謂夫唱婦隨。

26　*Ibid.*, 843; Thompson quoted these three sentences from William Morris's "Communism," *The Collective Works of William Morris* (London: Longmans, 1910-15), Vol.23, 270.

27　Thompson, *William Morris*, 843.

28　周樑楷和張四德，"口述訪問E. P. and Dorothy Thompson"。

　　一九五六年對湯姆森夫婦及許多馬克思主義的信徒而言，是人生一重大轉折。一九五六年以前，湯姆森對時事即使相當不滿，卻不常撰文批評當時的政治和社會問題。一九五六年起，湯姆森改變作風。當年先後發生的匈牙利革命和赫魯雪夫（N.S. Khrushchev）「祕密演說」清算史達林，一時震驚了西方世界的共產黨員。[29]十一月間，湯姆森發表〈穿越布達佩斯的硝煙〉（*Through the Smoke of Budapest*），痛陳對共產黨的不滿。他首先攻擊史達林主義的中央集權；接著，指責史達林背離馬克思的思想，其「無產階級專制」充其量只能算是庸俗的馬克思主義（Vulgar Marxism），原因是它把人類的意識視同機械，結果不論在理論上和實際上都泯滅了人性。[30]湯姆森進一步直接批評英國共產黨的領袖，指責他們應當為蘇聯鎮壓匈牙利革命人士而愧咎。[31]湯姆森對共產黨的官僚體系深惡痛絕，失望不已，於是宣布脫黨而去。不過，脫離共產黨的組織，並不等於棄絕馬克思主義，他表示：

史達林主義曾經風行過的地方，共產份子也都播下優良的社會主義種籽。史達林主義隨風而逝的時候，田園裡將長滿兄弟的情誼。[32]

　　換句話說，湯姆森仍然堅信馬克思主義。在一九五七年的〈社會主義和知識份子〉（*Socialism and the Intellectuals*）一文中，他重申個人的信念。[33]

29　周樑楷，〈一九五六年對英國馬克思史家的衝擊〉，245。

30　Thompson, "Through the Smoke of Budapest," *The Reasoner*, Vol.3 (Nov. 1956), supplement 5-6.

31　*Ibid.*, 7.

32　*Ibid.*

33　Thompson, "Socialism and the Intellectuals," *Universities and Left Review*, Vol.1 (Spring 1957), 31.

　　一九五六到一九六三年間，湯姆森鍥而不捨攻擊史達林主義。
值得留意的是，他所批判的對象，不止於史達林本人及其周邊的親
信而已。史達林主義並非因有史達林才得以出現，相反地，是因大
多數共產世界的領導人及其心態而引起的。這種思想已經無形中成
爲黨派意識，同是也是教條主義和反智主義的根源。湯姆森更進一
步指出，史達林主義在過去特定的歷史脈絡中已經淪爲官僚組織，
而且浸蝕全世界的共產社會。蘇俄、中國以及其他共產國家的人
民，都慘遭這種意識型態和行政系統的迫害。爲了重振「社會主義
的人道思想」（socialist humanism），首先得打擊史達林主義下的
菁英本位和官僚組織。[34]

　　除了反對史達林主義，湯姆森對於托洛斯基主義
（Trotskyism）（或者稱托派馬克思主義）以及一九五〇年代的工
黨也相當不滿。一九五七年左右，托派對於英國政壇與學術界的影
響力非常微弱，參加托派組織的人數不會超過三百人。依照湯姆森
的分析，托派雖然擺脫了史達林式的官僚主義，卻仍放不開經濟行
爲主義（economic behaviorism）、菁英本位和道德的虛無主義，
這些思想架構基本上和史達林主義沒有兩樣。[35]至於英國工黨在一
九五〇年代也式微不振，黨員大量流失，在歷次選舉中所得的票數
大量減少。對於這個左派政黨的所作所爲，湯姆森深表懷疑，認爲
他們成不了氣候，無法帶動社會主義的運動。

　　由於不滿當時各種左翼組織和思想，湯姆森必須另謀出路。首
先，他主張意識型態是最能改造社會的利器。他說：

34　Thompson, "Socialist Humanism," *The New Reasoner*, Vol.1 (Summer 1957), 108; and
　　Thompson, "Agency and Choice," *The New Reasoner*, Vol.5 (Summer 1958), 93.

35　Thompson, "Socialist Humanism," 139.

從事運動最需要嶄新、有活力、有原則的社會主義，這種觀念是年輕一代的專業者和工人雙向交流所得的成果。[36]

　　湯姆森並且進一步提議，以書刊雜誌、討論會、論壇、詩文說說、學生運動以及各種文化活動為溝通互動的園地。[37]由此可見，他採取「文化取向」，偏愛從文化思想因素考量古今歷史變遷之道。這也就是他所以鄙視史達林主義和托派思想淪為經濟行為主義的原因。為了貫徹「文化取向」的社會思想，湯姆森於一九五七年夏天創辦《新理性者》（New Reasoner）雜誌。他和另一位主編薩維爾（John Saville）宣稱，在政治上他們支持蘇聯及東歐的勞工和知識份子，為了伸張自由，也為了「破解史達林體制」（de Stalinization）而戰。另外，他們也願意聯合工黨、左翼以及任何沒有參加政黨的社會主義份子，為重振共同的原則而奮鬥。在《新理性者》第一期中，湯姆森撰寫一篇長文，題目是：〈社會主義的人道思想〉（*Socialist Humanism*），行文中除了以大半篇幅攻擊史達林主義，主旨在宣揚所謂的「社會主義的人道思想」。他說，這個名詞要彰顯的是：

回歸人自身，從抽象化和經院化的形式主義回歸到真正的人，從詐騙和神話回歸到真實的歷史。[38]

　　顯然地，這篇長文的中心思想起源自馬克思對「人的看法」（concept of man），即：人們製造自己的歷史。嚴格地說，所謂的「社會主義的人道思想」並非嶄新的觀念。不過，湯姆森強調，

36　Thompson, "Socialism and the Intellectuals," 35.

37　*Ibid.*

38　Thompson, "Socialist Humanism," 109.

他的思想揉合了新教和浪漫主義的精神。

湯姆森以及《新理性者》推波助瀾，助長了新左派運動。一九五〇年代末期，退出共黨的人士以及年輕激進份子大都缺乏具體的政治綱領，他們多半偏向從文化和意識型態切入社會問題。[39]因此，湯姆森和《新理性者》深受這班人士的歡迎和支持。「新左派」（New Left）一詞可能最早出現在一九五九年湯姆森的一篇文章之上。[40]為了強調「新」左派的意義，他特意批評「舊」左派的缺點。他說，自從第二次世界大戰以來，左派人士一直沒有正視蘇聯的弊病，只一廂情願把它當作英雄、工人的祖國。[41]舊左派完全把戰鬥的工人階級理想化了，其實這些工人也遭到共黨領導人的壓榨。此外，舊左派慣以經濟的因素解釋英國的勞工運動，他們大都認為，一九五〇年代的經濟繁榮和高度就業率使得勞工運動一蹶不振，如果有意掀起另一波運動的高潮，只有等待下一次經濟危機來臨。湯姆森指責舊左派思辨取向的謬誤，也為他們之熱中內鬥而感到羞恥。湯姆森希望，新左派不論男女人士都應該自動自發參加組織，不得以任何權威勢力或思想箝制他人。也因此，英國新左派未曾宣布共同的理論，更沒有任何有形的組織。他們只藉著寫作和聚會的方式討論所關懷的問題。湯姆森承認，文化思想是新左派最關切的焦點，不過，他否認自己忽視了經濟問題。他說：

新左派期盼從政治和經濟改善一些問題，使人們能在整體的生命中有所作為。……文化思想不只是牽涉到價值本身而已，嚴格地說，

---

39 David Childs, *Britain since 1945* (New York: St. Martins Press, 1979), 120-23.

40 Thompson, "The New Left," *The New Reasoner*, Vol.9 (Summer 1959), 1-17.

41 *Ibid.*, 1.

· 第六章 · 湯姆森夫婦的社會思想和史學思想

文化問題也是政治權力的問題。[42]

一九六○年，湯姆森正式創刊《新左派評論》（*New Left Review*），顯然地，這個時候湯姆森開始意識到「假使新左派要擴張的話，必須有一專職的辦公室，並有專人負責組織」。[43]一九六一年，經過一番努力，果然有四十多個組群參加「左派俱樂部」（Left Club），並且成立專職的委員會。湯姆森終於看見的理想和辛勞催生了新的雜誌和社團。從一九六二年以後，他在《新左派評論》的地位卻逐漸動搖。究其原因，與安德生的分歧不無關係。安德生比較偏向托派，其理論基礎奠立在阿圖塞的結構馬克思主義（Structural Marxism）之上。安德生自一九六一年起參與《新左派評論》的編輯。在他的縱橫謀略之下，這本雜誌日漸脫離湯姆森原來的方向，甚至還點名批判湯姆森。一九六三至六四年間，湯姆森幾乎完全失去了一手創辦的雜誌。

湯姆森提倡社會主義的人道思想，一直不違初衷。冷戰一直僵持不下期間，他一方面攻擊史達林主義，另一方面也攻擊北大西洋公約的意識形態（Natopolitan ideology）。[44]他排斥無產階級專制和中央集權官僚體系，同時也不接受溫和的社會改革。[45]他認為，朝向民主社會主義最佳的途徑便是非暴力的革命。[46]然而，如何反抗史達林主義和北大西洋公約意識型態？湯姆森並沒有提出具體的策

42　*Ibid.*, 11.

43　Thompson, "A Pressary in Ephology," *The New Reasoner*, Vol.10 (Autumn 1959), 5.

44　Thompson, "Outside the Whale," in his *The Poverty of Theory and Other Essays* (London: Merlin, 1978), 212-213.

45　Thompson, "At the Point of Decay," in his *Out of Apathy* (London: Steves & Sons, Ltd., 1960), 13-14.

46　Thompson, "Revolution," in *Out of Apathy*, 302.

223

略，而只是希望喚醒階級意識。[47]他不滿一般英國人對於公共事務
漠不關心；[48]有些知識份子，例如：奧威爾（George Orwell）和奧
丁（Wsytan Hugh Auden），對於國際間東西集團之對抗又太過於
悲觀。[49]因此，湯姆森堅信，新社會運動的目的不在於「贏取」勞
工運動，而是在於「轉化」它們。[50]可見，湯姆森失去了《新左派
評論》，卻沒有失去新左派運動的理想。他說：

新左派的誕生，首要的工作在打擊對政治和社會的冷漠。[51]

　　然而，新社會運動應該先喚起階級意識，這也是他寫作《英國
勞工階級的形式》的動機。從一九五六到一九六三年期間，桃樂
絲與湯姆森同進退，脫離共產黨，但是他們夫婦仍堅持馬克思主
義。唯一不同的是，桃樂絲不及湯姆森之賣力撰寫時論、批評當代
社會。湯姆森奮筆疾書研究英國勞工社會史的時候，桃樂絲也以
這個研究領域為主，只是在斷限上比較偏重稍晚一點的憲章運動
（Chartist Movement）。

　　一九六四年以後，湯姆森夫婦關懷現實政治社會問題不減當
年。從一九六四到一九七〇年，威爾遜（Harold Wilson）擔任英
國首相。離職後，不久，他出版《工黨的政府：1964-1970》（*The
Labour Govemment, 1964-1970: A Personal Record*）。湯姆森譏評，
這本書只不過是威爾遜為個人辯護的作品。按照湯姆森的看法，威

47　Thompson, "Revolution Again or Shut Your Ears and Run," *New Left Review*, Vol.6 (Nov./
　　Dec. 1960), 27.

48　Thompson, "At the Point of Decay," 9.

49　Thompson, "Outside the Whale," 214-18.

50　Thompson, "Revolution Again," 19.

51　*Ibid.*

爾遜執政六年期間，除了重組內閣，並沒有做出任何有意義的大事，尤其諷刺是，這個工黨政府為了自身的安穩而犧牲了勞工運動的利益。[52]一九六○年代中期，英國和許多國家的社會主義運動邁向高潮，學生運動也如火如荼展開。湯姆森毫不猶疑地加入學生的活動。在一篇短文中，他強調

唯有學生才能捍衛大學學術的本質，唯有學生能以學生「革命」（revolt）的新形式來達成這個理想。[53]

湯姆森的呼籲和參與，一時贏得稱讚，成為青年人心目中推崇的對象。

一九七○年，礦工和電力工人舉行示威活動，湯姆森積極支持。在《先生，在燭光下寫作》（*Sir, Writing by Candlelight*）中，他表示，當電力工人關閉電源，眺望遠處一片漆黑時，這些平日身「僕人」的工人突然間才能感受到平常他們所擁有的「權」何在。[54]湯姆森所關心的問題相當廣泛，所以經常提筆，探討時弊。這些短評，後來也集結成冊，書名是《在燭光下寫作》。[55]對湯姆森來說，此時令他最焦慮不安的，是許多左派年輕人醉心托派思想，進而影響工黨的決策。[56]湯姆森向來與托派人士扞格不入，為了挽回人心，他又再度宣揚莫里斯的思想，[57]並且鼓吹勞工運動應

52　Thompson, "Yesterday's Mankin," *New Society*, No.461 (July 29, 1971), 200-01.

53　Thompson, "The Business University," *New Society*, No.386 (Feb. 19, 1970), 301.

54　Thompson, *Writing by Candlelight* (London: Merlin Press, 1980).

55　Thompson, *Writing by Candlelight* (London: Merlin Press, 1980).

56　David Webster, *The Labor Party and the New Left*, Fabian Tract, No.477 (London: Fabian Society, 1986), 2-6.

57　Thompson, "Romanticism, Moralism and Utopianism: The Case of William Morris," *New Left Review*, No.99 (Sept.-Oct. 1976), 94.

以階級意識為基礎。[58]

　　桃樂絲身為左派女性史家，免不了思索有關女權運動的問題。在接受口述訪問時，她說，她有意避免女性主義（feminism）這個名詞，因為它的歧義太多，很容易釀成不必要的紛擾。她對有些女性主義者單憑兩性關係（gender）的概念衡量周遭世界深深不以為然，因為有時候，國家認同以及階段問題反而比兩性關係更具影響力，盲目的以女性主義評論所有問題未免太過於簡化和僵化。不過，桃樂絲的確關懷女性的地位，支持婦運的活動。[59]她所撰寫的史書中，不乏以解放婦女為主題。[60]除外，她也以女性的立場評論時事，例如，她反對英國出兵福克島（Falkland Islands）、抨擊美軍在歐洲的政策。這些文章後來收錄在她所編輯的《踩過我們的死屍：婦女反對炸彈》（*Over Our Dead Bodies: Women against the Bomb*）。[61]

　　湯姆森夫婦愈到晚年，愈積極反戰與反核。早在第二次世界大戰剛結束時，西方世界就興起和平運動和反核的勢力。一九五〇年代初期，廢止核武組織（Campaign for Nuclear Disarmament，簡稱CND）正式成立。湯姆森立刻表示支持。[62]一九六〇年，這個組織的會員激增，不過，古巴飛彈危機和美蘇兩國的低盪（detente），

58　Thompson, "The Business University Response to Tonny Benn," in *The Just Society*, eds. Ken Coats and Fred Singleton (Spokesman, Nottingham, 1977), 39.

59　周樑楷和張四德，"口述訪問E. P. and Dorothy Thompson"。

60　Dorothy Thompson, "Women and Nineteenth-Century Radical Politics: S Lost Dimension," in *The Rights and Wrongs of Women*, eds. Mitchell Juliet and Ann Oakley (London: Penguin Books, 1976), 112-38; and her "Women Work and Politics in Nineteenth-Century England: The Problem of Authority," in *Equal or Different: Women's Politics, 1800-1914*, ed. Jane Rendall (Oxford: Basil Blackwell, 1987), 57-81.

61　See D. Thompson, "Defend Us against Our Defenders," and "Building on the Positives: the U.S.A.," in *Over Our Dead Bodies*, ed. D. Thompson (London: Virgo Press, 1983).

62　E. P. Thompson, *Beyond the Cold War* (New York: Pantheon Books, 1982),xv.

卻又傷害了組織的活力。[63]美蘇兩大集團在一九七○年期間變本加厲,積極擴充核子武器。一九七九年十二月十二日,北大西洋公約組織(NATO)還宣布要現代化歐洲大陸的核武裝配。湯姆森得知這個消息後,異常忿怒,孰可忍孰不可忍,因而與反核人士,於一九八○年重組歐洲廢核組織(European Nuclear Disarmament,簡稱END,此字含「結束」之意)。[64]同年,英國國防部門發行一本小冊子,名為〈抗爭和生存〉(*Protest and Survive*),宣傳核子武器的必要性。湯姆森立刻反擊,以同樣的標題為篇名,諷刺英、美等北大西洋國家,及抨擊蘇聯等華沙公約(Warsaw Pact)的國家,[65]內心的焦慮和氣憤洋溢於字裡行間。

自從一九八○年以來,湯姆森夫婦經常訪問各地的和平運動工作者,足跡遍及美、法、德、荷、比、丹麥、挪威、芬蘭、捷克等地。[66]當然,筆和墨就是他們夫婦的最佳武器。湯姆森評量各地的領導菁英,質疑他們的心態,即使蘇聯也與美國一樣,都是帝國主義的國家。[67]蘇聯的領導者不斷威脅西部的疆界,其目的不外乎為了轉疑人民的目標,掩飾他們在政治、經濟上的失策。美、蘇等強國努力研發武器,其實是為了鞏固官僚體系的地位,至於市場上的需要倒在其次。美、蘇兩個猶如兩隻鯨魚一樣,任何人都無法

63　Peter Byrd, "The Development of the Peace Movement in Britain," *The Peace Movement in Europe and the United States*, eds. Werner Kaltefleiter and Robert Pfaltzgraff (London: Croom Helm, 1955), 64.

64　Thompson, *Beyond the Cold War*, xv; and his "The View from Oxford Street," in his Mag Dogs (London: Pluto Press, 1986), 148-49.

65　Thompson, *Protest and Survive*, eds. Thompson and Dan Smith (New York: Monthly Review Press, 1981), preface.

66　Thompson, *Beyond the Cold War*, 154.

67　Thompson, "Note on Exterminism, the Last Stage of Civilization," *New Left Review*, No.121 (May-June, 1980), 3-4.

擺脫他們。湯姆森夫婦憂心如焚，深恐世界的毀滅。這種心境，正
如波蘭左派思想家寇拉克烏斯基（Leszek Kolakowski）所說的，是
道道地地的左派。他說，所謂的「左派」，是永懷一顆「否定」
（negation）的心，但並不僅止於此，「否定」是有方向感的，含
有烏托邦（utopia）的本質。[68]湯姆森夫婦終生關懷人類的安危和
尊嚴，以社會主義的人道思想為宗旨，不斷「否定」。

湯姆森夫婦的史學思想

　　在《理論的貧困》（*The Poverty of Theory and Other Essays*）
這本書中，湯姆森收錄了四篇文章，都是他在一九六○至一九七八
年之間完成的。這本書名假使望文生義，可能會以為湯姆森是位反
對「理論」（theory），或缺乏「理論」的史家。這個問題並非表
面上的字義所能解決的，其中涉及湯姆森所指的「理論」是什麼？
他為何反對「理論」？尤其當「theory」中譯成「理論」時，可能
比英文字添加更多的歧義，這是中文讀者必須謹慎小心的。為了剖
析湯姆森夫婦的史學思想，本章得先探討湯姆森所指的「理論」的
內涵。

　　熟悉馬克思著作的人，應該知道他曾經撰寫《哲學的貧困》
（*The Poverty of Philosophy*）。從表面上來看，似乎馬克思棄絕了
所有的「哲學」，然而，實際上，馬克思反對的是普魯東（Pierre-
Joseph Proudhom）的「哲學」，或者更廣泛地說，馬克思有意批

68　Leszek Kolakowski, "The Concept of the Left," in his *Toward A Marxist Humanism* (New
　　York: Grove Press, 1969), 69.

判在他之前歐洲所有的「哲學」。值得留意的是，馬克思在反「哲學」之餘，其實也另闢蹊徑，開創了另種「哲學」。湯姆森撰寫文章，喜歡採用典故，《理論的貧困》和《哲學的貧困》之間只不過換個單字而已。湯姆森雖然拒絕應用「理論」，但他的作品中涉及有關歷史知識論的「理論」，就廣度和深度而言，並不見得遜於其他的史家。

湯姆森終生宣揚馬克思主義，因此首先要批判任何含有資本主義的歷史解釋。有些社會史家和經濟史家專門採用「經驗——實證論的取向」（empirical-positivist approach），湯姆森看待他們如同學術上的敵人一樣。在《英國勞工階級的形成》的序文中，對這些「樂觀派」（optimists）的經濟史家，深深不以為然。[69]湯姆森一再批評伽漢（Chapham）等「樂觀派」。[70]一九六四年，劍橋人口史及社會結構研究小組（Cambridge Group for the History of Population and Social Structures）成立，強調是化分析和社會科學理論的應用。湯姆森對這個學術社群的研究方法不敢苟同，認為他們過於熱中電腦，盲目崇拜科學的正確性，以及排斥非數量的、文字的證據。尤其，劍橋研究小組過於濫用「模式」（model）、「通則」（general law）或「理論」。[71]關於史家應用各種「理論」「模式」其來有自。比劍橋研究小組稍早一點，在一九五〇年代已有不少社會史家接受涂爾幹（Emile Durkheim）、帕森思

---

69 Thompson, *The Making of the English Working Class* (New York: Vintage Books, 1966), 12.「樂觀派」這個名詞來自Hammond，參見本書第三章。

70 Louis Althusser, *For Marx*, trans by Ben Brewster (London: The Penguin Press, 1696)；Althusser and Etienne Balibar, *Reading Capital*, trans by Ben Brewster (London: NLB, 1970) .

71 Tom Nairn, "The English Working Class," *New Left Review*, No.24 (March/april, 1964), 50.

（Talcott Parsons）和李維‧史特勞斯（Claude Levi-Strauss）等人的觀點。湯姆森認為，這種方法簡化了歷史現象的複雜性。在評論年鑑史家（Annales historian）時，湯姆森推崇布洛克（Marc Bloch）而貶抑布勞岱（Fernand Braudel），理由是前者較有變遷的意識，能掌握歷史的動態感。[72]湯姆森認為，歷史是種研究脈絡和過程的學問，任何「意義」（meaning）都得「放在脈絡中才有意義」（meaning-in-context），而結構的改變，是指舊形式能表現新功能，或者舊功能可以在新形式中展現。[73]湯姆森補充說，從脈絡中所得到的「類別」（categories）或「模式」應該通過測試和限定，並且放在歷史研究中評量，或者說，由於時間的變數，我們應該和它們維持相當的距離。[74]

湯姆森攻擊右派的，傾向資本社會的經濟史家和社會史家，就學術理由來說，是因為他們採用實證論的取向，漠視歷史的變異和複雜性。然而，在馬克思史學的陣營中，所謂的庸俗馬克思主義和結構馬克思主義（Structural Marxism）也有實證論的色彩，這也是為什麼湯姆森反對他們的基本理由。早年期湯姆森所撰寫的莫里斯傳記，已流露了他對個體性和特殊性的重視，以及反對刻板的公式。一九五六年，在〈社會主義的人道思想〉中，湯姆森稱呼史達林主義是庸俗馬克思主義，因為它是種教條主義和經濟決定論。史達林主義看待社會結構好比是套半自動化的機械一樣，上層結構（即思想文化的層面）只能隨著機械運動的模式擺動，毫無自主自

72　Thompson, "Folklore, Anthropology and Social History," *The Indian Historical Review*, Vol. 3 (Jan. 1978), 260-261.

73　*Ibid.*, 256.

74　*Ibid.*, 247-48.

動的能力。[75]一九五六至一九六〇年代之間,湯姆森與西方馬克思學者合作,共同批判史達林主義。他強調:

歷史研究既非生產大理論(Grand Theory)的工廠,也不是製造系列小型理論(midget theories)的生產線。[76]

　　繼庸俗馬克思主義之後,結構馬克思主義也遭受湯姆森攻擊。一九六五年,阿圖塞發表《何謂馬克思》(*For Marx*),而後於一九六八年又出版《閱讀資本論》(*Reading Capital*)。[77]阿圖塞的思想與湯姆森都屬於廣義的西方馬克思主義,也都是為了反對史達林主義而興起的。但他們雙方之間仍存歧見,宗派門戶之爭難免一觸即發。一九六四至六六年之間,先是安德生和奈恩(Tom Nairn)在《新左派評論》發表文章,攻擊湯姆森、伽特曼(W. L. Guttsman)和威廉斯(Raymond Williams)。其論點可分為兩方面:首先,關於歷史因果關係中,經濟物質因素和思想文化因素孰重孰輕的問題。奈恩不滿湯姆森等人太重視群眾的意議,換言之,過分強調思想文化因素的影響力[78]其次,關於工運的問題,是否需要「理論」。奈恩表示:「所有的勞工運動,所有的社會主義運動,都需要『理論』。」[79]安德生對湯姆森的評論,大致與奈恩相近,他也認為,應該有一整合的「理論」可以用來說明英國的社

75　Thompson, "Socialist Humanism," 111.

76　Thompson, "The Poverty of Theory," in his The Poverty of *Theory and Other Essays* (London: Merlin, 1978), 46.

77　Louis Althusser, *For Marx*, trans by Ben Brewster (London: The Penguin Press, 1969) ; Althusser and Etienne Balibar, *Reading Capital*, trans by Ben Brewster (London: NLB, 1970) .

78　Tom Nairn, "The English Working Class," *New Left Review*, No.24 (March/april, 1964), 50.

79　*Ibid.*, 57.

會。[80]對於這些批評，湯姆森當然還以顏色。不過，所採取的策略是，直接攻擊奈恩和安德生背後的認識論來源，換句話說，就是阿圖塞本人的思想。

湯姆森指責阿圖塞的結構馬克思主義是種「非歷史的空論」（ahistorical theoreticism）。其認識論可溯源自笛卡兒（Rene Descartes）的邏輯傳統，甚至天主教的神學，然而也受到史賓諾塞（Benedict de Spinoza）一元論（monism）的影響，以及吸納了近代的現象學、存在主義和馬克思主義。[81]換句話說，阿圖塞的哲學缺乏「經驗性的理念」，不懂得與實際的、具體的事務相互辯證對照。值得留意的是，湯姆森所謂的「經驗性的理念」並非經驗主義（empiricism）。[82]因為經驗主義者，例如，波柏（Karl Popper），認為治學的目的在於追求「理論」。[83]湯姆森顯然不會接受波柏的思想取向，當然也反對阿圖塞所提倡「理論」。

湯姆森強調，歷史是平實的、傾全力的、且扼要的。[84]他主張：

真正的歷史只有經過嚴肅的研究，它不可能單憑舉手之勞，套用模式而輕易獲得。史家應該力圖避免成為任何「理論」、「模式」的奴隸。[85]

不過，湯姆森並非對所有的理論模式一概置之不理。他所要突

80　Perry Anderson, "Socialism and Pseudo-Empiricism," *New Left Review*, No. 35 (Jan./Feb. 1966), 39.

81　Thompson, "The Poverty of Theory," 9.

82　*Ibid.*, 4

83　*Ibid.*, 20-22.

84　Thompson, "The Peculiarities of the English," in *The Poverty of Theory*, 275.

85　*Ibid.*, 276.

顯的是，實際問題與理論模式之間應該平衡對話，相互辯證。[86]他之所以批評阿圖塞的結構馬克思主義，因為他違反了馬克思本人的歷史方法。[87]如果以一條光譜來表示的話，阿圖塞站在比較傾向「分析」（nomological explanation）的一端，追求「理論」，而湯姆森則靠近「詮釋」（hermeneutic explanation）的一端，尊重個別具體的史實。他們兩人其實都沒有走極端、分別站在認識論的兩頭；相反地，是在馬克思主義的傳統內部爭論。所謂失之毫釐，差之千里，衝突的火花固然耀眼照人，實際的差別則不必太過渲染。湯姆森十分清楚自己並非全盤否定結構馬克思主義。

就某方面而言，沒有任何馬克思主義者不是結構主義者。當一個人討論一個社會時，他必須把社會當作整體，考慮所有的面向。

湯姆森如此強調，並且舉例說，《英國勞工階級的形成》就是有關結構主義的論著。[88]不過，在此應該格外小心，湯姆森所說的結構主義是指治史者應掌握歷史的整體性，而不是阿圖塞所謂的重視「理論」、「模式」的認知取向。

湯姆森反對任何有決定論色彩的「理論」、「模式」、「通則」或「原理」，他相信「歷史是種過程」，而且馬克思的思想是研究歷史的最基本觀念。馬克思本人並不相信有永恒不變的人性，或任何抽象固定的事體；他只提出「人是社會的動物」（men as social animals）及「人們創造自己的歷史」（men make their own history）。湯姆森全盤接受這兩個概念，而且說：

---

86 *Ibid*., 288.

87 Thompson, "The Poverty of Theory," 5.

88 "An Interview with Thompson," conducted by Merrill, 17.

馬克思和恩格斯從事歷史分析時，一向都留意社會意識（包括主動
的和被動的）和社會存在（social being）之間的辯證互動關係。[89]

　　歷史既然是辯證互動的，表示「歷史是種過程」，永遠不斷地
變遷；還有，歷史的動力是人們的意識和外在社會的互動產生的，
意　顯然是不可忽視的歷史原因。湯姆森夫婦和英國史家小組的成
員多半肯定以「階級意識」分析歷史，無怪乎他們自認為他們的
思想是種「人道主義」（humanism）。而阿圖塞卻自認為是「反
人道主義」（anti-humanism）。兩者的差異，主要是針對認識論而
發。所謂「人道主義」，是指研究歷史和社會現象時，應該重視人
們的思想、意識所產生的作用；它不是指一般倫理學上的人道思
想。阿圖塞本人標榜「反人道主義」，是為了強調經濟社會結構的
重要性，及貶低思想意識的作用。

　　湯姆森重視歷史事件的單一性、個別性，避免將它們「通則
化」或「理論化」。不過，歷史不能零散、毫無聯貫。湯姆森同
意，歷史事件是彼此有關聯的過程。但「過程」又有多種涵義。
進步史觀不僅肯定歷史的過程，而且突顯它的必然趨勢，這好
比「天路歷程」（Pilgrim's Progress）一樣，人生的旅途最終歸
向聖地。湯姆森當然反對這種過分樂觀的必然性。[90]又如，維柯
（Giambattista Vico）把歷史當作螺旋式盤轉而上，這也不合乎湯
姆森的意思。[91]湯姆森在《理論的貧困》，只認定有種「過程」，
但是它必須接受「人們製造歷史」這個概念的引導。他說，治史得
有「歷史的邏輯」（historical logic），依此才能善用歷史的材料，

89　Thompson, "Socialist Humanism," 113.

90　Thompson, *The Making of the English Working Class*, 23.

91　Thompson, "The Poverty of Theory," 86.

以便儘可能配合與結構、因果關係相連的假設性前提。[92]當湯姆森觀看英國史時，歷史是有過程的。一九六〇年，有篇短文〈再度革命〉（*Revolution Again*），內容便是談十九世紀初到一九六〇年期間英國史的「過程」。[93]再經三年後，《英國勞工階級的形成》也是以歷史的「過程」為主軸。[94]

湯姆森夫婦治史相當重視意識的層面以及其主動性，然而，畢竟是馬克思史家，他們反對菁英主義、批評以上層社會個人的思想為歷史的主因。他們強調意識的重要性，其論點與巴特費爾德、柯林烏等新觀念論者迥異，同時也與史達林主義者有別。因為這兩類學者都偏愛由上而下，以精準的理念來解釋歷史。相反地，湯姆森主張從下而上，注重階級意識如何發生作用、影響歷史。至於「階級」與歷史的關係，湯姆森表示：

藉著階級，我才能掌握歷史的現象，將一大堆散亂的、似乎不相干的史實串聯在一起。我強調有所謂的歷史現象，但我並不願把階級當作某種「結構」或「類別」，階級是在人與人的關係中實際所發生的，而且是可以指認出來的。[95]

由此可見，階級意識非但事實存在，為歷史中的一部分，而且它是主動自發的，因為「人們製造歷史」、「人們」屬於主詞，是有意識能力的主體。在工業資本社會中勞工儘管被壓迫，飽嘗艱辛，但勞工並非完全被動的犧牲品，他們應該有主動的意識、爭取他們的幸福。

92　*Ibid.*, 39.

93　Thompson, "Revolution Again," 25-29.

94　Thompson, *The Making of the English Class*, 23.

95　*Ibid.*, 9.

在《英國勞工階級的形成》中，湯姆森討論美以美教會與勞工的關係，其中便涉及思想文化的層面。不過，他並非將思想文化抽離出來，孤立的說明，相反地，他所要顯示的是，美以美教會的思想文化與十八世紀末的勞工運動息息相關。[96]湯姆森的研究取向，顯然與一味重視經濟物質因素的歷史方法不同。湯姆森處理思想文化因素時，反對把它當作「非人爲的因素」（impersonal factors）。換句話說，文化思想裡應該看得出來人們的「作用」和「主動性」。湯姆森十分推崇威廉斯所著的《長程的革命》（*The Long Revolution*），因爲這本書將文化與人們的整體生活聯結在一起。然而，美中不足的，這本書未能充分顯現意識的主體性，以致於只有「非人爲的因素」，而缺乏人們奮鬥爭取的積極性。[97]身爲馬克思史家，湯姆森樂意表現歷史中人們積極奮鬥的過程，而且，「歷史」與「現在」之間也應相互辯證，聯結在一起。湯姆森治史，對他本人而言，也是種主動自發、含有現實意識的社會關懷。史家和歷史之間，其實是主客交融在一起的，治史本身就是社會實踐。湯姆森指出：

勞工史並非記錄某些人的種種遭遇而已。勞工史應該是人們奮鬥，含有目標的歷史。

勞工起來反抗上層階級的統治，並非盲目的、對客觀經濟現況的直接反應。它是有理念、有價值導向的奮鬥。[98]

由此可見，湯姆森治史並非沒有「理論」，他的「理論」顯然

96　*Ibid.*, 37-54.

97　Thompson, "The Long Revolution," *New Left Review*, No.9 (May/June 1961), 28.

98　Thompson, "Commitment in Politics," 52.

以馬克思爲依據，活學活用「人們製造歷史」這個概念。他的「理論」反對生硬使用任何「通則」、「模式」、「類別」。例如，有些人把「階級」看作天生不變的，被決定的，那就是把「階級」硬變成社會的「類別」，這種「理論」是湯姆森所反對的。

除了階級意識，湯姆森也重視道德因素。以莫里斯爲例，湯姆森有意將這位傳記主刻畫成社會主義者、現代資本社會的批判者，以及道德家。湯姆森認爲，所有的革命份子都應瞭解建立共產社會不僅需要社會、經濟的革命，而且也需要道德的革命。[99]換句話說，道德、權力和經濟的革命之間是互動的。而莫里斯就是位活生生的例子，他把三者合而爲一了。[100]湯姆森曾說：

階級鬥爭的歷史同時也就是人類道德的歷史。[101]

這句話似乎過分化約了，但我們只要知道他所要強調的用意也就無妨了。所謂的「道德」，並不是泛泛之稱，指一般倫理學上的道德。「道德」應該是種意識，與社會變遷互動的，關懷芸芸眾生，包括所有的男性和女性。「道德」與環境背景聯結在一起，密不可分。[102]湯姆森對「道德」的見解，嚴格地說，並非個人的創見。恩格斯（Fridrich Engels）曾經討論「道德」和法的關係。他說：

因此，我們駁斥一切想把任何道德教條當作永恆的、終極的、從此

99　Thompson, *The Communism of William Morris* (London: The William Morris Society, 1965), 18-19.

100　*Ibid.*, 17.

101　*Ibid.*

102　Thompson, "Socialist Humanism," 125.

不變的道德規律強加給我們的企圖，這種企圖藉口是，道德的世界
也有凌駕於歷史和民族差別之上的不變的原則。相反地，我們斷
定，一切已往的道德論歸根到底都是當時社會經濟狀況的產物。而
社會直到現在還是在階級對立中運動的，所以道德始終是階級的道
德。[103]

　　很不幸地，史達林主義根本忽略了這個觀念，結果把道德當作
純屬於階級的。為了避免人們重蹈覆轍，走回史達林主義的老路，
湯姆森強調「人有潛在的道德性」，他這個觀念來自莫里斯，可以
和馬克思及恩格斯的思想互補。[104]湯姆森說：

共產主義的目的不是政治的，而是為人類的。或者說，是為了改變
人類，從動物走向初期人類，以至於成為完人。[105]

　　由上可知，湯姆森在馬克思主義的傳統內比任何人都重視「階
級意識」和「道德」之存在和作用。湯姆森的思想曾經被人稱作
「文化社會主義的人道思想」（cultural-socialist humanism）、或
「文化的馬克思主義」（culturalist Marxism）。這種稱謂含有貶
抑之意，影射湯姆森背離馬克思的思想，偏向唯心論了。例如，
強森（Richard Johnson）所撰的〈湯姆森、錢諾斯和社會主義人道
思想的歷史〉（*Edward Thompson, Eugene Genoverse, and Socialist-
Humanist History*）一文，便強烈批判湯姆森的不是。[106]這個爭論涉

103　恩格斯，〈道德和法，永恆真理〉，錄於《馬克思恩格斯全集》第三卷 (北京：人
　　民出版社，1975)，133-134。

104　Thompson, "Socialist Humanism," 125.

105　*Ibid.*

106　see Richard Johnson, "Edward Thompson, Eugen Genovese and Socialist-Humanism
　　Theory," *History Workshop*, issue 6 (Autumm 1978) .

及馬克思主義傳統內的門戶之間，有關「經濟物質因素和思想文化因素孰重孰輕」的基本問題。湯姆森某種程度接受這種評語，承認《英國勞工階級的形成》的確有點忽略經濟的層面。[107]然而，這是屬於實際寫作的問題，就理想上來說，湯姆森同意歷史是個整體，文化的和非文化的因素之間的互動都得同等對待。[108]如果後人以「文化主義者」（culturalist）這項帽子扣在湯姆森頭上，不僅有失公平，而且也失之粗暴、忽略他的整體史觀。

湯姆森重視思想文化因素，從史學史的角度而言是有時代意義的。自從一九六○年代或一九七○年初期起，西方史學界有股趨勢，愈來愈重視文化史。英國牛津大學魯斯金學院（Ruskin College）的成員大都是左派的學者，熱中勞工的歷史，發行《歷史工作坊》（History Workshop）雜誌。他們不諱言重視「人民百姓的歷史」（peoples history），其中包括大眾文化的研究。這些成員（例如Raphel Samuel）就比較偏愛湯姆森、稱讚他的史學和社會思想。[109]不過，伯明罕大學（Brimingham University）的當代文化研究中心（the Centre for Contemporary Cultural Studies，簡稱CCCS），對湯姆森的文化論頗有微詞。這個中心的成員（例如，Richard Johnson, Stuart Hall和John Clark）基本上較重視葛蘭西（Antonio Gramsci）的思想。[110]強森認為，葛蘭西在歷史主義及結

---

107 Thompson, "The Politics of Theory," in *People's History and Socialist Theory*, ed. Raphael Samuel (London: Routledge & Kegan paul, 1981), 404.

108 *Ibid.*, 398.

109 Ralphel Samuel, "People's History," in *People's History and Socialist Theory*, ed. Samuel, xvi, xix-xx; and see also Samuel, "On the Methods of History Workshop: A Reply," *History Workshop*, issue 9 (Spring 1980) .

110 Richard Johnson, eds., *Making Histories: Studies in History-Writing and Politics* (Minneapolis, MN: University of Minnesota Press, 1982), 11.

構主義之間比較偏重後者，而這正是湯姆森所忽略的。[111]而霍爾主張文化研究必須借重「概念」或「理論」，[112]這正也是湯姆森所反對的。對於這些成員的批評，湯姆森部分表示同意，因為實際上他也借用了葛蘭西的「文化霸權」（cultural hegemony）討論勞工的文化活動。[113]只不過在知識論上各有所堅持，當強森和霍爾肯定「概念」和「理論」時，湯姆森比他們更留意歷史的經驗事實。我們可以說，湯姆森比這些文化研究的學者更具有史家的本色。

一九七〇年以來，許多學者應用人類學研究武術、信仰、儀式及文化上的問題。湯姆森隨著這股潮流，也利用民俗、習慣、儀式、通俗音樂來研究十八世紀的平民意識。然而，很有意思的是，湯姆森仍然一如往昔，警告人類學者和馬克思學者，不要陷入「理論」的危機，硬把上層文化和經濟問題區隔。[114]人類學者如能尊重史實，從事嚴謹研究，是值得嘉許的。例如，湯姆森頗為欣賞多瑪斯（Keith Thomas）所著的《宗教和魔術的式微》（Religion and the Decline of Magic）。[115]湯姆森身為馬克思史家，尊奉馬克思的思想為臬圭，並藉此研究歷史和觀看現世。然而，如同「人是社會的動物」這句話所隱含的深意，任何人都與他生長的環境有關。湯姆森是位英國知識份子，思想上自然也染上該國的色彩。湯姆森在論述中，喜歡提起培根（Francis Bacon）、布萊克（William Blake）和達爾文（Charles Darwin）的貢獻。他說，從達爾文和馬

111 Johnson, "Edward Thompson, Eugen Genovese and Socialist-Humanism History," 91.

112 Stuart Hall, "In Defense of Theory," in *People's History and Socialist Theory*, ed. Samuel, 385.

113 Thompson, "Folklore, Anthropology and Social History," 254.

114 *Ibid.*, 261.

115 Thompson, "Anthopology and the Discipline of Historical Context," 48.

克思兩人，可以看見「創造——破壞」（making-and-breaking）之間的辯證，「概念化預設（conceptual hopotheses）與經驗性事實」之間的辯證。[116]換句話說，湯姆森發現，在認識論的層次上，達爾文和馬克思的思想可以相通、結合在一起。另外，在道德層次和社會批判上，湯姆森也認爲馬克思可以和莫里斯互補。[117]湯姆森爲了解釋他何以把馬克思主義根植在英國的學術傳統裡，有封公開信給寇拉克烏斯基，內容說，他和波蘭籍的寇拉克烏斯基都受本國文化的限制，而忽略了國際間馬克思思想的論述。然而，他又說：

我又不能飛翔……我瞭解自己受限於浪漫主義的道德理念，我的經驗式觀點頗爲短視，還有，我笨拙的雙翼，假使我要飛翔，勢必掉落在（英吉利）海峽之中。[118]

這段隱喻式的話，既是自謙，也是事實。不過，我們應當留意，自從他接受馬克思主義時，就告訴自己，不要只當個「拷貝人員」，而應該當個眞正馬克思思想的「工藝者」（craftsman）。[119]這裡，他所謂的「工藝者」，意思是懂得變通創造，活學活用的人。湯姆森肯定英國學術傳統，但他並沒有說要把英國學術文化推廣到全世界各地。[120]他拒絕說自己是位「文化的國家主義者（cultural nationalist）；相反地，他肯定自己是「英國的民粹社會主義者，而且是位帶有英國語調的國際主義者。」[121]桃樂絲的史學

---

116 Thompson, "The Peculiarities of the English," 274.

117 Thompson, *The Communism of William Morris*, 17.

118 Thompson, "An Open Letter to Leszek Kolakowski," in *The Poverty of Theory*, 319.

119 *Ibid.*, 328.

120 *Ibid.*, 333.

121 Thompson, "Forward" to *The Poverty of Theory*, v.

思想與湯姆森相似。她同意馬克思的名言「人們製造歷史」，也採用階級意識撰寫歷史。有人批判湯姆森時，桃樂絲偶爾也操刀，起而反擊。[122]例如，討論「階級」這個概念時，桃樂絲強調一八二○、三○及四○年代勞工激進份子所謂的「階級」與馬克思討論的「階級」並不太一致。當今有不少史家太受社會學影響，套用「階級」概念，討論馬克思主義和勞工史，這是非常危險的。[123]不過，在訪談中提起有關湯姆森對「理論」的看法時，桃樂絲認為，湯姆森的確有點矯枉過正，難怪他的《理論的貧困》很容易讓人誤解。[124]桃樂絲希望文化和物質因素應力求平衡，在實際的歷史作品中，桃樂絲對這個史學問題的處理，要比湯姆森本人平穩。

英國社會史的解釋觀點：從平民文化的活動到勞工文化的形成

　　湯姆森夫婦從一九五○年代開始研究英國的勞工史。桃樂絲撰寫〈工業地區的憲章運動〉（*Chartism in Industrial Area*）一文，首先留意憲章運動的史料。[125]湯姆森在〈上帝、國王和法律〉（*God and King and Law*）中，評論兩本有關彼得盧慘案（Peterloo Massacre）的史書。他們夫婦這兩篇文章不僅象徵他們對英國社會

122　如Craig Calhoun, *The Question of Class Struggle* (Chicago: The University of Chicago Press, 1982) .

123　D. Thompson, "Decoding the Dissidents," *Time Literary Supplement* (Feb. 18, 1983), 162.

124　周樑楷和張四德，"口述訪問E. P. and Dorothy Thompson"。

125　D. Thompson, "Chartism in Industrial Area," *Amateur Historian*, Vol. 111 (1956), 13-19.

史研究的開端，而且都選擇了與勞工積極爭取權力有關的史實。[126] 湯姆森反對把階級當作靜態的概念。他表示，從一七八〇年到一八五〇年期間，勞工有股主動的力量，積極反抗新的工廠制度。勞工們雖然未必事事追求社會主義，但是他們絕對不贊成工業文明。[127]

一九六三年以後，桃樂絲繼續研究憲章運動，湯姆森則轉而研究十九世紀的社會。他之所以如此安排，部分原因是桃樂絲已從事憲章運動史了，他必須往早期的社會史研究，另外，就是他有意追溯一七八〇年以前的平民意識，因爲《英國勞工階級的形成》以一七八〇年爲起點。[128]到了一九七八年，湯姆森果然如自己所期盼的，完成了不少重要作品，涉及早期英國的平民社會，其中有《惠格人士與獵人》（*Whigs and Hunters*）。他研究十八世紀的群衆、抗暴者和平民。一言以蔽之，其動機都是爲了彰顯英國「叛亂」的文化傳統。[129]然而，一九七八年以後，他因全力投入和平運動，少有社會史的研究。倒是桃樂絲堅守崗位，一直研究憲章社會史，從平民文化起到勞工階級的形成，而桃樂絲的作品正是這條歷史主軸的最後一章。

湯姆森一向反對套用「封建制度」、「資本主義」、「中產階級」、「現代化」等等術語分析歷史。[130]歷史並非靜態的現象，可是有些人提起「階級」，就誤以爲有個固定不變的「階級」存在那兒。歷史應是個流動的過程，例如，十八世紀的前七十年，英國

---

126 E. P. Thompson, "God and King and Law," *The New Reasoner*, Vol.3 (Winter 1957), 69-86.

127 Thompson, "Revolution Again," 25.

128 "An Interview with E. P. Thompson," conducted by Merrill, 14-15.

129 Thompson, "Eighteenth-Century English Society: Class Struggle with Class," *Social History*, Vol. 3, No. 2 (May 1978), 154.

130 *Ibid.*, 133.

是個農村式的中產階級社會，是由地主和商業人士妥協而成。[131]這些人大約於一六八八年奠立了社會力量。[132]從一七七○到一七八○年，地主士紳（landed gentry）的身分並非根據「出生」血緣，而是以他們的地租收益來決定。因此，這段期間的「階級」只能當作政治上次要的因素。[133]追求財物、利潤才是此時的要務；所以「惠格黨人士是掠奪者，托利黨人士也是掠奪者」，他們都是一丘之貉。[134]

十八世紀的英國社會，雖然不像沙皇時代的俄國或明治天皇時代的日本，父權高高在上，然而，父權文化仍居霸權。湯姆森舉例說明這種現象。在〈十八世紀英國群眾的道德經濟〉（*The Moral Economy of the English Crowd in the Eighteenth Century*）一文中，特地指出，當時一般平民仍然維護著傳統的權利和習俗，社會上仍具有普遍的共識。[135]十八世紀的小冊子作家支持當時的經濟制度，道德的動機遠高於經濟的。可是，一七六○年代以後，「零售」（pitching）市場式微，中間商操縱了農民的糧食，農民只能飽受自由放任經濟政策的剝削。[136]

〈時間、工作規範及工業資本主義〉（*Time, Work-Discipline and Industrial Capitalism*）是篇受人重視的文章。湯姆森從中古時代農業社會談起，那時候人們的「時間」以工作為導向。人們少

---

131 *Ibid.*

132 *Ibid.*, 162.

133 *Ibid.*, 138,141.

134 *Ibid.*, 142.

135 Thompson, "The Moral Economy of the English Crowd in the Eighteenth Century," *Past and Present*, No.50 (Feb. 1971), 78.

136 *Ibid.*, 87-90.

有「勞動」與「消耗時間」相互矛盾的觀念。[137]十四世紀，商業興起，於是開始衡量生產單位的經濟價值和勞工的生產力。爲了達到這個目的，計時器成爲必備品，公共場所常設有大型鐘供人參考。湯姆森更進一步強調，擁有鐘或錶，不僅可以計時，而且像徵某種特權。[138]接著，到了十八世紀，國內手工業區域發起「節約時間」（time-thrift）的觀念，結果把人們的作息規範得非常僵硬緊湊，不再如同農業時代的優閒自在。湯姆森避免評論這兩種生活態度孰優孰劣，然而工業社會的時間規範已使人們不再自由、無法隨心所欲。馬克思所謂的「異化」（alienation）已展露無遺。

湯姆森在作品中刻意表現平民奮鬥、反父權社會的經過情形。所以舉凡各種社會反抗運動，不分區域、性別、職業，都是他討論的對象。[139]有些經濟史家（例如，T.S. Ashton, J. Sykas, W.W. Rostow）喜歡把這些反抗活動當作因經濟問題而起。然而，湯姆森舉實證反駁，說明農業生產豐收之際也常常有農民抗爭行爲。[140]可見，經濟因素不能解釋所有問題。除外，爲了突顯平民大眾的意識，湯姆森也處理音樂、劇團等文化活動。因爲惟有透過這些活動最能反映下層社會對上層社會的「否定」。[141]

法律也是文化的範疇之一。湯姆森爲此特地研究一七二三年通過的「黑色法案」（the Black Act）。這個法案之提出，因爲當時

---

137 Thompson. "Time, Work-Discipline, and Industrial Capitalism," *Past and Present*, No. 38 (Dec. 1967), 60.

138 *Ibid.*, 69.

139 Thompson, "The Moral Economy of the English Crowd in the Eighteenth Century," 115-134.

140 *Ibid.*, 79.

141 Thompson, "The Crime of Anonymity," in Albion's *Fatal Tree: Crime and Society in Eighteenth-Century England*, ed. Al. Douglas Hay (New York: Pantheon Books, 1975), 304.

下層社會人士常常偷取鹿隻、盜伐樹林、破壞皇家森林的事件。這些人經常將臉抹黑，利用夜間從事犯罪行為。政府為了防患於未來，於是通過法案，執行公安。湯姆森指出，這個法案顯然是漢諾威惠格人士（Hanoveriam Whigs）的統治工具，而平民的行為正是他們抗爭的活動。[142]這件事反映了下層社會的窮人不甘心永遠當作犧牲品，他們已經懂得主動的抗爭，同時也展露了他們的文化，只是他們處處仍然受士紳霸權的宰制。[143]

如果一一閱讀湯姆森所撰寫的、有關十八世紀社會史的作品，可以發現他很少使用「階級」這個術語來區分平民和統治者。因為，「階級」既是經濟的，也是文化的。他說：

勞階級是種關係而非東西，它不是靜態的，而是歷史的，勞階級是依時間演變的社會過程。我們可以知道有階級，乃是因人們反覆以階級的方式處理問題。[144]

湯姆森認為十八世紀英國社會的「階級」還不夠成熟，社會上的抗議行為仍欠缺主動性和積極性。換句話說，十八世紀的抗議行為還相當保守，以維護舊傳統為主。[145]

一七八〇或九〇年代起，英國社會日漸成熟，形成勞工階級。湯姆森強調，工業革命和法國大革命扮演了重要的角色。革命期間，英國的雅各賓和激進主義挑戰地主和商人。在《英國勞工階級的形成》的第一個單元中，描寫他們的活動和文化。當時，有許

---

142 Thompson, *Whigs and Hunters: The Origins of the Black Act* (London: Penguin Books, 1975), 259-264.
143 Thompson, "Eighteenth-Century English Society," 158.
144 *Ibid.*
145 *Ibid.*, 150-153.

多教派，社會的異質性高，不容忽略，湯姆森逐項描述他們的事蹟。[146]從這些詳實的細節中，可以歸納湯姆森撰寫歷史的取向，那就是：重視宗教和社會異議人士的關係。

除了宗教派別外，湯姆森也從啟蒙運動人權觀念討論社會史。他推崇佩恩（Thomas Paine）的影響。[147]不過，十八世紀末，勞工運動的改革者接受人權觀念時，仍有部分缺點。簡單地說，他們的妥協性格較強，常常想要擔任下層社會與中產階級之間的橋樑。[148]一七九三年以後，英國的政府加強限制人民的政治活動，結果因路線不同，雅各賓派的知識份子終於和工匠及勞工分裂。[149]許多激進份子被捕入獄、或者流亡國外。人民社團組織（如the London Corresponding Society）的人數頓減。[150]儘管如此，在挫敗和困頓中，仍有激進勞工領袖（如John Binnes）繼續為成人投票權及年度國會而奮鬥。由此可見，當時的社會階級意識已經浮現出來，可惜還不夠穩定，欠缺實力基礎。

《英國勞工階級的形成》第二單元，主要描早期工業社會中勞工的各種困境。剝削是最嚴重的和最普遍的現象。湯姆森用盡心血，蒐集史料，並且耗費許多筆墨細心描述。他批判，經濟史家只知憑藉量化及通則從事研究、偏重物質經濟的層面，而完全抹煞勞工被剝削的實況。[151]湯姆森也避免把勞工當作被壓榨、不知抗爭的犧牲品。他指出，一八一五和一八一九年，激進份子的表現值得嘉

---

146 Thompson, *The Making of the English Working Class*, 24.
147 *Ibid.*, 111.
148 *Ibid.*, 139.
149 *Ibid.*, 175.
150 *Ibid.*, 140.
151 *Ibid.*, 213.

許。[152]然而，此時社運人士所採的策略各有不同，史實非常複雜。
湯姆森只好耐心描寫，一一加以評論，充分表現了重視經驗事實研
究的史家本色。

一八二○年到一八三○年的社會，顯得比較平靜安定；然而，
這個時期對勞工階級意識的形成仍然有貢獻。湯姆森舉工會、合作
社的成長、歐文思想（Owenite theory）為例，說明它們的作為。
這個時期，爭取出版自由是項重要成就。[153]勞工階級的觀念從此
可以藉著出版、演講、會議等流露出來，並進而促進激進團體的
組成。湯姆森重視勞工的文化，並且細分此時的勞工文化有四大
類；[154]而後證明說，此時的勞工階級意識終於成熟。[155]湯姆森還進
一步指出，一八三二年象徵英國勞工階級正式形成。從一八三二年
至一八四八年，勞工積極展開活動。湯姆森把這個時期的研究留給
了桃樂絲。

桃樂絲也以階級意識的歷史概念處理憲章運動。她批判早期的
研究者太偏重意識型態的議題，或者過於簡化少數運動領導人的忠
誠度。[156]桃樂絲和湯姆森一樣，考量整個運動的複雜性，所以她寧
可按照時間、空間的差異，從事地毯式的研究。她表示：

我們應當注重憲章運動中社會和思想的因素，這比探究領導人還重
要。大家也許同意這個運動在各地的差別性，然而，他們往往又把
史實簡化成從工會及工業結構來看問題，以致於輕視了各地方的特

---

152 *Ibid.*, 603.
153 *Ibid.*, 729.
154 *Ibid.*, 762.
155 *Ibid.*, 711.
156 D. Thompson, "Notes on Aspects of Chartist Leadership," *Bulletin of the Society for the Study of Labor History*, No.15 (Autumn 1967), 28.

殊性。[157]

　　桃樂絲主張以通觀平衡各種層面，如全國性與地方性之間，普及性與特殊性之間，都應盡量顧及在內。[158]有些人以一八三八年當作憲章運動的開端，桃樂絲不以爲然。她認爲，早期憲章運動與選舉權改革法案（Reform Bill）之通過有關。從一八三二到一八三八年期間，各種抗議活動層出不窮，這是不容忽視的。[159]接著，從一八三八至一八四八年，憲章運動臻於高峰。一八三八年人民憲章（People's Charter）草案完成。但桃樂絲嫌它有點溫和，而且全國憲章協會（National Charter Association）的影響力也未及全國各地。桃樂絲比較重視，一八三九年二月四日召開的勞工階級全國大會（General Convention of the Industrial Classes）。從這個大會之後，許多小書報販、店員、雜貨店員、教士、婦女、兒童紛紛參加憲章運動。他們以傳統的嘉年華、戲劇表演、及其他大衆文化，表達憲章運動的六大訴求。這個時候，許多農工未能參加這項運動，大部分中產階級也鮮少同情憲章運動者。到了一八四二年以後，暴力事件有減緩的趨向，衝突事件也減少了。尤其到了一八四八年，憲章運動分裂爲數個團體，並且從此式微。桃樂絲跟之於經濟與文化的原因。從一八四八年起，經濟好轉，勞工收入增加，形成所謂的貴族勞工（aristocratic laborers），中產階級的價值觀佔上風，而且勞工階級轉向自由黨的體制。[160]

　　除了憲章運動史，桃樂絲也研究婦女史和愛爾蘭史。她提供證

---

157 *Ibid.*, 29.

158 D. Thompson, "Introduction" to *The Early Chartists*, ed. D. Thompson (London: Macmillam Press, 1971), 16.

159 D. Thompson, *The Chartists* (London: Temple Smith, 1984), Introduction.

160 *Ibid.*, 322-325

據，證明一八三〇年以前婦女已參與社會改革運動。一八三〇年以後，婦女更積極與男性合作為政治議題而抗爭，其中如女性的投票權。可惜，當時候大多數的憲章運動者比較注重階級，而輕忽性別。[161]至於有關愛爾蘭的歷史，桃樂絲也抨擊前人的史觀。[162]她舉證說明，愛爾蘭人在憲章運動中並未缺席。甚至於早期的工會領袖中也有愛爾蘭人。然而，勞工之間免不了種族和宗教歧視。[163]大體而言，整個憲章運動已呈現英國社會的勞工意識。

湯姆森夫婦很少討論十九世紀中葉以後的歷史。細心閱讀他們的作品，仍然可以發現他們對英國史有個基本架構。大致而言，從一八四八到一八八八年，因經濟復甦，勞工意識有點冰釋。技工們大多只顧自己的利益，而生手工人卻變得冷漠了。一八八九年起，有碼頭工人大罷工，新工會（New Unionism）出現，獨立工黨（Independent Labor Party）成立。這些現象反映了新的革命性意識再興。湯姆森同意一八八九到一九一〇年的工運非常重要。不過，他自己所處的時代勞工階級意識卻又萎靡不振，湯姆森內心無限渴望新的勞工階終意識興起，他自己也為此奉獻心力，只遺憾一九八〇年以後形勢比人強，湯姆森及其夫人顯得有點力不從心。他們只能扮演永遠的左派人士，朝著理想遠景，不斷「否定」，體現激進壯美的生命意識。

---

161 D. Thompson, "Women and Nineteenth-Century Radical Politics: S Lost Dimension," 132.

162 D. Thompson, "Ireland and the Irish in English Radicalism before 1950," in her *The Chartist Experience Studies in Working-Class Radicalism and Culture, 1830-60* (London: Macmillan Press, 1982), 120.

163 *Ibid.*, 129-136.

結語

　　湯姆森夫婦在所撰寫的作品中，指出英國社會史有段「歷史的過程」，從十八世紀的平民文化到十九世紀中葉的勞工階級文化。這段「過程」，不必然一切平順、持續「進步」，但是，它是種「線型的過程」（linear process）。順著這條主軸，可以看出歷來人們如何有意識創造自己的歷史，或者說，芸芸眾生、普通百姓如何為他們的社會奮鬥、努力爭取。這也是為什麼《英國勞工階級的形成》英文書名採用進行式的「making」。湯姆森探討一六八八到一七八〇年之際，英國平民文化如何展人們鬥爭的意識。至於一七八〇到一八〇八年之間，湯姆森就以工筆的方式，精緻描述勞工意識成長奮鬥的過程。

　　湯姆森夫婦對歷史之研究，與他們的現實背景息息相關，同時也與馬克思主義結合在一起。早年他們參加英國共產黨，接受史家小組的培訓。一九五六年，因共產世界發生驚天動地的事故，他們毅然決然退黨，攻擊史達林主義，並且進而提出「社會主義的人道思想」。他們的作品中流露濃郁的現實觀點。馬克思的歷史思想：即「人們製造歷史」，不僅深深影響湯姆森夫婦的史觀，而且也塑造他們的人生哲學。研究歷史時，湯姆森質疑任何形式的「通則」、「模式」和「理論」。但他同意，假設通則和個別事件之間應該相互「經驗式的對話」。《理論的貧困》不僅抨擊史達林主義、結構馬克思主義，而且也批判任何「分析解析的取向」。

　　湯姆森夫婦強調，應該把社會當作整體來研究，歷史是經濟物

質和文化思想間複雜的互動關係。他們有意把太偏向經濟決定論的
思想拉回文化的一端。所以，湯姆森在實際作品中強調文化的因
素，但他還不致於成為極端的文化論者。這方面，桃樂絲比較有警
覺性。然而，重要的是，湯姆森有意給馬克思主義帶來新的生命和
活力，所以他以英國的文化傳統補充馬克思的思想。湯姆森批判工
業資本社會，卻又對中古農業社會心存懷念。他既非文化的國家主
義者，也不是保守主義者，而是個真正的左派，對未來懷有一片憧
憬。他和桃樂絲共同譜出馬克思主義的變奏曲。他們以英國的腔調
呈現馬克思主義的音符和內在活力。

· 結論 ·

左派社會史家與近代英國史學的發展

　　從湯恩比、衛布夫婦、漢蒙夫婦、柯爾夫婦，到霍布斯邦和湯姆森夫婦等十位左派社會史家，總共跨越三個世代，涉及一百多年英國的政治和思想史。因爲他們的研究領域都與工業革命以來的勞工社會有關，而且個個都富有社會關懷的現實意識。所以綜合評論他們的思想可以得知近代英國史學的發展。

　　湯恩比和衛布夫婦同屬於第一代史家。湯恩比英年早逝，學術著作有限。不過，他開啓「工業革命史」的研究，拓墾嶄新的學術領域。在維多利亞女王執政的中期，表面上經濟繁榮，國力鼎盛，其實社會上，階級之間的鴻溝卻日漸加深。尤其在一八七〇年代末期以後，因爲經濟衰退，增強了勞資的緊張關係。湯恩比有意改善現實問題，憑著一介書生，倡言社會改革。就思想層面來說，湯恩比深受恩師格林的影響，所以偏向觀念論取向及左翼的自由主義。扣緊這個核心問題，就可以迎刃而解，他何以同情勞工，關心他們在心靈上的困境。同時也可以明白，他爲何是爲位「悲觀派史家」的先驅。衛布夫婦自從成爲社會主義的信徒以後，積極參與費邊社及其他社會運動。《工業民主》和《英國的合作社運動》這兩本成名作，奠立了他們在史學界的地位。同時，也促使勞工社會史的研

究注重「團體組織」的發展。他們的歷史認識論，基本上受史賓塞實證論的影響，偏重尋找歷史因果的「通則」，希望藉著勞工「團體組織」的功能，討論它們在社會上運作的功效。在實務上，衛布夫婦本人也參與費邊社、工黨或其他「團體組織」，其策略不外乎採用溫和漸進的方式改變社會的體制。

　　漢蒙夫婦和柯爾夫婦出生於一八七○年代及一八八○年代之間，屬於第二代的社會史家。十九世紀末，歐洲和英國的現實政治問題叢生。其中比較重要的，例如，一八八六年自由黨分裂。而後，南非波耳戰爭、以及第一次世界大戰爆發。漢蒙夫婦的立場偏向左翼的自由主義和觀念論所以偏好討論歷史因果關係中有關思想文化的層次，並且關注下層社會人士在內心深處的苦楚。我們可以說，漢蒙夫婦繼承了湯恩比的史學理念，同屬於觀念論的系統。然而，漢蒙夫婦及其同輩的自由主義者，因為他所處的外在環境已經變質，遠不如維多利亞女王中期，所以他們心目中的「黃金時代」既不是當下、也不是未來的世界，而是已成為明日黃花的過去。在漢蒙夫婦所撰寫的有關勞工社會史的三部曲，字裡行間處處流露悲觀和懷舊的情調，與湯恩比的現實意識、生命意識略有不同。柯爾夫婦早年便加入社會主義的組織。由於不滿費邊社內部衛布等「四巨頭」的專權，毅然決然退出這個左派文人的團體。從此柯爾夫婦提倡民主的社會主義，鬆綁少數個人在組織內獨攬大權。柯爾夫婦的社會改革理念其實根源於盧梭和莫里斯的觀念論，特別彰顯「共同合作的意志」和歷史想像力。不過，柯爾夫婦的史學思想在譜系上不如湯恩比、漢蒙夫婦之偏向觀念論，這也是為何他們夫婦重視勞工組織的功能的原因，這是他們與衛布夫婦仍然一脈相承的所在。

霍布斯邦和湯姆森夫婦是英國第二代的馬克思史家。不過，就英國社會史來說，他們屬於第三代。第二世界大戰之前，這三位史家都還在學校求學。然而，由於個人的家庭和社會環境關係，他們加入共產黨的外圍組織，並且接受馬克思主義的洗禮，奠立專業史家的基礎。一九五〇年代初期，他們都為《過去與現在》雜誌效力，尤其霍布斯邦還擔任助理編輯，參與撰寫「創刊詞」。一九五六年共黨世界的巨變，許多馬克思知識份子重新反省，並進而唾棄教條化的馬克思主義（或稱史達林主義）及脫離共產黨。霍布斯邦和湯姆森夫婦都有意恢復馬克思本人的思想，重振左派史學的生命力。從馬克思主義傳統內部的思想來看，他們三人遠離決定論或唯物論，鄙視任何僵化的「理論」、「通則」或「模式」，而且抨擊「物質、經濟因素」的思惟取向。他們三人都有意突顯「階級意識」、「勞工文化」、「文化因素與社會運動的互動關係」。簡要地說，他們朝向馬克思主義中比較「文化取向」的一端。然而，並未走火入魔成為「文化取向論者」。他們的基本態度，都儘量保持平衡，以辯證法看待「物質的、經濟的因素」和「思想的、文化的因素」。尤其，更值得注意的是，他們都秉持馬克思的思想，當作「最高指導原則」：即「人是社會的動物」、「眾人創造歷史」。不過，經過精密的分析，湯姆森的實際歷史作品中，的確對文化的層面描述得較多。這是他與桃樂絲·湯姆森以及霍布斯邦主要差別之所在。

這十位左派社會史家的現實意識，顯然與十九世紀右傾的「惠格歷史解釋」和「保守主義（托利）的歷史解釋」不同。就英國史學史的主流來說，這十位史家的史學思想和現實意識都屬於「惠格歷史解釋的批評者」。自從二十世紀初以來，「惠格歷史解釋」

內部有一支派偏向自由主義和新觀念軸，例如：柏里、巴特費爾德和柯林烏等人。他們也可以稱爲「新惠格」。另有一支派偏向自由主義和新實證論，例如艾希頓、哈特韋爾等「經濟史取向」的史家（或稱之爲「樂觀史家」）。而十九世紀的「保守主義（托利）的歷史解釋」則發展成「新保守主義（新托利）的解釋」，其中較著名的史家有那米爾（Lewis Namier）。在二十世紀裡，左派社會史家的思想包括左翼的自由主義、溫和社會主義和馬克思主義。他們的現實立場顯然與「新惠格」、「經濟史取向」、「新托利」分道揚鑣，彼此道不同不相爲謀。本書所探討的這十位左派社會史家都悲天憫人，關懷下層社會人士，富有現實意識。同時，他們的歷史解釋裡都隱藏著「線型史觀」，相信歷史是種連續不斷的線型過程。湯恩比具有「進步史觀」，認爲英國社會從農業封建社會發展工業資本社會，然後將邁向「神聖的民主」社會。衛布夫婦的「進步史觀」比湯恩比的更明顯和具體。他們夫婦編寫英國勞工的歷史時，幾乎等於描述工黨的「天路歷程」，所舉的史實都在證明勞工社會組織如何一步一步克服萬難，以致於最後組黨成功，並且組閣執政。相反地，漢蒙夫婦無法接受以上三人的「進步史觀」。他們夫婦所呈現的「歷史過程」，以「古典時代」最優雅、令人懷念，至於第一次大戰以後，人類社會已淪爲「蕭瑟的時代」。漢蒙夫婦只能憑著書生的良心和理想，爲現世的社會問題盡點微薄之力。

　　柯爾夫婦、霍布斯邦和湯姆森夫婦比較樂觀進取，然而對「進步史觀」始終採取保留的態度。柯爾夫婦突顯勞工積極的一層，細數他們如何爲現實社會賣力。言下之意，民主社會主義如同福音，將給人類帶來「方向」和希望。霍布斯邦和湯姆森夫婦堅決反對以悲觀筆調把一部勞工史當作勞工無奈、受苦、成爲犧牲品的歷史；

同時，也不喜歡把勞工史當作「天路歷程」的呈現。這三位馬克思史家有意突顯勞工階級意識與現實社會的辯證關係，呈現歷史軌跡的「價值導向」。只不過，下層社會大眾的歷史軌跡有時難免迷失或倒退，無法一路順風。霍布斯邦和湯姆森夫婦的不同是，前者把一八八○年到一九一四年當作「歷史轉捩點」，後者則主張一八四○年代英國的勞工階級已經「形成」而且已達高峰。

　　從這十位左派社會史家的「線型史觀」可以得知，他們都不諱言歷史研究應具有「價值導向」。換句話說，他們絲毫沒有駝鳥心態、一味空談「價值中立」、「客觀」等理想。相反地，他們以積極的態度，面對當下的問題和人類的未來，所以他們的作品也是個人史學思想和現實意識的結晶。從這十位左派的社會史家，或者說，從前後跟越三個世代的「惠格歷史解釋的批評者」，可以顯現近代英國史學發展的重要脈絡。

參考書目

第一部分

湯恩比的著作和史料

The Toynbee Papers, The collection of Amold Toynbee's letters, lectures notes and miscellaneous. The Balliol College Library, Oxford University.

Toynbee, Arnold. *Lectures on the Industrial Revolution of the Eighteenth Century in England, Popular Adresses, Notes, and Other Fragments.* London: Longmans, Green, and Co., 1928.

——. ed. with an Introduction to *The Witness of God and Faith.* by Thomas H. Green, London: Longmans, Green and Co., 1889.

Toynbee, Gertrude. ed. *Reminiscences and Letters of Joseph and Arnold Toynbee.* London: Henry J. Glaisher, no date.

衛布夫婦的著作和史料

The Passfield Papers, *The collection of the Webbs' letters, diaries, and other manuscripts*. The British Library of Political and Economic Science. London.

MacKenzie, Norman. ed. *The Letters of Sidney and Beatrice Webb*. Three Volumes, London: London School of Economics, 1978.

——. Norman. ed. Jeanne Mackenzie. ed. *The Diary of Beatrice Webb*. Cambridge, Mass.: Harvard University Press, 1982-3.

Cole, Margaret. *Beatrice Webb's Diary, 1912-1924*. London: Longmans, Green and Co., 1952.

Shanson, David A. ed. *Beatrice Webb's American Diary*. Madison: University of Wisconsin Press, 1963.

Webb, Sidney. and Beatrice Webb. *Industrial Democracy*. London: Longmans, Green, and Co., 1897.

——.*Problems of Modern Industry*. London: Longmans, Green, and Co., 1898.

——.*The History of Liquor Licensing in England Principally from 1700 to 1830*. London: Longmans, Green, and Co., 1903.

——.*Bibliography of Road Makin and Maintenance in Great Britain*. London: Roads Improvement Association, 1906.

——.*Statutory Authorities for Special Purposes*. London: Longmans, Green, & Co., 1906.

——.*The Parish and the County*. London: Longmans, Green, & Co.,

1906.

———.*The Manor and Borough.* 2 vols. London: Longmans, Green, & Co., 1908.

———.*The Break-Up of the Poor Law.* London: Longmans, Green, & Co., 1909.

———.*English Poor Law Policy.* New York: Longmans Green, & Co., 1910.

———.*The State and the Doctor.* London: Longmans, Green, & Co., 1910.

———.*What Syndicalism Mean.* London: The National Committee for the Prevention of Destitution, 1912.

———.*The Story of the King's Highway.* London: Longmans, Green, & Co., 1918.

———.*A Constitution for the Socialist Commonwealth of Great Britain.* London: Longmans, Green and Co., 1920.

———.*The Decay of Capitalist Civilization.* New York: Harcourt, Brace & Co., 1923.

———.*English Poor Law History.* 3 vols. New York: Longmans, Green, & Co., 1927-29.

———.*The Consumer's Co-operative Movement.* New York: Longmans, Green, & Co., 1930.

———.*Soviet Communism: Dictatorship or Democracy?* London: The Left Review, 1936.

———.*Is Soviet Communism a New Civilization?* London: The Left Review, 1936.

——.*Methods of Social Study.* London: Longmans, Green, & Co., 1932.

——.*The Truth about Soviet Russia.* London: Longmans, Green, and Co., 1942.

——.*Soviet Communism: a New Civilization.* 3re ed. London: Longmans, Green, & Co., 1944.

——.*The Development of English Local Government, 1689-1835.* London: Oxford University Press, 1963.

——.ed. *The Minority Report of the Poor Law Commission.* Clitton, N.J.: A.M. Kelley, 1974.

Webb, Sidney. *What Socialism Means.* London: William Reeves, 1888.

——.*The Progress of Socialism.* The Hampstead Society for the Study of Socialism. Tract, No. 1. London: Modern Press, 1888.

——.*Facts for Londoners.* London: The Fabian Society, 1889.

——.*Figures for Londoners.* London: The Fabian Society, 1890.

——.*Fabian Municipal Program.* London: The Fabian Society, 1891.

——.*The London Programme.* London: S. Sonneschein & Co., 1891.

——.*The Eight Hours Day.* London: W. Scott, 1891.

——.*The Best Method of Bringing Co-operation within the Research of the Poorest of the Population.* Manchester: Co-operative Union Ltd., 1891.

——.*Fabian Society: Its Object and Method.* Netherfield, Notts: Stafford & Co., 1891.

——.*The Truth about Leasehold Enfranchisement.* London: The Fabian Society, 1892.

——.*A Plea for an Eight Hours Bill.* London: The Fabian Society, 1892.

——.*The London Vestries, What They are and What They Do.* London: The Fabian Society, 1894.

——.*What the Farm Labourer Wants.* London: The Fabian Society, 1894.

——.*The Economic Heresies of the London County Council.* London: Office of London, 1894.

——.and Webb, Beatrice. *The History of Trade Unionism.* London: Longmans, Green, & Co., 1894.

——.*The Work of the London county Council.* London: London Reform Union, 1895.

——.*Three Years' Work on the London County Council, a letter to the electors of Deptford.* Deptford: May and Goluding, 1895.

——.*A Labour Policy for Public Authorities.* London: The Fabian Society, 1895.

——.*The Difficulties of Individualism.* London: The Fabian Society, 1896.

——.*London's Heritage in the City Guilds.* London: The Fabian Society, 1898.

——.*Five Years' Fruits of the Parish Council Act.* London: The Fabian Society, 1901.

——.*Twentieth Century Politics: A Policy of National Efficiency.* London: the Fabian Society, 1901.

——.*The London Education Act, 1903.* London: The Fabian Society, 1904.

——.*London Education.* London: Longmans, Green and Co., 1904.

———.*The Basis & Policy of Socialism.* London: A.C. Fifield, 1908.

———.*Grants in Aid: A Criticism and Proposal.* London: Longmans, Green, and Co., 1911.

———.*The Necessary Basis of Society.* London: The Fabian Society, 1911.

———.and als. *Socialism and Individualism.* New York: John Lane Co., 1911.

———.ed. *Seasenal Trade.* London: Constable & Co., 1912.

———.*How the Government Can Prevent Unemployment.* London: Fabian Society, 1912.

———.*The Economy Theory of Legal Minimum Wage.* New York: National Consumers' Leage, 1912.

———.*The Legal Minimum Wage.* London: The Fabian society, 1912.

———.*What About the Rates?* London: The Fabian Society, 1913.

———.*The War and the Workers.* London: The Fabian Society. 1914.

———.and als. *The Reorganization of Industry.* London: Cooperative Printing Society, 1916.

———.ed. *How to Pay for the War.* Westminster: The Fabian Society, 1916.

———.,and Arnold Freeman. *Great Britain after the War.* London: G. Allen and Unwin, Ltd., 1916.

———.*Toward Social Democracy?* Westminster, The Fabian Society, 1916.

———.*The Restoration of Trade Union Conditions.* London: Nisbet & Co., 1917.

——.*The Works Manager Today.* London: Longmans, Green, and Co., 1918(C.1917).

——.*The Abolition of the Poor Law.* London: The Fabian Society, 1918.

——.*The New Constitution of the Labour Party.* London: The Labour Party, 1918.

——.*The Root of Labour Unrest.* London: The Fabian Society, 1920.

——."Social Movement," *Cambridge Modern History*, 12, (1920), 730-65.

——.*The History of the Durham Miners, 1662-1921.* London: The Fabian Society, 1921.

——.*English Prisons Under Local Government.* London: Longmans, Green, & Co., 1922.

——.*The Need for Federal Reorganization in the Co-operative Movement.* London: The Fabian Society, 1923.

——.*The Labout Party on the Threshold.* London: The Fabian Society, 1923.

——.*The Teacher in Politics.* London: The Fabian Society, 1923.

——."The British Labour Movement and the Industrial Depression," *International Labour Review*, Geneva, 7 (Feb. –Mar.1923), 209-29.

——.*National Finance and a Levy on Capital, What the Labour Party Intends.* Westminster: The Fabian Society, 1924.

——.*The Local Government Act 1929—How to Make the Best of It* London: The Fabian Society, 1929.

——.*What Happened in 1931.* London: the Fabian Society, 1932.

——."The Future of Soviet Communism," in *What Is Ahead of Us.* by G.

D. H. Cole et al., London: G. Allen & Unwin Ltd., 1937.

——."Socialism in England," Publications of American Economic Association. 4(May 1889): 3-73.

——."Historic," in *Fabian Essays in Socialism.* by G. Ber nard Shaw et al., London: Green Allen & Unwin. 1950 (1889), 25-57.

Webb, Beatrice. "The Dock Life of East London," *The Nineteenth Century*, 128 (Oct. 1887): 483-99.

——.*The Co-operative Movement n Great Britain.* London: S. Sonnenschein, & Co., 1895.

——.ed. *The Case for the Factory Acts.* London: G. Richards, 1901.

——.*The Wages of Men and Women, Should They Be Equal?* London: Allen and Unwin, 1919.

漢蒙夫婦的著作和史料

The Hammonds Papers. The collections of the Hammonds' correspondences, diaries, manuscripts and typescripts. Bodleian Library, Oxford University.

Hammond, John Lawrence., and Barbara Hammond. *The Village Labourer, 1760-1832, A Study in the Government of England before the Reform Bill.* London: Longmans, Green, and Co., 1912.

——.*The Town Labourer, 1760-1832, the New Civilization.* London: Longmans, Green, and Co., 1920.

——.*The Skilled Labourer, 1760-1832.* New York: Augustus M. Kelley Publishers, 1967(1919).

———.*The Rise of Modern Industry.* New York: Harper Torchbooks, 1969(1925).

———.*Lord Shaftesbury.* London: Constable & Co., 1925.

———.*The Age of the Chartists, 1832-1854, A Study of Discontent.* Hamden, Connecticut: Archon Books, 1962(1930).

———.James Stansfeld, *A Victorian Champion of Six Equality.* London: Longmans, Green, and Co., 1932.

———."Poverty, Crime, Philanthropy," in Johnson's *England, An Account of the Life and Manners of His Age.* ed. A. S. Turberville, 300-35. Vol. 1. Oxford: Clarendon Press, 1933.

———.*The Bleak Age.* Longmans, Green, and Co., 1934.

Hammond, John Lawrence. "A Liberal View of Education," in *Essays in Liberalism.* by Six Oxford Men. 175-217. London: Cassell and Co., 1897.

———."Colonial and Foreign Policy," in *Liberalism and Empire.* by Francis Hirst, Gilbert Murray, and J. L. Hammond, 158-211. London: R. Brimley Johnson, 1900.

———.Charles James Fox: *A Political Study.* London: Methuen & Co., 1903.

———.,and Hobhouse, L. T. *Lord Hobhouse: A Memoir.* London: Edward Arnold, 1905.

———.ed. *Toward a Social Policy, or Suggestions Constructive Reform.* London: 1905.

———."The Opportunity of the Next Government," *Independent Review,* 5(1905): 141-49.

——."A Lesson from the French War," *Nation* (8 August, 1914): 698-99.

——."Workingmen and the Army," *Nation* (5 Sept. 1914): 808-09.

——."Agricultural Labour and the Crisis," *Nation* (24 May, 1915): 112-13.

——."The Catastrophe of Paris," *Nation* (7 June, 1919): 286-88.

——."Democracy of the Defensive," *Nation* (22 Jan. 1921): 573-74.

——."The Character of the Mallow Inquiry," *Nation* (2, April, 1921): 10-11.

——."Lloyd George for Ever and Ever," *Nation* (14, May, 1921): 240-41.

——."Ireland under the True," *Nation* (15 Oct. 1921): 106-07.

——.*A Tragedy of Errors*. London: British Periodicals Ltd., 1921.

——."Historical Revisions," *History.* 12 (1927-1928): 146-48.

——."The Romance of Nineteenth Century Politics," *Political Quarterly.* 2(1931): 224-40.

——."Factory System," in *Encyclopedia of the Social Science.* 6(1931-1935): 51-55.

——."The Teacher in Modern Life," *Spectator* (16 April, 1932): 549-50.

——."Building Up World Unity," *Listener* (May 25, 1932): 753.

——."The Growth of Modern World War," *Listener* (20 April, 1932): 563-65; (27 April, 1932): 601-03; (4May 1932): 639-40; (11 May, 1932): 687-88; (18 May, 1932): 718-19; (25 May, 1932): 752-53.

——."Richard Cobden, 1804-1865," in *The Great Victorians.* ed. H. J.

Massingham, and Hugh Massingham. 121-33. Garden City, New York: Doubleday, Doran & Co., 1932.

——."The Growth of Common Enjoyment," In *Hobhouse Memorial Lectures, 1930-1940.* No. 3. London: Oxford University Press, 1948.

——."Gladstone's Isolation," *Spectator* (7 April, 1933): 492-93.

——.C. P. Scott of the Manchester Guardian. New York: Harcourt Brace & Co., 1934.

——."From Tolpuddle to Trade Union Congress," *Listener* (18 April, 1934): 639-41, 675.

——.Gladstone and the Irish Nation. London: Longmans, Green and Co., 1938 (1934).

——."The Future of Africa," *Spectator* (30 Aug. 1934): 316-17.

——."The Village," *Listener* (28 Oct. 1936): 805-07; (4 Nov. 1936): 839-42; (11 Nov. 1936): 893-96.

——."Making Ends Meet in the Cottage," *Listener* (11 Nov. 1936): 893-96.

——."Gladstone and the League of Nations Mind," in Essays in Honor of Gilbert Murray. eds. H. A. L. Fisher, 95-118. London: George Allen & Unwin, 1936.

——."The Life of the Worker," *Spectator* (30 April, 1937): 798-99.

——."Oliver the Spy," *Listener* (24 Feb. 1937): 359-60.

——."The Conscription Bill," Manchester Guardian (1 May, 1939).

——."The Tragedy of Czechs--Abandoned to the Invader--Nazis' Black List--England and France's Heartless Neglect," *Manchester*

Guardian. 5 Oct. 1938.

——.Faith in France. Manchester. John Sherratt & Son, 1946.

——."British Foreign Policy: A Summary," *Listener* (13 Feb. 1947): 272-73; (6 March, 1947): 317-25.

——."The Liberal Party in Perspective," *Listener* (30 Sept. 1938): 481-82.

——.,and M. R. D. Foot, Gladstone and Liberalism. New York: Collier Books, 1966.

Hammond, Barbara. "Urban Death-Rates in the Early Nineteenth Century," *Economic History.* 1 (1926-1929): 419-28.

——."The Battle for Open Spaces," in *Essays in Honor of Gilbert Murry.* eds. H. A. L. Fisher, 119-40. London: George Allen & Unwin, 1936.

柯爾夫婦的著作和史料

The Cole Papers, The collections of G. D. H. Cole's correspondences, notes, and draft writings. The Nuffield College Library, Oxford University.

The Margaret Cole's Papers. The collections of Margaret Cole's correspondences, manuscripts and notes. The Nuffield College Library, Oxford University.

Cole, G. D. H., and Margaret Cole. *The Intelligent Men's Review of European Today.* New York: A.A. Knopf, 1933.

——.ed. with an Introduction to *Opinions od William Cobbett.* London:

The Cobbett Publishing Co. 1944.

Cole, G. D. H. eds. *Oxford Poetry, 1910-1913.* Oxford: B. H. Blackwell, 1913.

——.eds. *Oxford Poetry, 1915.* Oxford: B. H. Blackwell. 1915.

——.An Introduction to *Trade Unionism.* London: Allen & Unwin, 1918.

——.*Self-Government in Industry.* London: G. Bell and Sons, Ltd., 1919.

——.*Guild Socialism Restated.* London: Leonard Parsons, 1920.

——.*Labour in the Commonwealth.* New York: B. W. Huebsch, 1919.

——.*Social Theory.* New York: Fredrick A. Stokes Co. 1920.

——.*English Economic History: A Syllabus for Classes and Study Circles.* London: Labour Research Department. 1922.

——.*Organized Labour.* London: G. Allen and Unwin Ltd. 1924.

——.*The Next Ten Years in British Social and Economy Policy.* London: Macmillan, 1929.

——.*Politics and Literature.* London: Leonard & Virginia Woolf at the Hogarth Press, 1929.

——*Banks and Credit.* London: The Society for Socialist Inquiry and Propaganda, no date.

——.*Gold, Credit and Enployment: Four Essays for Laymen.* London: George Allen and Unwin, 1930.

——.*The Intelligent Man's Guide Through World Chaos.* London: Victor Gollancz & Ltd, 1932.

——.*A Guide Through World Chaos.* New York: A. A. Knopf. 1932.

——.eds. *What Everybody Wants to Know about Money.* New York: Alfred A. Knopf. 1933.

——.*Economy Planning.* New York: Alfred A. Knopf, 1935.

——."Some Notes on British Trade Unionism in the Third Quarter of the Nineteenth Century," *International Review of Social History,* 2(1937): 1-23.

——.*What Is Ahead of Us.* London: George, Allen & Unwin Ltd., 1937.

——."The Economic Consequences od War Preparation," in *Dare We Look Ahead?* by Bertrand Russell et and al.. New York: Macmillan. 1938.

——.*The Condition of Britain.* London: Victor Gollancz Ltd., 1937.

——.et al. *British Trade Unionism Today, A Survey.* London: Victor Gollancz Ltd., 1939.

——.*War Aims.* London: The New Statesman and Nation. 1939.

——.*British Working Class Politics, 18932-1914.* London: George Routledge & Sons. 1941.

——.*Chartist Portraits.* London: Macmillan, 1941.

——.et al. *Victory or Verted Interest?* London: George Routldege & Sons. 1942.

——.*Great Britain in the Post-War World.* London: V. Gollancz ltd., 1942.

——.*The Fabian Society, Past and Present.* London: The Fabian Society. 1942.

——.,and Raymond Postgate. *The Common People, 1746-1946.* New York: A.A. Knopf. 1947.

——.Introduction to *The Social Contract and Discourses.* by Jean Jacques Rousseau. London: J.M. Dent & Sons, 1947.

——.*British Social Services.* London: Longmans, Green, and Co., 1948.

——.*A Short History of the English Working-Class Movement, 1787-1947.* new edition. London: George Allen & Unwin Ltd. 1948.

——.*World in Transition; A Guide to the Shifting Political and Economic Forces of Our Time.* New York: Oxford University Press. 1949.

——.*The British Working- Class Movement: An Outline Study-Guide.* revised edition. London: Gabian Publishers. 1949.

——.and A. W. Filson. *British Working Class Movement Select Documents, 1789-1875.* London: Macmillan. 1951.

——."Shall Socialism Fail?" *New Stateman and Nation.* Vol. 41, No. 1053 (12 May, 1951): 524-25.

——."British Labor Movement-Retrospect and Prospect," *Ralph Fox Memorial Lecture.* Fabian Special, No. 8. London, 1952.

——.*The Development of Socialism during the Past Fifty Years.* London: University of London. 1952.

——.*Attempts at General Union, A Study in British Trade Union History, 1818-1834.* London: Macmillan & Co. 1953.

——.*An Introduction to Trade Unionism.* London: George Allen & Unwin Ltd. 1953.

——."The Idea of Progress," *British Journal of Sociology.* Vol. 4, No.3 (Sept. 1953): 2666-85.

——."The Labour Party and the Trade Union," *Political Quarterly.* Vol.

24, No.1 (Jan.-Mar. 1953): 18-27.

——."What Is Socialism?" *Political Studies*. Vol. 1, No. 1 (Feb. 1953): 21-33.

——."What Is Socialism?" *Political Studies*. Vol. 1, No. 2 (June 1953): 175-83.

——.*History of Socialist Thought, Vol. 1, Socialist Thought, The Forerunners, 1789-1850*. London: Macmillan, 1953.

——.*History of Socialist Thought, Vol.2, Socialist Thought, Marxism and Anarchism, 1850-1890*. London: Macmillan, 1954.

——.*History of Socialist Thought, Vol. 3, 2 Parts, The Second International, 1889-1914*. London: Macmillan, 1956.

——.*History of Socialist Thought, Vol.4, 2 Parts, Communism and Social Democracy, 1914-1931*, London: Macmillan, 1958.

——.*History of Socialist Thought, Vol. 5, Socialism and Fascism, 1931-1939*, London: Macmillan, 1960.

——."Twentieth-Century Socialism?" *New Statesman and Nation*. Vol. 52, No. 1321 (7 July 1956): 8-9.

——."Socialism and Communism," *New Stateman and Nation*. Vol. 51, No. 1312 (5May, 1956): 472-74.

——.*World Socialism Restated*. revised edition. London: New Statesman and Nation. 1957.

——.*Classics in Economics: A Course of Selected Reading by Authorities*. New York: Philosophical Library. 1960.

——.*Samuel Butler*. revised edition. London: Longmans, Green, & Co., 1961.

——.*The Life of Robert Owen.* third edition. Hamden, Conn.: Archon Books. 1966.

——.*Studies in World Economics.* Freeport, N.Y.: Books or Libraries Press. 1967.

——.*Persons and Periods: Studies.* New York: A. M. Kelley. 1969.

——.*A History of the Labour Party from 1914.* London: Routledge & K. Paul. 1969.

——.*William Cobbett.* Folcroft, Pa.: Folcroft Library. 1973.

——.*The World of Labour.* Brighton, Sussex: The Harvester Press Ltd. 1973 (1919).

Cole, Margaret. *Women of Today.* London: Thomas Nelson and Sons, Ltd., 1938.

——.and Richard Padley. *Evacuation Survey; A Reply to the Fabian Society.* London: G. Routledge & Sons, Ltd., 1940.

——.*Education for Democracy: A Reply Presented to the Fabian Society.* London: George. Allen & Unwin. 1942.

——.ed. *Our Soviet Alley.* London: George Routledge & Sons. 1943.

——."The Work of the Fabian Society, Today," *Fabian Quarterly.* 41 (April 1944): 21-24.

——.*Beatrice Webb.* New York: Harcourt, Brace & Co., 1946 (1945).

——.*Makers of the Labour Movement.* London: Longmans, Green and Co., 1948.

——.ed. *The Webbs and Their Work.* London: Frederick Muller Ltd., 1949.

——.*Growing Up Into Revolution.* London: Longmans, Green, and Co.,

1949.

——.ed. *Beatrice Webb's Diaries, 1912-1924.* London: Longmans, Green and Co., 1952.

——.*Robert Owen of New Lanark.* New York: Oxford University Press. 1953.

——.*Servant of the County.* London: D. Dobson. 1956.

——.*The Story of Fabian Socialism.* Stanford, Calif.: Stanford University Press. 1961.

——."Guild Socialism and Their Labour Research Department," in *Essays in Labour History, 1886-1923.* ed. Asa Briggs and John Saville. Hamden, CT: Archon Books, 1971. 260-83.

——.*Marriage, Past and Present.* New York: AMS Press. 1975.

——."The Labor Movement Between the Wars," in *Ideology and the Labor Movement, Essays Presented to John Saville.* ed. David Martin and David Rubinstein. 191-225. Totowan, N. J.: Rouman and Litterfield. 1979. 191-225.

——.*The Life of G. D. H. Cole.* London: Macmillan. 1971.

霍布斯邦的著作和口述訪問

Interview with Professor Hobsbawm, conducted by Liang-Kai Chou（周 樑楷）, at The New School for Social Research, New York, 18 November, 1986.

"An Interview with Eric Hobsbawm," conducted by Pat Thane and Liz Lunbeck, *Radical History Review,* 19 (Winter 1978-79): 111-31.

"Letters from Eric Hobsbawm and Christopher Hill," *World News,* 4 (26 Jan. 1957): 61-63.

McClelland, Keith. "Bibliography of the Writings of Eric Hobsbawm," in *Culture, Ideology and Politics.* eds. R. Samuel and G. S. Jones, 332-36.

Hobsbawm, Eric. "The Hero in History," *Moden Quarterly.* new series, Vol. 2, No. 2 (1947): 185-189.

——."Bernard Shaw's Socialism," *Science and Society.* Vol. 11, No. 4(Fall 1947): 305-26.

——."The Lukacs Debates," *The New Central European Observer* (26 Nov. 1949).

——."The Mirror of Reality," *Time Literary Supplement* (22 Sept. 1950).

——."The Machine Breakers," *Past and Present,* 1 (Feb. 1952): 57-70.

——."Where Are British Historian Going?" *Marxist Quarterly,* Vol. 2, No. 1 (Jan. 1955): 14-26.

——."The Language of Scholarship," *The Times Literary Supplement* (17 Aug. 1956).

——."Hyndman and the SDF," *New Left Review,* 10 (July-Aug. 1961): 69-72.

——."Custom, Wages, and World-Load in Nineteenth-Century Industry," in *Essays in Labour History.* eds. Asa Briggs and John Saville. 113-39.

——."The General Crisis of the European Economy in the Seventeenth Century, Ⅰ ," *Past and Present*, 5 (May 1954): 33-53.

——."The General Crisis of the European Economy in the Seventeenth Century, Ⅱ ," *Past and Present*, 6 (Nov. 1954): 44-65.

——."Twentieth-Century British Politics," *Past and Present*, 11 (April 1957): 100-08.

——."Dr. Marx and the Victorian Critics," *New Reasoner*, 1 (1957): 29-38.

——."The Future of Marxism for the Social Science," *Universities and Left Review*, Vol. 1, No. 1 (1957): 27-30.

——."The British Standard of Living, 1790-1850," *Economic History Review,* second series, Vol. 10, No. 1 (Aug. 1957): 46-61.

——[Francis Newton]. *The Jazz Scene*. New York: Monthly Review Press, 1960.

——."Parliamentary Cretinism?" *New Left Review*, 12 (Nov.-Dec. 1961): 64-66.

——."From Feudalism to Capitalism," *Marxism Today*, Vol. 6, No. 9 (Aug. 1962): 253-56.

——."Progress in History," *Marxism Today*. vol.6, No. 2 (Feb. 1962): 44-48.

——.*Labouring Men*. New York: Basic Books, 1964.

——."The End of European World Domination," *Afro-Asian and World Affairs,* Vol. 1, No. 2 (June 1964): 93-99.

——."Introduction" to *Pre-Capitalist Economic Formation*. by Karl Marx, trans. Jack Cohen. 9-65. New York: International Publisher, 1965.

——."Vietnam and the Dynamics of Guerrilla War," *New Left Review*,

33 (Sept.-Oct. 1965): 59-68.

——."The Spanish Background," *New Left Review*, 40 (Nov,-Dec. 1966): 85-89.

——."Maueice, Dobb," in *Socialism and Economic Growth*. ed. C. H. Feinstein. 1-9. London: Cambridge University Press, 1967.

——."Karl Marx's Contribution to Historiography," *Diogenes*, 64 (Winter 1968): 37-56.

——."Global Villages," *New Society*, 351 (19 June 1969): 960-61.

——."Problems of Communist History," *New Left Review*, 54 (March-April 1969): 85-91.

——."What Labour Has Done," *New Society*, 381 (15 Jan. 1970): 102.

——."Class Consciousness in History," in *Aspects of History and Class Consciousness*. ed. Istvan Meszaros. 5-21. London: Routledge and Kegan Paul, 1971.

——."View from Below," *New Society*, 552 (5 Oct. 1972): 38-39.

——.*Revolutionaries*. New York: Pantheon Books, 1973.

——."Economic and Social History Divided," *New Society*, 614 (11 July 1974): 74-76.

——."Peasant Land Occupations," *Past and Present*, 62 (Feb. 1974): 120-52.

——."Some Reflections on 'The Break-Up of Britain,'" *New Left Review*, 105 (Sept.-Oct. 1977): 3-23.

——."The Historians' Group of the Communist Party," in *Rebels and Their Causes*. ed. Maurice Cornforth. 21-48. London: Lawrence and Wishart, 1978.

——."Intellectual and the Labour Movement," *Marxism Today.* Vol. 23, No. 7 (July 1979): 212-220.

——."The Revival of Narrative: Some Comments," *Past and Present*, 86 (Feb. 1980): 3-8.

——.and Hoan Wallach. "Political Shoemakers," *Past and Present*, 89 (Nov. 1980): 86-114.

——.and al. "Conference Report on the Labor Aristoricarcy," *Bulletin of the Society for the Study of Labor History,* 40 (1980): 6-11.

——.eds. *Peasants in History: Essays in Honor of Daniel Thorner.* Calcutta: Published for Sameeksha Trust, Oxford University Press, 1980.

——.*The Forward March of Labor Halted?* London: Verso, 1981.

——."History and Future," *New Left Review*, 125 (Jan.-Feb. 1981): 3-19.

——.ed. *The History of Marxism. Vol. 1. Marxism in Marx's Day.* Bloomington: Indianna University Press, 1982.

——.,Christohper Hill and R.H. Hilton. "Past and Present: Origins and Early Years," *Past and Present*, 100 (1983): 3-14.

——..,and Terence Ranger. eds. *The Invention of Tradition.* Cambridge: Cambridge University Press, 1983.

——."Marx and History," *New Left Review*, 143 (Jan.-Feb. 1984): 39-50.

——.*Workers: Worlds of Labour.* First American Edition. New York: Pantheon Books, 1984.

——."Artisan or Labor Aristocrat?" *Economic History Review,* Vol. 37,

No. 3 (1984): 355-72.

——.*The Age of Empire, 1875-1914.* New York: Pantheon Books, 1987.

——."The Caruso of Jazz," *The New York Review of Books,* Vol. 35, No. 8 (12 May 1988): 38-40.

——.*The Jazz Scene.* New York: the Pantheon Books, 1989.

——.*Nations and Nationalism Since 1780.* Cambridge: University Press, 1990.

——.*On History.* New York: the New Press, 1997.

——.*Uncommon People.* New York: the New Press, 1998.

——." Introduction" to *Communist Manifesto* (London: Verso, 1998). 1-26.

湯姆森夫婦的著作和口述訪問

"An Interview with E. P. Thompson," conducted by Mike Merrill, in *Visions of History,* Henry Abelove et al. New York: Pantheon Books, 1983), 5-25.

Interview with Edward P. and Dorothy Thompson, conducted by Liang-Kai（周樑楷）and Shih-Deh Chou（張四德）, in Kingston, Canada, on April 1, 1988.

Thompson., Edward P. *William Morris: Romantic to Revolutionary.* Stanford, Cali.: Stanford University Press, 1955.

——."Through the Smoke of Budapest." *The Reasoner*, 3 (Nov. 1956): supplement 1-6.

——."Socialism and the Intellectuals," *University and Left Review*, 1

(Spring 1957): 31-36.

——.,and John Saville. "Editorial," *New Reasoner*, 1 (Summer 1957): 2-3.

——."Socialist Humanism." *New Reasoner*, 1 (Summer 1957): 105-43.

——."God and King and Law." *New Reasoner*, 3 (Winter 1957): 69-86.

——."Agency and Choice," *New Reasoner*, 5 (Summer 1958): 89-106.

——."Commitment in Politics," *University and Left Review*, 6 (Spring 1959): 50-55.

——."The New Left," *New Reasoner*, 9 (Summer 1959): 1-17.

——."A Psessay in Ephology," *New Reasoner*, 10 (Autumn 1959): 1-8.

——."A Homage to Tom Magurie." Essays in Labour History. eds. Asa Briggs and John Saville. 276-316. London: Macmillan, 1960.

——.Out of Apathy. London: Stevens & Sons Ltd., 1960.

——."At the Point of Production," *New Left Review*, 4 (Jan,-Feb. 1960): 68-70.

——."Countermarching to Armageddon," *New Left Review*, 4 (July-Aug. 1960): 62-64.

——."Revolution Again! or Shut Your Ears and Run," *New Left Review*, 6 (Nov.-Dec. 1960): 18-31.

——."The Long Revolution Ⅰ," *New Left Review*, 9 (May-June 1961): 24-33.

——."The Long Revolution Ⅱ," *New Left Review*, 10 (July-Aug. 1961): 34-39.

——.The Making of the English Working Class. New York: Vintage Books, 1966 (c. 1963).

——."The Peculiarities of the English," The Socialist Register. eds. John Saville and Miliband. 311-59. New York: Monthly Review Press, 1965.

——.The Communism of William Morris: A Lecture Given on 4 May in the Hall of the Art Workers' Guild. London: The William Morris Society, 1965.

——.(anonymous) "The Book of Numbers," Times Literary Supplement (9 Dec. 1965).

——."History from Below," Time Literary Supplement (7 April 1966).

——.(anonymous) "Land of Our Father," Times Literary Supplement (16 Feb. 1967).

——."Time, Work-Discipline and Industrial Capitalism," *Past and Present*, 38 (Dec. 1967): 56-97.

——."Disenchantment or Default? A Lay Sermon," Power and Consciousness. eds. Conner Cruise. 149-81. London: University of London Press, 1969.

——.(anonymous) "Law as Part of a Culture," Times Literary Supplement (24 April 1969).

——.(anonymous) "Man Bites Yeoman," Times Literary Supplement (11 Dec. 1969).

——."The Business University," *New Society* (19 Feb. 1970): 301-04.

——."A Report on Lord Radcliffe," *New Society* (30 April 1970): 737-38.

——."Sir, Writing by Candelight," *New Society* (24 Dec. 1970): 1135-36.

———.and Eileen Yeo. eds. *The Unknown Mayhew.* New York: Pantheon Books, 1971.

———."Organizing the Left," *Times Literary Supplement* (19 Feb. 1971): 203.

———."The Moral Economy of the English Crowd in the Eighteenth Century," *Past & Present*, 50 (Feb. 1971): 76, 136.

———."Yesterday's Manikin," *New Society* (29 July 1971): 200-02.

———."Anthropology and the Discipline of Historical Context," *Midland History*, 1 (Spring 1971): 41-55.

———."A Special Case," *New Society* (24 Feb. 1972): 402-04.

———."An Open Letter to Kolakowski," *The Socialist Register*, eds. John Savile and Miliband. 1-100. London: Merlin Press, 1973.

———.(anonymous) "Under the Same Roof Tree," *Times Literary Supplement* (4 May 1973).

———."Alexander Pope and the Windsor Blacks," *Times Literary Supplement* (7 Sept. 1973).

———."Responses to Reality," *New Society* (4 Oct. 1973): 33-35.

———."In Citizens Bad Books," *New Society*, 11 (July 1974): 778-80.

———."Patrician Society, Plebian Culture," *Journal of Social History,* Vol. 7, No. 4 (Summer 1974): 382-405.

———."Stand a Question of Manners," *New Society*, 614 (11 July 1974): 91-92.

———."Testing Class Struggle," *Times, Higher Education Supplement* (8 March 1974): 1.

———."The Crime of Anonymity," *Albion's Fatal Tree: Crime and*

Society in Eighteenth Century England. eds. E. P. Thompson. 255-308. New York: Pantheon Books: 1975.

——.*Whig and Hunters: The Origions of the Black Act.* London: Pantheon Books Ltd., 1975.

——."The Grid of Inherence: a comment." *Family and Inheritance: Rural society in Western Europe, 1200-1800.* eds. Jack Goody. 328-60. Cambridge University Press, 1976.

——."On History, Sociology, and Historical Relevance," *British Journal of Soliology*, Vol. 27, No. 3 (Sept. 1976): 387-402.

——."Romanticism, Utopianism and Moralism: the Case of William Morris," *New Left Review*, 99 (Sept.-Oct. 1976): 83-111.

——."Response to Tony Benn," *The Just Society*, eds. Ken Coates and Fred Singleton. 36-39. Spoksman, Nottingham, 1977.

——."English Daughter," *New Society*, Vol. 39, No. 752 (3 March 1977).

——."Happy Family," *New Society*, Vol.39, No. 779 (8 Sept. 1977): 499-501.

——."Caudwell," in *The Socialist Register*, ed. Ralph Miliband and John Saville. 228-76. London: The Merlin Press, 1977.

——.*The Poverty of Theory and Other Essays.* London: Merlin Press Ltd., 1978.

——."Eighteenth-Century English Society: Class Struggle without Class," *Social History*, 3 (May 1978): 133-65.

——."Folklore, Anthropology, and Social History," *The Indian Historical Review*, 3 (January 1978): 247-66.

——."The State versus its 'Enemies'," *New Society*, Vol. 46, No. 837 (19 Oct. 1978): 127-30.

——."The Secret State within the State," *New Statesman* (10 Nov. 1978): 612-18.

——."Recovering the Libertarian Tradition," *The Leveller.* 22 (Jan. 1979): 20-22.

——."On the New Issue of Postal Stamps," *New Society*, Vol. 50, No. 892 (8 Nov. 1979): 324-26.

——."Law and Order and the Police," *New Society*, Vol.50, No. 893 (15 Nov. 1979): 379-80.

——."The Rule of the Judges," *New Society*, Vol. 50, No. 894 (29 Nov. 1979): 443-44.

——."Trial by Jury," *New Society*, Vol. 50, No. 895 (6 Dec. 1979): 501-02.

——.*Writing by Candlelight.* London: The Merlin Press. 1980.

——.,and Dan Smith eds. *Protest and Survive.* New York: Monthly Review Press, 1981.

——."Notes on Exterminism, the Last Stage of Civilization," *New Left Review*, 121 (May-June 1980): 3-31.

——."The Common People and the Law," *New Society*, Vol.53, No. 923 (24 July 1980): 182-84.

——.*Beyond the Cold War.* New York: Pantheon Books, 1982.

——.*Zero Option.* London: The Merlin Press, 1982.

——.*Exterminism and Cold War.* ed. *New Left Review*,. New York: 1982.

——.*Infant and Emperor: Pomes for X'mas.* London: The Merlin Press Ltd., 1983.

——.ed. *Star Wars.* Middlesex, England: Penguin Books, 1985.

——.*The Heavy Dancers: Writings on War, Past and Future.* New York: Pantheon Books, 1982.

——.*Mad Dogs.* London: Pluto Press, 1986.

——.*The Skyaos Papers.* New York: Pantheon Books, 1988.

Thompsn, Dorothy. "Chartism in Industrial Area," *Amateur Historian*, Vol. 3 (1956), 13-19.

——."Letters from Ernest Jones to Karl Marx, 1865-1868," Bulletin of the Society for the Study of Labor History, No. 4 (Spring 1962), 11-23.

——."Notes on Aspects of Chartist Leadership," *Bulletin of the Society for the Study of Labor History*, No. 15 (Autumn 1967), 28-33.

——."Chartism as a Historical Subject," *Bulletin of the Society for the Study of Labor History*, No. 20 (Sring 1970), 10-12.

——.ed. with an Introduction. *The Early Chartists*, London: Macmillan Press Ltd., 1971.

——."Chartism, Success or Failure?" in *People for the People, Radical Ideas and Personalities in British History*, ed. David Rubinstein (London 1973).

——."Women and Nineteenth-Century Radical Politics: A Lost Dimension," in *The Rights and Wrongs of Women*, ed. Mitchell Juliet and Ann Oakley. 112-38. London: Penguin Books, 1976.

——.and J. F. C. Harrison. *Bibliography of the Chartist Movement,*

1837-1976, Sussex: The Harvester Press, 1978.

——."Ireland and the Irish in English Radicalism before 1850," in *The Chartist Experience: Studies in Working-Class Radicalism and Culture, 1830-60*, eds. James Epstein and D. Thompson. 120-51. London: Macmillan Press, 1982.

——.ed. *Over Our Dead Bodies: Women Against the Bomb*, London: Virago Press, 1983.

——.*The Chartists*, London: Temple Smith, 1984.

——."Women, Work and Politics in Nineteenth-Century England: The Problem of Authority," in *Equal or Different: Women's Politics, 1800-1914*, ed. Jane Rendall. 57-81. Oxford: Basil Blackwell, 1987.

——.*Making History: Writings on History and Culture*. New York: the New Press, 1994.

第二部分

有關英國社會史家的著作

Briggs, Asa. and Anne Macartney, *Toynbee Hall, The First Hundred Years*. London: Poutledge & Kegan Paul, 1984.

Kadish, Alon. *Apostle Arnold: The Life and Death of Amold Toynbee, 1852-1883*. Durham, N.C.: Duke University Press, 1986.

Meacham, Standish. *Toynbee Hall and Social Reform, 1880-1914.* New Haven: Yale University, 1987.

Milner, Lord. "Reminiscence," in *Toynbee's Lectures on the Industrial Revolution.*

Montague, Francis Charles. "Arnold Toynbee," in *John Hopkins University in Historical and Political Science.* seventh series, Baltimore: John Hopkins University, 1889.

Toynbee, Charlette M. "Prefactory Note" to *Lectures on the Industrial Revolution.* by Arnold Toynbee.

Brennan, E. J. T. *Education for National Efficiency: The Contribution of Sidney and Beatrice Webb.* London: 1975.

Caine, Barbara. "Beatrice Webb and the 'Woman Question'," *History Workshop*, 14 (Autumn, 1982): 23-43.

Cole, G.D.H "The Webbs: Prophets of a New Order," *Current History*, 37 (Nov. 1932): 141-46.

Cole, Margaret. *Beatrice Webb.* London: Longmans, Green, & Co., 1945.

——.ed. *The Webbs and Their Work.* London: Muller, 1949.

Hamilton, Mary A. *Sidney and Beatrice Webb.* New York: Houghton, Mifflin, Co., 1933.

Harrison, Royden. "The Webbs as Historians of Trade Unionism," in *People's History and Socialist Theory.* ed. Raphael Samuel. London: Routledge and Kegan Paul, 1981.

Letwin, Shirley R. "Representation Without Democracy: The Webbs' Constitution," *Review of Politics,* 16 (1954): 352-375.

MacKenzie, Jeanne. *A Victorian Courtship: The Study of Beatrice Potter and Sidney Webb*. New Tork: Oxford University Press, 1979.

McBriar, A. M. *An Edwardian Mixed Doubles: the Bosanquets Versus the Webbs, A Study in British Social Policy, 1890-1926*. Oxford: Clarendon Press, 1987.

Muggeridge, Kitty. and Ruth Adam. *Beatrice Webb, A Life, 1858-1943*. London: Secker & Warburg, 1967.

Nolan, Sister Barbara E. *The Political Theory of Beatrice Webb*. New York: AMS Press, 1988.

Radie, Lisanne. *Beatrice and Sidney Webb, Fabian Socialists*. London: The Macmillan Press, 1984.

Tawney, R.H. *The Webbs in Perspective*. London: Athlone Press, 1953.

Murry, Gilbert. "Hammond, John Lawrence Le Breton," in *Dictionary of Biography, 1941-1950*. 350-52. Oxford: Oxford University, 1950.

Tawney, R.H.. "J.L. Hammond, 1872-1949,." *Proceedings of the British Academy*. Vol. 48 (1960). 267-94.

Toynbee. Amold J. "The Hammonds," in *Acquaintances*. by A. J. Toynbee. 95-107. London: Oxford University Press, 1967.

Briggs, Asa. and John Saville ed. *Essays in Labour History, In Memory of G.D.H. Cole*. London: Macmillan, 1960.

Briggs, Asa. "Cole, George Douglas Howard," in *Dictionary of National Biography, 1951-1960*. ed. E. T. Williams and H. M. Palmer. 237-41. London: Oxford University Press, 1971.

Carpenter, L. P. G. D. H. Cole, *An Intellectual Biography*. Cambridge

University Press, 1973.

Harris, Jose. "Did British Workers Want the Welfare State? G.D.H. Cole's Survey of 1942," in *The Working Class in Modern British History*. ed. Jay Winter. 200-14. New York: Cambridge Uninersity Press, 1983.

Houseman, Geralo L. *G. D. H. Cole.* Boston: Twayne Publishers, 1979.

Wright, A.W. *G. D. H. Cole and Socialist Democracy*. Oxford: Clarendon Press, 1979.

Vernon, Betty D. *Margaret Cole, 1893-1980, A Political Biography.* London; Croom Helm, 1986.

Agulhon, Maurice. "On Political Allegory: A Reply to Eric Hobsbawm," *History Workshop*, 8 (Autumn 1979): 167-73.

Alexander, Salley., Anne Davin, and Eva Hostettler. "Labouring Women: A Reply to Eric Hobsbawm,"*History Workshop*, 8 (Autumn, 1979): 174-82.

Cronin, James. "Creating a Marxist Historiography: The Contribution of Hobsbawm," *Radical History Review*, 19 (Winter 1978-79): 87-109.

Mason, Tim. "The Domestication of Female Socialist Icons: A Note in Reply to Eric Hobsbawm," *History Workshop*, 7 (Spring 1979): 170-175.

O'Malley, Pat. "Social Bandits, Modern Capitalism, and the Traditional Peasantry, A Critique of Hobsbawm," *Journal of Peasant Studies*. Vol. 6, No. 4 (July 1979): 489-501.

Richardson, Ruth. "'In the Posture of a Whore'? A Reply to Eric

Hobsbawm," *History Workshop*, 14 (Autumn 1982): 132-37.

Samuel, Raphael. and Gareth Stedman Jones. *Culture, Ideology and Politics, Essays for Eric Hobsbawm*. London: Routledge & Kegan Paul, 1982.

——."*History Workshop* Method," *History Workshop*, 9 (Spring 1980): 162-76.

Selbourne, David. "On the Methods of History Workship," *History Workshop*, 9 (Spring 1980): 150-61.

Thane. Pat, Geoffrey Crossick and Roderick Floud. eds. *The Power of the Past, Essays for Eric Hobsbawm*. Cambridge: Cambridge University Press, 1984.

Anderson, Perry. *Argument Within English Marxism*. London: NLB, 1980.

——."Socialism and Pseudo-Empiricism," *New Left Review*, 35 (Jan./ Feb. 1966): 2-42.

Clendinnen, Inga. "Understanding the Heathen at Home: E.P. Thompson and His School," *History Studies* [Australia], Vol. 18, No. 72 (1979): 435-42.

Johnson, Richard. "Edward Thompson, Eugen Genovese Socialist-Humanist History," *History Workshop*, 6 (Autume 1978): 79-100.

Kaye, Harvey J. and Keith McClelland eds. *E. P. Thompson*. Cambridge: Polity Press, 1990.

Palmer, Bryan D. E. P. Thompson, *Objections and Oppositions*. London: Verso, 1994.

有關史學史的著作

Anderson, Olive. "The Political Uses of History in Mid-Nineteenth Century England," *Past and Present*, 36 (1967): 87-105.

Arx, Jeffrey Paul Von. *Progress and Pessimism; Religion, Politics, and History in Late Nineteenth Century Britain*. Cambridge, Mass.: Harvard University Press, 1985.

Barraclough, Geoffrey. *Main Trends in History*. New York: Holmes & Meier, 1979.

Blaas, P. B. H. *Continuity and Anachronism: Parliamentary and Constitutional Development in Whig Historiography and in the Anti-Whig Reaction Between 1890-1930,*. The Hague, Netherland: Martinus Nijhoff, 1978.

Breisach, Ernst. *Historiography: Ancient, Medieval and Modern*. Chicago: University of Chicago Press, 1983.

Briggs, Asa. "Trade-Union History and Labor History," *Bussiness History*, 8 (1966): 39-47.

Burrow, John Wyon. *A Liberal Descent: Victorian Historians and the English Past*. Cambridge: Cambridge University Press, 1981.

——.*Evolution and Society: A Study in Victorian Social Theory*. London: Cambridge University Press, 1966.

Butterfield, Herbert. *The Whig Interpretation of History*. London: G. Bell & Sons, 1963 (c. 1931).

——.*The Englishman and His History*. Connecticut: Archon Books,

1970.

——.*George III and the Historians.* New York: Macmillan Co., 1959.

Bythell, Duncan. "The History of the Poor," *English Historical Review,* 89 (1974): 365-77.

Cannadine, David. "The Past and the Present in the English Industrial Revolution, 1880-1980," *Past and Present,* 103 (1984): 114-31.

Clark, Simon. "Socialist Humanism and the Critique of Economism," *History Workshop,* 8 (Autumn 1979): 137-56.

Clarke, John., C. Critcher and R. Johnson. eds. *Working-Class Culture: Studies in History and Theory.* London: Hutchinson, 1979.

Clive, John. "Amusement and Anstruction: The Great Historians in the Age of Cliometrics," *Times Literary Supplement* (7 March 1975): 255-56.

Coats, A.W. "The Historicist Reaction in English Political Economy, 1870-1890," *Economa.* Vo. 21, No. 82 (May 1954): 143-53.

Cohen, John S. "The Achievement of Economic History: the Marxist School," *Journal of Economic History,* 38 (1978): 29-57.

Cronin, James. "Class, Party and State: Problems in the Historiography of British Labor in the Twentieth Century," in *International Labor and working Class History,* 25 (1984): 58-65.

Culler, A. Dwight. *The Victorian Mirror of History.* New Haven: Yale University Press, 1985.

Dingle, Herbert. "The Scientific Outlook in 1851 and 1951," *British Journal for the Philosophy of Science.* 2 (1951): 85-104.

Dobb, M. "Historical Materialism and the Role of the Economic Facts,"

History, 36 (1951): 1-11.

Dowd, Douglas. "Making History from the Left," *Maryland History*, Vol. 12, No. 2 (1981):9-22.

Duke, A.C. and C. A. Tamse, eds. *Clio's Mirror: Historiography in Britain and the Netherlands*. Zutphen: De Walburg. 1985.

Eade, Susan. "Social History in Britain in 1976: A Survey," *Labour History*, 31 (Nov. 1976): 38-52.

Elster, J. "Optimism and Pessimism in the Discussion of the Standard of Living during the Industrial Revolution," *Report of the Fourteenth International Congress of Historical Science*. New York, 1977.

Elton, Geoffrey R. *Modern Historians on British History 1485-1945: A Critical Bibliography, 1945-1969*. Ithaca, NY: Cornell University Press, 1970.

Field, John. "British Historians and the Concept of the Labor Aristocracy," *Radical History Review*, 19 (Winter 1978-79): 61-87.

Furrer, Elizabeth Chapin. *Changing Views on British History, Essays on Historical Writing since 1939*. Cambridge, Mass.: Harvard University Press, 1966.

Gandy, Clara Ingram. *Edmund Burke and the Whig Historians*. Ph. D. Dissertation, University of Tennesee, 1973.

Gibbs, Caroline. "The National Museum of Labour History," *History Workshop*, 10 (Autumn 1980): 191-93.

Gilliam, Harriet. "The Dialects of Realism and Idealism in Modern Historiographic Theory," *History and Theory*. Vol. 15, No. 3 (1976): 231-56.

Goldstein, Doris S. "The Organizational Development of the British Historical Profession," *Bulletin of the Institute of Historical Research.* Vol. 55, No. 132 (1982): 180-93.

——."The Professionalization of History in the Late Nineteenth and Early Twentieth Century," *Storia della Storiografial*, 1 (1983): 3-26.

Gooch, G. P. History and *Historians in the Nineteenth Century.* Boston: Beacon Press, 1959.

Hale, J.R. ed. *Evolution of British Historiography, from Bacon to Namier.* New York: The world Publishing Co. 1964.

Hall, Stuart. "Marxism and Culture," *Radical History Review*, 18 (Fall 1979): 5-14.

Hamburger, Joseph. *Macauly and the Whig Tradition.* Chicago: The University of Chicago Press, 1976.

Hartwell, R.H. The *Long Debate on Poverty*. London, 1972.

Henderson, W.O. and W.H. Chaloner. "Introduction" to *The Conditions of the Working Class in England.* by Frederick Engles. Stanford, Cali.: Stanford University Press, 1968.

Hill, Christopher. "Historians on the Rise of British Capitalism," *Science and Society*, Vol. 14, No. 4 (Fall 1950): 307-21.

Hinton, R.W.K. "History Yesterday: Five Points about Whig History," *History Today*, 9 (1959): 720-28.

Hirst, Paul Q. *Marxism and Historical Writing*. London: Routledge & Kegan Pual, 1985.

Hull, David L. "In Defence of Presentism," *History and Theory*. Vol. 18,

No. 1 (1979): 1-15.

Hutchinson, Joanne T. *The Role of Clio in Victorian Literature: Changing Ideas of Historiography as Reflected in Nineteenth-Century Historical Literature*. Ph. D. dissertation. Temple University, 1974.

Iggers, Georg. G. *New Directions in European Historiography*. revised edition. Middletown, Connecticut: Wesleyan University Press, 1984 (1975).

——.and Harold T Parker. eds. *International Handbook of Historical Studies: Contemporary Research*. Westport, Conn.: Greenwood Press, 1979.

Jann, Rosemary. *The Art and Science of Victorian History*. Columbus: Ohio State University press, 1985.

——."From Amateur to Professional: The Case of the Oxbridge Historians," *Journal of British Studies*. Vol. 22, No. 2 (1983): 122-47.

Johnson, Richard ed. *Making Histories: Studies on History-Writing and Politics*. London: Melbourne, 1982.

Jones, Gareth Stedman. "History :the Poverty of Empiricism," in *Ideology in Social Science*. ed. Robin Blachburn. 96-115. New York: Pantheon Books, 1972.

——."The Pathology of English History," *New Left Review*, 46 (Nov.-Dec. 1967): 29-44.

Judd, Thomas William. *The Idea of Historical Progress in France and Great Britain, 1945-1970*, Ph .D. Disseration, University of

Connecticut. 1974.

Karlman, Roland. *Evidening Historical Classification in British and American Historiography*, 1930-1970.

Stockholm: Almquist & Wiksell International, 1976.

Kaye, Harvey J. *The British Marxist Historians, An Introductory Analysis*. Cambridge: Polity Press, 1984.

Kenyon, John. *History Men: The Historical Profession in England since the Renaissance*. London: Weidenfeld and Nicolson, 1983.

Levine, Joseph M. *Humanism and History: Origins of Modern English Historiography*. Ithaca, NY: Cornell University Press, 1987.

Levine, Philippa. *The Amateur and the Professional, Antiquarians, Historians and Archaeologists in Victorian England, 1838-1886*. Cambridge: Cambridge University Press, 1986.

McLennan, Gregor. "Richard Johnson and His Critics, Toward a Constructive debate," *History Workshop*, 8 (Autumn 1979): 157-66.

Monds, Jean. "Workers' Control and the Historians: A New Economism," *New Left Review*, 97 (May-June 1976): 81-100.

Musson, A.E. *Trade Union and Social History*. London: Frank Cass, 1974.

Neale, R. S. Class in *English History, 1680-1850*. Totowa, N. J.: Barnes and Noble, 1981.

──."The Study," *Economic History Review.* second series. 19 (1966): 581-606.

──."*Theory and History*: A Note on the Anderson/Thompson Debate,"

Thesis Eleven, 2 (1981): 23-29.

——.*History and Class.* Essential Reading in Theory and Interpretation. Oxford: Basil Blackwell, 1983.

Nolte, Ernst. "The Relationship between 'Bourgeois' and 'Marxist' Historiography," *History and Theory.* Vol. 14, No. 1 (1975): 57-73.

Parker, Christopher. "English Historians and the Opposition to Positivism," *History and Theory.* Vol. 22, No. 2 (1983): 120-45.

Perkin, Harold. "The Condescension of Psoterity: The Recent Historiography of the English Working Class," *Social Science History*, Vol. 3, No. 1 (Fall 1978): 87-101.

Poster, Mark. "Althuser on History without Man," *Political Theory*, Vol. 2, No. 4 (1974): 393-409.

Reed, Daniel John. *The Fabian Historians: A Socialist Interpretation of English History.* Ph. D. Dissertation. University of Chicago, 1959.

Rotenstreich, Nathan. *Philosophy, History and Politics: Studies in Contemporary English Philosophy of History.* Nijhoff: The Hauge Martinus, 1976.

Samuel, Raphael. "British Marxist Historians, 1880-1980, Part One", *New Left Review*, 120 (March-April 1980): 21-96.

——.ed. *People's History and Socialist Theory.* London: Routledge & Kegan Paul, 1981.

Saville, John. Introduction to *From Chartism to Labourism.* by Theodore Rothstein. London: Lawrence and Wichart, 1983. v-xxvi

——."The Radical Left Excepts the Past to Do Its Duty." *Labor History.* Vol. 18, No. 2 (1977): 267-74.

──.*Democracy and the Labor Movement, Essays in Honor of Dona Torr*. London: Lawrence and Wirchart, 1954.

Smith, Harold. "From Chartism to Callaghan: Historiography and Bibliography," *Library Review*, 29 (winter 1980): 271-74.

Strick, Dale E. *English Historiography, 1859-1890: A Study of Froude, Freeman, Stubbs and Green*. Ph. D. Dissertation, University of California, Berkeley. 1952.

Taylor, A. J. P. "History in England," in *Rumours of Wars*. by Taylor, A.J.P 18. London: Hamish Hamilton, 1952.

──.ed. *The Standard of Living in Britain in the Industrial Revolution*. London: Methuen, 1975.

Winter, Jay ed. *The Working Class in Modern British History, Essays in Honor of Henry Peeling*. Cambridge: Cambridge University Press, 1983.

Woodward, E. L. "Some Considerations on the Present State of Historical Studies," *Proceedings of the British Academy*, 36 (1950): 95-112.

──."Modern Historical Studies in England Since 1939," *Bulletin of the Institute of Historical Research*, 21 (1946-48): 131-36.

Young, James D. "The Problems and Progress of the Social History of the British working classes, 1880-1914," *Labor History*, Vol. 18, No. 2 (Spring 1977): 257-66.

附錄一

一九五六年對英國馬克思史家的衝擊：
以霍布斯邦和湯姆森爲分析對象^{**}

前　言

　　自從一九八〇年代末期以來，蘇聯和東歐共產國家接二連三地發生了急遽的變化。這些事件，不僅震撼了當地的社會結構，而且也改變了國際間的關係，同時學術思想也隨之而有重大的變遷。就在三十多年前，共產世界也發生過舉世矚目的事件：那就是一九五六年，先有二月間，蘇聯共產黨召開第二十屆黨員大會，蘇聯領袖赫魯雪夫（N.S. Khrushchev）發表「祕密演說」，批判史達林（Joseph Stalin）的罪行。而後十月至十一月間，發生匈牙利革命，學生及群眾慘遭蘇聯坦克和軍隊鎮壓。當時候，這兩件大事對世局的衝擊非比尋常。在中國，中共爲了抓緊思想，於一九五七年掀起「史學革命」，使得歷史解釋更充滿教條。[1]在英國，由於其社會型態較爲民主和開放，共產黨員得有較充分的自由，選擇自己的去向。依照估計，從一九五六年到一九五八年間，英國共產黨員大量流失，從三萬三千降至兩萬四千人。[2]而黨員對黨中心央向心力的減弱，自然不在話下。在這股激流中，英國馬克思史家也必須選擇政治立場，重新反省他們的歷史認知取向。由此可見，當中共史家被迫更向左傾的時候，英國馬克思史家反而更邁往自由化，取得更大的思考空間。一九五六年，或許可以說，是成爲中、英馬克思史學，所以背道而馳的關鍵時刻。這是探討當代史學演變，值得

＊　本文原收錄於《第三屆史學國際研討會論文集》，國立中興大學歷史系主編（台中：青峰出版社，1991），頁235-261。

1　逯耀東，中共史學的發展與演變（台北：時報文化公司，1979），頁10-13。

2　Henry Pelling, *British Communist Party* (New York: Macmillan, 1958), 186.

深思的課題。

　本文選擇霍布斯邦（Eric Hobsbawm）和湯姆森（Edward Palmer Thompson）爲特定研究的對象，以便說明一九五六年匈牙利革命和史達林遭到批鬥兩件事，對於英國馬克斯思史家的衝擊。霍布斯邦和湯姆森都是一九六○年以代來國際著名的史家；他們的研究成果，頗有開創典範的功勞，對英國勞工史和社會史的貢獻更是卓著。同時，他們的歷史認知取向對歐美史學家也有莫大的影響。[3] 霍布斯邦至今還留在英國共產黨內，湯姆森早在一九五七年便宣佈脫黨。他們與共產黨組織的距離雖然不同，卻不約而同地抨擊共產黨組織以不及受史達林主義扭曲過的「庸俗馬克思主義」（Vulgar Marxism）。本文研究的角度以史學思想爲主，以政治社會思想爲輔；先敘述一九五六年以前，霍布斯邦、湯姆森以及其他英國馬克史家的學術思想，而後說明他們兩人對於一九五六年的迴應。本文中所討論的著作，以他們在一九六三年以前發表的爲限，其因是湯姆森於一九六三年出版《英國勞工階級的形成》（The Making of the English Working Class），霍布斯邦則於一九六五年爲英文版馬克思的《前期資本主義經濟的形成》（Pre-Capitalist Ecomomic Formations）撰寫一篇長序。這兩件作品分別成爲他們思想的代表作，也是他們經過一九五六年衝擊之後反省的結晶。瞭解他們在這個時期的思想，對於他們日後的觀點便不難迎刃而解。本文寫作的基本意義在分析：霍布斯邦和湯姆森的史學思想是如何開展出來的？一九五六年對他們兩人造成什麼樣的衝擊？藉由探索這幾個問題以便呈現英國馬克斯史學的發展。

3　參見Richard Johnson. "Edward Thompson, Eugen Genovese and Socialist-Humanist History," *History Workship*, issue 6 (Autum n, 1978).

早期接觸馬克思史學的背景

　　霍布斯邦和湯姆森求學的時代，正是兩次世界大戰期間歐洲多事之秋。霍布斯邦於一九一七年在埃及的亞歷山大城（Alexandria）出生。不久，他們舉家遷往維也納。一九二七年，維也納勞工焚毀司法大廈（Palace of Justic），使得出身猶太家庭的霍布斯邦震驚不已。[4]而後，他們又遷往德國。在柏林，霍布斯邦更親身嚐到希特勒（Hitler）統治及經濟大恐慌（Great Depression）的苦澀滋味。一九三三年，霍布斯邦加入柏林的學童共產黨組織。對於這段往事，他在一九七三年回憶說：「驅使人們接受革命的力量，並不是他們對某種目標的野心；實在是所有的出路都已枉然，所有的門徑都被封閉堵死。」[5]一九三三年，霍布斯邦又隨父親遷居倫敦，先完成了中學教育，隨後進入劍橋大學，於一九三九年取得學位。一九四一至一九四六年期間，入營服役；一年之後，前往倫敦大學任教。不久，他重返劍橋大學攻讀，於一九五一年獲得博士學位。[6]一九五一年以前，霍布斯邦由於移民英國的時間不久，仍然心繫中歐，所以常以英文或德文撰寫文稿，評論中歐的時事。至於他對歷史產生興趣，大約是在進入大學就讀，尤其當他服膺馬克思主義之後的事。

　　湯姆森比霍布斯邦稍為年輕。一九二四年，他出生於一個充

4　Eric Hobsbawm, "Intellectuals and the Class struggle," in *Revolutionaries*, by Eric Hobsbawm (New York: Pantheon Books, 1973) 251.

5　*Ibid.*, 249.

6　*World Auther, 1970-1975* (New York: Wilson, 1980), "Eric Jokn Ernect Hobsbawm," 396.

滿自由思想的英國家庭裡。湯姆森的父親（E. J. Thompson）曾經
支持印度的自決運動，與甘地（Moahandas K. Gandi）和尼赫魯
（Jawaharlar Nehru）相交甚篤。湯姆森的長兄（Frank Thampson）
於牛津大學求學期間即曾加入工黨俱樂部（Labour Club）；一九
三九年，成為共產黨員。而後，他自願前往保加利亞參與革命；但
於一九四四年，在南塞爾維亞（South Serbia）遇害。[7]由於特殊的
家庭背景，以及當時國際間方興未艾的反法西斯運動，湯姆森於一
九四〇年代初期加入英國共產黨。一九四六，他志願加入青年團，
前往南斯拉夫，義務修築鐵路。[8]對於充滿理想主義的湯姆森而
言，這是一段很有意義的經驗。他說「我因此而肯定了人民陣線的
價值。」[9]不過，由於他熱中外務，加上世界大戰烽火燎原，湯姆
森在劍橋大學期間並沒有閉門專心從事史學研究工作。[10]如果說，
他的歷史觀念有所長進，反而是從英國共產黨長輩的史家中學習得
來。

　　除了霍布斯邦和湯姆森，英國造就了不少國際著名的馬克思史
家，例如，朵布（Maurice Dobb），希爾頓（Rodney Hilton）和希
爾（Christopher Hill）等人。英國能擁有這麼多位學術地位崇高並
且足以和專業史家抗衡的馬克思學者，與共產黨內部的學術組織有
密切關係。一九二〇年，英國共產黨成立之初，不僅人單勢薄，而

7　T. J. Thompson and E. P. Thompson, *There Is a Spirit in Europe, A Memior of Frank Thompson* (London: Victor Gollamz Ltd., 1947), 18; see also E. P. Thompson, " The Secret State Within the Stat e," *New Statesman*, vol 96, no. 2486 (Non. 10, 1978), 612-618.

8　An Interview with E. P. Thompson, "Conducted by Mike Merrill in March 1976 in New York City, in *Vision of History*, eds. Henry Abelove (Manchester: Manchester University Press, 1983), 12.

9　*Ibid.*

10　*Ibid.*, 13.

且飽受工黨的敵視。[11]一九三〇年代，因為納粹思想橫行，西班牙又陷於內戰，許多人對極右派反感，共產黨員人數才直線上升，不少知識分子也紛紛投效旗下。在一九四八年以前，英國各大學並沒有限制共產黨員的活動。他們能自由組織社團，發行刊物，其中之一就是「共產黨史家小組」（The Communist Party Historians' Group；本文下簡稱「史家小組」。）一九三〇年代「史家小組」尚未成立之前，受馬克思主義影響的英國史家少之又少。比較知名的，在十九世紀末期大概只有興德曼（H. M. Hyndman）、威廉摩里斯（William Morris）和巴克斯（Belefore Bax）。他們援引馬克思的觀點，討論有關歐洲中古時代的問題。[12]二十世紀初，威廉保羅（William Paul）與歐陸的馬克思史家曾經研究有關古希臘和羅馬史。[13]　按理，英國馬克思史家應該對工業革命及其影響最感興趣，可是這個領域卻乏人問津。一九三〇年以前，研究英國社會和勞工史較有成就的反而是非馬克思史家，例如，衛布夫婦（Sidney and Beatrice Webb）、柯爾夫婦（G. D. H. and Magraet Cole）和漢蒙夫婦（J. L. and Barbaria Hammond）。甚至連外國的馬克思學者，如羅斯坦（Theodore Rothstein）以英文撰寫的《從立憲主義到勞工主義》（From Chartism to Labourism），也未能引起英國馬克思史家的熱烈迴響。[14]一九三〇年代「史家小組」成立的初期，成員們多半受到朵布的影響，有系統的研究十六、十七世紀之間的英

11　Pelling, *British Communist Party*, 25-27.

12　Raphael Samuel, "British Marxist Historians, 1880-1980: part one," *New Left Review*, no, 120 (March-April 1980), 28.

13　*Ibid.*, 29-30.

14　John Saville, Introduction to *From Chartism to Laborism* , by Theodore Rothstein (London: Lawrence and Wishart, 1983), xviii-xiv.

國史。[15]朵布個人的研究範圍固然限制了英國年輕馬克思學者的視野，但是身為劍橋大學的教授，他深知專業性訓練對於史家的重要，所以盡力引導小組的成員潛心學習史學方法；不少正在大學就讀的小組成員也能意識到，沒有嚴謹的史家訓練，就不足以和非馬克思史家抗衡論戰。[16]由此可見，「史家小組」的最大貢獻是培養了一批學者，而不是僅僅糾合一群年輕學子，專門從事政治運動而已。

然而好景不常，從一九四八年起，馬克思主義的信徒不再能夠自由活動。究其原因，與戰後冷戰的氣氛有關。一九四七年美國在杜魯門主義（Truman doctrine）的原則下，一面支援希臘和土耳其打擊共產黨，一面通過法案限制美國境內的共產黨。美國恐懼共產黨的氣氛，也感染了整個英國。不久，馬歇爾計劃（Marshall Plan）開始經濟援助西歐，北大西洋公約組統（North Altantic Treaty Organization）繼而成立，冷戰對立的緊張日漸增強。此外，英國共產黨又攻擊由艾特禮（Clement Attlee）所領導的工黨政府。[17]所以，一九四八年四月間，工黨政府下令驅逐國會中的共產黨議員。[18]一時之間，所有英國的共產黨員遭到孤立，難有發展的機會。[19]不過，這件事對於馬克思學者而言，不無正面影響；在這

15　Hobsbawm, "Historans' Group of the Communist Party," in Rebels and Causes, ed. *Maurice Cornforth* (Atlantic Highlands, N. J.: Humanities, Press, 1979), 23.

16　Georg Iggers, *New Directions in European Historiography* (Middletown, Connecticut: Wesleyan University Press, 1984), 124.

17　John Callaghan, *Far Left in British Politics* (Oxford: Basile Blackwell Ltd., 1983), 165; and James Hinton, *Labor and Socialism* (Brington, Sussex: Wheatlsheaf Books Ltd., 1983), 176.

18　Hinton, *Labor and Socialism*, 176.

19　An Interview with Eric Hobsbawm, "conducted by Pat Thaneand Liz Lunbeck, *Radical History* Review, no. 19 (Winter, 1978-79), 112.

段挫折困境中，他們反而被迫，更能沉潛研究學問。

　　就從這一年起，「史家小組」開始有計劃地研究英國的勞工史。由於小組的指示，霍布斯邦正式踏入這個學術領域。最初，他編輯了一本有關勞工史的史料，書名是《勞工的轉捩點》（Labour's Turning Point, 1880-1900）；他也為這本書撰寫了一篇導言，討論十九世紀末英國勞工運動的意義。[20]這本書可以說是霍布斯邦在史學上的初步貢獻。不過，值得留意的是，英國共產黨組織知識分子，成立各種研究小組，不是完全出於學術的動機，實際上也為了與資本主義作意識形態上的戰爭。[21]黨部中央對於每位成員的管理和要求非常嚴格，並且經常派人評估各個學術研究小組的工作成果；每個成員的學術和政治活動都得接受上級的指示。霍布斯邦曾經表示，一九五六年以前，他一直沒有接觸二十世紀的勞工史，原因出自共產黨內部認為：一九二〇年共產黨成立之後，英國的一切都已改觀；霍布斯邦雖然私下不以為然，可是衡量當時的情況，講真話反而既不禮貌，也不夠聰明。[22]

　　英國共產黨雖然以組織領導黨內的史家，不過，史家卻大都盡力維持學術的尊嚴。舉一個最明顯的例子，「史家小組」中的一些成員，如希爾、希爾頓、霍布斯邦和約翰摩里斯（John Morris）等人，決心成立一個不受共產黨支配的學術性歷史雜誌。起初，摩里斯建議以《馬克思主義歷史研究》（Bulletin of Marxist Histoical Studies）為名；不過，遭到否決，刪除馬克思主義的字眼。最後他們決議以比較中性的《過去與現在》（Past and Present）為正式

20　Hobsbawm, "Historians; Group of the Communist Party," 28.

21　Neal Wood, *Communism and British Intellectuals* (New York: Columbia University Press, 1959), 179.

22　"An Interview with Eric Hobsbawm," Conducted by Thane and Lunbeck, 117.

名稱，並且加上副標題：《一本科學性的歷史雜誌》（a journal of scientific history），突顯它的學術專業。霍布斯邦擔任雜誌的助理編輯，並且與其他編輯共同撰寫「創刊詞」（Introduction）。在「創刊詞」中，他們一致主張以理性的態度、嚴謹的方法研究歷史，不受任何教條或黨派的支配。[23]編輯群希望這本新雜誌能為史家開創一個共同的園地，「關心歷史的研究，討論現今的時事」；至於是不是馬克思主義的信徒，倒在其次。[24]雜誌的編輯名單中，果然列上幾位非馬克思主義的史家，例如：巴洛克洛夫（G. Barraclough）、貝特（R. R. Bett）和瓊斯（A. H. M. Johnes）。

《過去與現在》的編輯有意和共產黨組織保持距離，以維持雜誌的學術性；但是，這本雜誌，基本上還是免不了以馬克思主義為導向。從以下三項事實即可得到證明。第一，這本雜誌強烈地抨擊「經驗－實證的方法論」（empiri cal-positivist method）。[25]編輯群反對過分借重自然科學的史學方法，反對使用概念性或通則性的術語解釋歷史現象。他們強調社會的複雜性，以及歷史中文化和物質因素的互動關係；並且主張：「人是主動而有意識地創造歷史，而不是一群被動的犧牲者和歷史的標示物而已。」[26]從上述編輯群對「經驗－實證論」的批評，不難得知，這本雜誌是從「歷史物質論」（historical materialism，或譯為歷史唯物論）切入問題的核心，他們依據的是馬克思本人的一句名言：「人創造歷史」（Men make history）。[27]第二，這本雜誌非常重視歷史的功用。編輯為雜

23　The Editors, Introduction to *Past and Present,* no. 1 (February 1952), ii.

24　*Ibid.,* i.

25　*Ibid.*

26　*Ibid.*

27　Karl Marx, "The Eighteenth Brumaire of Louis Bonaparate," in *The Marx-Engles Reader,*

誌取名《過去與現在》，在於他們堅信：「歷史不可能很刻板地把研究過去、現在和未來硬性切開，因為它所處理的客體現象，即使我們不去觀察，也會時時變遷，永不停止。」[28]霍布斯邦和其他編輯在「創刊詞」中援引了古希臘史家波里比阿斯（Polybius）的作品，說明研究歷史應該有「現實意識」（presentism）。[29]表面看來，他們之重視歷史的功用好像沿襲自波里比阿斯；不過，不當忽略的是，馬克思也相當重視治學的價值導向和現實意識。《過去與現在》的「創刊詞」顯然對於專業化史家及科學派史家所標榜的「價值中立」提出質疑。編輯群奉波里比阿斯和馬克思為治學的宗師，由此可見一斑。第三，由於這本雜誌強調歷史的功用和現實意識，編輯群希望刊登的文章也能被一般讀者接受。[30]霍布斯邦在〈學術界的語言〉（The Language of Scholarship）一文中表示：英國馬克思的專業史家和其他專業史家間最大的區別是，後者只撰寫專題式的論文，而前者在呈現學術研究的成果時，寧可採用一般通俗的語言，讓普通讀者，包括勞工在內，也能閱讀和接受。[31]

湯姆森的史學方法和史觀主要也是來自「史家小組」的訓練。例如，一九五○年代初期，湯姆森撰寫威廉・摩里斯的傳記時，就曾獲得「史家小組」中資深會員鐸爾（Dona Torr）的指點。按鐸爾曾經編譯《馬克思與恩格思的通訊，》（Karl Marx and Friedrick Engles: Correspondence,）（1934年出版），以及《資本

---

ed. Robert C. Tucker (New York: W. W. Norton & Co., 1972), 473.

28　The Editors, Introduction to *Past and Present*, no. 1, iii.

29　*Ibid.*

30　Christopher Hill, R. H. Hilton and Hobsbawm, "Past and Present: Origins and Early Years," *Past and Present*, no. 100 (August 1983), 4.

31　Hobsbawm, : "The Language of Scholarship," *Times Literary Supplement*, August 17, 1956.

論》（Capital）的英文新譯本（1938年出版）。有賴她的指導，使許多年輕一代的馬克思史家受益匪淺。[32]湯姆森回憶這件往事時，曾說：「能夠與一位才情縱橫、優秀而且慷慨的共產黨學者親近，實在受益而且受教。」[33]對於「史家小組」中的希爾，湯姆森的感激之情也是洋溢於言詞之間。他說：「（希爾）本人比一般人所認識的他，更具有雄渾的理論，而且更努力於實踐。」[34]湯姆森早期雖然沒有追隨希爾研究十六至十八世紀的社會史；不過，由於希爾的啟蒙和引導，從一九六〇年代以後，湯姆森也開始研究早期資本社會的問題，先後發表一些頗有影響力的作品。[35]

　　湯姆森屬於「史家小組」的一員，但是也許因為個性灑脫，在小組內的活動似乎不如霍布斯邦積極，也沒有直接參與集體的研究工作。他在一九五六年之前，反而無視冷戰的肅殺氣氛，毅然參加和平運動，反對韓戰，協助西約克郡（West Yorkshire）的群眾聯盟。[36]在他離開大學之後，不僅沒有繼續深造，反而到成人學校教書。他說：「對我而言，[成人教育]像是一個新天地，它使我認識了工業時代的英國；在那兒，我教人們，人們也教我。」[37]在成人學校裡，湯姆森曾經開課講述威廉・摩里斯的事蹟；他推崇摩里斯的人格和社會思想，奉為他個人以及勞工的楷模。[38]不久，湯姆森以嚴謹的態度，整理出這份講稿，於一九五五首度出版，這就是

32　George Thomson, and al. "Forward" to *Democracy and the Labor Movement: Essays in Honor of Dona Torr*, ed. John Saville (London: Lawrence & Wishart Ltd., 1955), 8.

33　Thompson, *Wiliam Morris, Romantic to Revolutionary* (London: Lawrence & Wishart Ltd., 1955), 8.

34　"An Interview with E.P. Thompson," conducted by Merrill, 19.

35　*Ibid.*

36　"An Interview with E.P. Thompson," conducted by Merrill, 13.

37　*Ibid.*

38　*Ibid.*

《威廉·摩里斯傳》的由來。這本書使得湯姆森得以躋身史家之
列。

爭取自由思考的空間

　　對全世界的共產黨員和馬克思信徒而言，一九五六年是非常重
要的一年。當年二月，赫魯雪夫於蘇聯共產黨二十大會中發展「秘
密演說」，揭發史達林的罪行，使得共產世界中素來推崇的巨人，
聲名一落千丈。同年年底，俄國軍隊和坦克車鎮壓了匈牙利境內的
革命。這兩件大事導致許多黨員的理想因而破滅，紛紛脫黨。在英
國，一九五六年底，希爾、希爾頓和霍布斯邦等人共同簽署了一封
公開信，內容中坦承，以往的政治分析大都是奠定在「錯誤的事實
之上」；同時，也斥責英國共產黨執行委員會支持蘇聯的行動。[39]
不過，這並不意謂所有的英國共產黨員完全與黨以及馬克思主義完
全絕裂。例如，一九五七年元月，希爾再度公開表示，一個月前
那封公開信主要在評論執行委員會的失策，然而對於共產黨並無攻
擊之意。[40]至於霍布斯邦本人也重新肯定社會主義的本質，稱讚蘇
聯的部分成就。但是，他對於秘密的政治制度和僵化的共產黨官僚
體系，絲毫不敢表示苟同。[41]日後，霍布斯邦始終不渝堅持這種看
法。所以他雖然維持黨員的身份，卻對共產黨的未來不再表示樂

39　此公開信刊於 *New Statesman and Nation*, vol. 52, no. 1342 (Dec. 1, 1956), 701.
40　"Letters from Eri c Hobsbawm and Christopher Hill," *World News*, no. 4 (Jun. 26, 1957), 62.
41　*Ibid.*

觀。[42]霍布斯邦在〈馬克思及英國勞工運動〉一文中，曾以肯定的口吻說：「假使馬克思的理論是英國馬克思信徒的指針，他們就應該力行實踐。他們應該學習馬克思的方法，不應該僅止於讀他的文章，當他的信徒爲滿足。」[43]可見，一九五六年並沒有動搖霍布斯邦對馬克思主義的信念。倒是這一年對他的政治觀點的確衝擊不小；他說：「我反覆思考革命活動的基礎；不再像過去一般，未經批判就冒然接受戰鬥共產主義者所做的一切。」[44]經過這一年的事件之後，霍布斯邦顯然更謹慎，懂得與各種運動的爭端和分歧保持適當距離。從此以後，他的史學研究和時事評論也都比以前更客觀、開闊和包容。[45]當湯姆森等人推動英國新左派（New Left）的發展時，霍布斯邦也樂觀其成，助一臂之力。

　　一九五四年前，湯姆森很少撰寫批評政治或社會問題的文章。一九五六年的衝擊，令他痛心疾首。當年十一月間，他發表〈穿越布達佩斯的硝煙〉（Through the Smoke of Budapest），痛陳對共產黨的不滿。他攻擊史達林主義的中央集權。又指責，史達林的「無產階級專制」充其量只能算是庸俗馬克思主義，把人類的意識視爲機械一般，不論在理論上或實際上都泯滅了人性。[46]湯姆森還直截了當地批評英國共產黨的領袖，應當爲蘇聯坦克的罪行蒙羞。[47]由於湯姆森對共產黨官僚體系深惡痛絕，於是宣佈脫黨而去。不過，

42　周樑楷，「專訪霍布斯邦教授」，於The New School for Social Resarch, New York, 1986年11月18日。

43　Hobsbawm. "Karl Marx and British Labor Movement," in *Revolutionarees*, 108.

44　"An Interview with Eric Hobsbawm," conducted by Thane and Lunbeck, 116.

45　Hobsbawm, "Radicalism and Revolution in Britain," in *Revolutionarees*, 11.

46　Thompson, "Through the Smoke of Budapest," *The Reasoner*, vol. 3 (Nov. 1956), Supplement 56.

47　*Ibid.*, 7.

值得留意的是，湯姆森和霍布斯邦相似，對於馬克思主義和社會主義仍然滿懷期望與信心。他曾說：「史達林主義風行過的地方，共產主義者也都播下優良的社會主義種籽。當史達林主義隨風而逝的時候，田園裡即將長滿兄弟的情誼。」[48]以下是湯姆森對一九五六年事件的初步迴應。這篇文章言簡意賅，文鋒富有情感，是他日後思考取向的雛型。

一九五六至一九六三年之間，湯姆森鍥而不捨攻擊史達林主義。值得留意的是，他批判的對象不僅是史達林本人及他身邊的親信而已。湯姆森所謂的史達林主義，是指大多數共產世界的領導人，他們在心態上要求人民對黨及組織忠誠不二。這種思想無形中已經成爲黨派意識，也是教條主義和反智主義的根源。湯姆森指出，史達林主義在過去特定的歷史脈絡中已淪爲官僚組織。他以警示的口吻說，這種現象已經浸蝕全世界的共產社會，蘇俄、中國以及其它共產國家的人民，都慘遭這種意識形態和行政系統的迫害。湯姆森認爲，若要重振馬克思的人道精神，首先得要打擊史達林主義下的精英本位和官僚組織。所以，從一九五七年春季起，他就不願意虛擲時間和精力，不再爲共產黨做事。[49]

除了反對史達林主義，湯姆森對於托洛斯基主義（Trotskyism，或者稱托派馬克思主義）以及一九五〇年代的工黨也相當不滿。按，一九五七年左右，托派對於英國政壇與學術界的影響力仍然非常微弱，參加托派組織的人數頂多也只三百人而已。湯姆森並不在意托派勢力的大小，但看在他的眼裡，托派的觀念與

---

48 *Ibid.*

49 Thompson "Socialist Humanism," *The New Reasoner*, vol. 1 (Summer, 1957), 108; and Thompson, "Agency and Choice," *The New Reasoner*, vol. 5 (Summer 1958), 93.

史達林主義同出一轍。同爲托派雖然擺脫了史達林式的官僚主義，卻仍然放不開經濟行爲主義（economic behaviorism），精英本位和道德的虛無主義；這種思想架構基 本上和史達林主義沒有兩樣。[50]至於英國工黨在一九五〇年代也式微不振，黨員人數大量流失，在選舉中所得的票數大量減少。對於這個左派政黨的所作所爲，湯姆森深表懷疑，認爲他們成不了氣候，無法帶動社會主義的運動。

既然不滿當時各種左翼的組織和思想，湯姆森只好另謀出路。首先，他主張意識形態是最能改造社會的利器。他說：「從事運動最需要嶄新、有活力、有原則的社會主義、這種觀念是年輕一代的專業者和工人雙向交流所得的成果。」[51]湯姆森並且進一步提議，以書刊雜誌、討論會、論壇、詩文小說、學生運動以及各種文化活動爲溝通互動的園地。[52]由此可見，他採取「文化取向」，偏愛從文化思想因素，考量古今歷史變遷之道。這也是他鄙視史達林主義和托派思想淪爲「經濟行爲主義」的原因所在。爲了貫徹「文化取向」的社會思想，湯姆森於一九五七年夏天創辦《新理性者》（New Reasoner）雜誌。他和另一位主編薩維爾（John Saville）宣稱，在政治上他們支持蘇聯及東歐的勞工和知識分子，爲了伸張自由，也爲了「破解史達林體制」（de-Stalinization）而戰；另外，他們也願意聯合工黨、左翼以任何沒有參加政黨的社會主義分子，爲重振共同的原則而奮鬥。在《新理性者》第一期之中，湯姆森撰寫了一篇長文，題目是：〈社會主義的人道思想〉（Socialist

---

50　Thompson, "Socialist Humanism," 139.

51　Thompson, "Socialism and the Intellectuals," *Universities and Left Review*, vol. 1 (Spring 1957), 35.

52　*Ibid*.

Humanism），行文中除了以大半篇幅攻擊史達林主義，並且宣揚所謂的「社會主義的人道思想」的主旨。他說，這個名詞的目的，在彰顯「回歸人自身，從抽象化和經院化的形式主義回歸到真正的人，從詐騙和神話回歸到真實的歷史」。[53]很顯然地，這篇長文的中心思想援引了馬克思對於人的基本概念（concept of man），即：「人們製造自己的歷史」。嚴格地講，湯姆森所謂的「社會主義的人道思想」並非嶄新的觀念。不過，湯姆森坦承他的思想還揉合了基督新教和浪漫主義的精神。由此，「社會主義的人道思想」可以說是馬克思思想的變奏曲。

湯姆森以及《新理性者》對於新左派運動有推波助瀾之功。一九五〇年代末期，退出共產黨的人士以及年輕激進分子大都缺乏具體的政治綱領；他們多半偏向從文化和意識型態切入社會的問題。[54]因此，湯姆森和《新理性者》在當時深受這班人士的歡迎和支持。「新左派」（New Left）一詞可能最早出現在一九五九年湯姆森的一篇文章之上。[55]為了強調「新」左派的意義，他特意批評「舊」左派的缺點。他說，自從第二次世界大戰以來，左派人士一直沒有正視蘇聯的弊病，只一廂情願把它當作英雄般、工人的祖國。[56]舊左派完全把戰鬥的工人階級理想化了；其實這些工人也遭到共產黨領導人的壓榨。此外，舊左派慣以經濟的因素解釋英國的勞工運動；他們大都認為，一九五〇年代的經濟繁榮和高度就業率使得勞工運動一蹶不振；如果有意掀起另一波運動的高潮，只有等待下一次經濟危機來臨。湯姆森指責舊左思辨取向的謬誤，也為他

---

53 Thompson, "Socialist Humanism," 109.

54 David Childs, *Britain Since 1945* (New York: St. Martins Press, 1979), 120-23.

55 Thompson, "The New Left," *The New Reasoner*, vol. 9 (Summer 1959), 1-17.

56 *Ibid.*, 1.

們之熱中內鬥而感到羞恥。湯姆森希望，新左派不論男女人士都自動自發參加組織，不得以何權威益的力或思想箝制他人。因此，英國的新左派不曾宣佈一個共同的理論，也沒有任何有形的組織。他們只藉著寫作和聚會的方式討論各種關懷的問題。湯姆森承認，文化思想是新左派最關切的焦點，不過，他否認自己忽視了經濟問題。他說：「新左派期盼從政治和經濟改善一些問題，使人們能在整體的生命中有所作為。……文化思想不只是牽涉到價值本身而已；嚴格地說，文化問題也是政治權力的問題。」[57]

一九六○年，湯姆森正式創刊《新左派評論》（New Left Review）。很顯然地，這個時候湯姆森已經意識到「假使新左派要擴張的話，必須有專職的辦公室，並有專人負責組職」。[58]一九六一年，經過一番努力，果然有四十多個組群參加「左派俱樂部」（Left Club），並且成立專職的委員會。湯姆森終於看見自己的理想和辛勞催生了一種新雜誌和社團。不過，從一九六二年以後，他在《新左派評論》的地位卻逐漸動搖。究其原因，他與安德生（Perry Anderson）之間的分歧不無關係。按，安德生比較偏向托派，其理論基礎奠立在阿圖舍（Louis Althusser）的結構馬克思主義（Structural Marxism）之上。安德生自一九六一起參與《新左派評論》的編輯。在他的縱橫謀略之下，這本雜誌日漸脫離湯姆森原來的方向，甚至還點名批判湯姆森。一九六三至六四年間，湯姆森幾乎完全失去了他一手創辦的雜誌。

湯姆森提倡「社會主義的人道思想」，一直不違初衷。當冷戰仍然僵持不下時，他一方面攻擊史達林主義，一方面也攻擊「北大

57　*Ibid.*, 11.

58　Thompson, "A pressary in Ephology," *New Reasoner*, Vol. 10 (Autumn 1959), 5.

西洋公約的意識型態」（Natopolitan ideology）。[59]此外，他排斥無產階級專制，和過度的中央集權官僚體系，也不接受溫和的社會改革。[60]他認為，朝向民主社會主義最佳的途徑便是非暴力的革命。[61]然而，如何反史達林主義和反「北大西洋公約意識型態」，湯姆森並沒有提出具體的策略，而只是希望喚醒階級意識。[62]他不滿一般英國人對於公共事務漠不關心；[63]有些知識分子，例如：奧威爾（George Orwell）和奧丁（Wsytan Hugh Auden），對於國際間東西集團之對抗又太過於悲觀。[64]因此，湯姆森堅信，新社會運動的目的不在於「贏取」勞工運動，而是在於「轉化」它們。[65]湯姆森失去了《新左派評論》，但沒有失去新左派運動的理想。他說：「新左派的誕生，其首要的工作在打擊對政治和社會的冷漠。」[66]然而，現階段社會運動應該先喚起階級意識，這也是他寫作《英國勞工階級的形成》一書的動機。

史學思想的開展

從上述可以得知，一九五六年以前，英國共產黨與其旗下馬克

59 Thompson, "Outside the Whale," in his *The Poverty of Theory and Other Essays* (London: Merlin, 1978), 212-213.

60 Thompson, "At the Point of Decay," in his *Out of Apathy* (London: Steven & Sons, Ltd., 1960), 13-14.

61 Thompson, "revolution," in *Out of Apathy*, 302.

62 Thompson, "revolution Again or Shut Your Ears and Run," *New Left Review*, vol. 6 (Non-Dec.1960), 27.

63 Thompson, "At the Point of Decay," 9.

64 Thompson, "Outside the Whale," 214-18.

65 Thompson, "Revolution Again," 19.

66 *Ibid.*

思史家的關係，接著在這一年之後，史達林的權威主義如何破產。
純粹就政治層面而言，一九五六年的意義非比尋常。不過，就思想
觀念而言，本文不願意過份凸顯這一年的象徵意義，更不想把這一
年當作鴻溝，硬將霍布斯邦和湯姆森等馬克思史家的史學分爲前後
兩期。他們兩人的思想其實是自早年開始，一步一步開展出來的，
前後脈絡可循。一九五六年發生的事件，對於霍布斯邦和湯姆森在
學術上的影響，好比一道催化劑，促進了他們提早成熟，衝破思想
上的枷鎖。

　　一九五六年以前，霍布斯邦和湯姆森，縱然服膺馬克思主義，
但是畢竟沒有僵化，變成一元性的決定論者。或者說，他們從早年
起，就沒有沉溺在庸俗的唯物史觀之中。當「史家小組」成立之
初，朵布的《資本主義發展之研究》（Studies in the Development
of Capitalism）常被成員當作研讀和討論的資料。[67]朵布身爲馬克
思學者，理所當然地重視階級與歷史的關係。不過，他尚能尊重
史實，以經驗的（empirical）研究方法爲基礎，避免生硬地套用理
論。然而，經驗的（個別的）史實與普遍化的理論（或通則）之間
應該保持怎麼樣的關係？這是歷來史家爭議的焦點之一，也是分析
史家思想的重要課題之一。以朵布而言，他並未完全拋棄理論架
構；他對早期資本社會的發展所作的分析比庸俗馬克思主義者顯得
有彈性。一九五〇年以前，霍布斯邦和許多年輕一代的馬克思史家
大概都以朵布爲典範，思考有關理論架構與個別史實之間的關係。

　　從一九五〇年以來，英國馬克思史家所閱讀的書籍和研究的範
圍都比以前廣泛，朵布也不再受到特別的推崇。尤其他以生產模式

67　Hill, "Historians on the Rise of British Capitalism," *Science & Society*, vol. 14, no. 4 (Fall
　　1950), 315-16.

為關鍵，解釋由封建制度過渡本社會的說法，很難讓年輕學者完全信服。約翰生（Richard Johnson）分析英國馬克思史學內在理路的轉折過程時，指出：年輕一代與朵布之間的差異，在於他們更貶抑理論的應用以及壓低經濟因素的重要性；換言之，年輕一代歷史家的認知取向更為對尊重經驗的方法，更強調文化思想因素的重要性。[68]大致而言，約翰生的分析頗值得參考，因為他的確掌握了一九五〇年以來英國馬克思史學的走向。但是，他難免過分簡化事實，忽略了史家彼此間的差異。以霍布斯邦和湯姆森為例，他們的觀念，雖然可以依照約翰生所分析的，歸類為「文化的社會主義人道思想」（cultural-socialist humanism），以便與唯物史觀　結構馬克思主義劃清界線。不過，霍布斯邦和湯姆森之間仍然同中存異，值得再深入探討。

霍布斯邦和湯姆森一樣，都反對任何形式化的歷史理論、模式或普遍法則。霍布斯邦批評十九世紀曾經盛行一時的實證主義，因為這種認知取向盲目效仿自然科學法則，過份套用模式，而忽略了社會的多樣變化現象。[69]由於庸俗馬克思主義一向也標榜科學，霍布斯邦連著也嗤之以鼻，認為這種決定論與實證主義根本是一丘之貉。霍布斯邦反對以必然性、決定論式的發展模式解釋任何社會現象。[70]例如，一九五〇年代期間，國際間不少馬克思史家彼此論戰有關世界史的分期問題；[71]霍布斯邦也曾參與其間。按照他的

---

68 Johnson. "Edward Thompson, Eugene Genovese and Socialist-Humanist History," 81.

69 Hobsbawm, "Karl Marx's contribution to Historiography," *Diogenes*, no. 64 (Winter 1968), 40-41.

70 *Ibid.*, 43.

71 Rodney Hilton, Introduction to *The Transitian from Feudalism to Capitalism*, ed. R. Hilton (London: Verson, 1987), 9-29.

見解，從封建制度過渡到資本社會，歐洲經濟的發展可以分成六個
階段：⑴從西羅馬帝國的滅亡到第十世紀，⑵盛期中古時代，⑶十
四至十五世紀封建社會的危機，⑷早期資本主義的時代，⑸第十七
世紀的危機，以及⑹資本社會真正勝利的時代。[72]值得留意的是，
這一套歷史的分期，依照霍布斯邦的意思，其功用頂多僅供參考而
已，絕對不是放諸四海而皆準的公式。從他的作品中，的確也看
不出有任何決定論的傾向。霍布斯邦自己也表明：「用一套普遍
性的趨勢說明由封建制度走向資本社會，在目前顯然是深受懷疑
的。」[73]他瞭解，任何社會變遷因地而異，各有特色；[74]因此，他
一再強調，歷史應該建立在具體事實研究之上。

　　除了參與國際上馬克思學者的論戰，自從一九五〇年以來，霍
布斯邦也經常與經濟史家辯論有關工業革命的歷史。有些經濟史
家，例如：克拉漢（John h. Clapham）、艾希頓（Thomas Ashton）
與哈特韋爾（R. M. Hartwell）等，一向借重量化統計的方法，採
用「經驗－實證的取向」，甚至根據某種經濟學的理論，探討物質
經濟的層面。他們的史學思想，可以簡稱為「經濟史取向」。[75]霍
布斯邦對於他們的研究方法和歷史解釋不敢苟同，因而曾經撰文批
判克拉漢和艾布頓，同時也反駁哈特威爾對工業革命社會問題的看
法。[76]霍布斯邦由於厭惡史家過份依賴模式或普遍法則，他私下表

---

72 Hobsbawm. "From Feudalism to Capitalism," *Marxism Today*, vol. 6, no. 9 (Aug. 1962), 255.

73 *Ibid.*

74 *Ibid.*

75 參見周樑楷，「英國史學上的「經濟史取向」：其形成及艾希頓的貢獻」中興大學歷史系主編，中西史學史研究討論會論文集（台中：中興大學，1986），251-82。

76 例如：Hobsbawm, review of *A Concise Economic History of Britain, Form the Earliest Time to 1750*, by J. Clapham, in *Time Literary Supplement*, Dec. 30, 1949, and review of *Ecommic History of England, The Eighteenth Century,* by T. S. Ashton, in *Daily Worker*

示，比較喜歡湯尼（Richard Tawney）和布洛克（N. Bloch），而排斥韋伯（Max Weber）和薄岱爾（F. Braudel）。[77]

湯姆森早期的作品殊少直接涉及史學理論。不過，仔細閱讀《威廉‧摩里斯傳》，不難發現他對個別的、經驗的事實，尤其有關思想文化的層面十分重視。按，這本傳紀的傳主是位詩人、藝術家及社會主義者。湯姆森很細膩地刻畫摩里斯意識型態的發展過程，解釋摩里斯如何主動地、有意識地「製造歷史」，而不是任由生產模式或階級出身決定他的行為和思想。這本書足以反映，早期湯姆森的史學思想從未落入教條馬克思主義的俗套。到了一九五六年以後，湯姆森撰寫〈社會主義的人道思想〉一文，不只批評史達林主義的權威政治，而且也反駁其史學觀點。湯姆森說：「史達林主義把「思考」以及「上層結構」的概念弄反了，（人們）成為半自動模式下毫無意識的活動。思想上有意識的衝突過程未能當作影響歷史的因素，而只是當作虛幻的影像，或者，當作不完整的思考，僅附屬於經濟因素之下而已。」[78]

湯姆森重視經驗的、個別的史實研究。在《英國勞工階級的形成》裡，他說，他所研究的「階級」既不是「結構」，也不是「範疇」，而是「歷史現象」，是「人際關係上實際發生的事」。[79]由於他強調勞工階級、文化傳統和價值體系，彼此的關係密不可分，所以，他看待階級意識如同流動的過程（process）。勞工並非完全

(July 28, 1955)., 並參見Arthur J. Taylor, Introduction to *The Standard of Living in Britain in the Industrial Revlution*, ed. A. Taylar (London: Methuen & Co., 1957), xiii-xv.

77　周樑楷，「專訪霍布斯邦教授」。

78　Thompson, "Socialist Huma nism," 111.

79　Thompson. *The Making of the English Working Class* (New York: Vintage Books, 1966), 9.

被動、由外在環境趨使，相反地，他們能主動、有意識地凝結成一個階級，其「形成」是進行式的，英文應當寫成「making」。《英國勞工階級的形成》一書厚達八百多頁，其內容全在列舉史實，說明十八世紀末到十九世紀三〇年代英國如何逐漸形成勞工階級。湯姆森一反庸俗馬克思學者以「出身」決定階級。湯姆森此說，很類似盧卡奇（Geoarg Lukacs）在〈何謂正統馬克思主義〉（What is Orthodox Marxism?）中所強調的，階級意識的主動性和時空流動性。[80]不過，盧卡奇的言論，屬於歷史哲學的思維結晶，湯姆森的《英國勞工階級的形成》是本道地的歷史作品。爲了反對馬克思主義陣營中過份借重「理論」，湯姆森在一九六三年以後，曾經與所謂的結構馬克思主義者展開激烈的辯論。這些作品於一九七八年結集付梓，書名稱作《理論的貧乏》（The Poverty of Theory & Other Essays）。這本書的中心議題，簡要地說揭櫫不得依賴理論或模式。由於這本書出版的時間已超出本文的討論範圍，所以不擬再繼續分析解讀。到此爲止，只要能掌握《威廉・摩里斯傳》、〈社會主義人道思想〉、和《英國勞工階級的形成》的研究取向，得知湯姆森一向都重視個別具體的史實和經驗方法，讀者不難迎刃而解他的後期史學思想。

　　以上的分析，很容易讓人產生誤解，以爲霍布斯邦和湯姆森又擺回歷史相對論或史實至上論（factualism）的老路。尤其湯姆森的觀點，如果不經深入思辨，更容易被誤解成「反理論」的史觀。其實，霍布斯邦和湯姆森從早期以來，一直未改初衷，接受馬克思本人的思想。馬克思的「歷史物質論」（historical materialism）對

80　Georg Lukacs, "What is Orthodox Marxism?" in *History and Class Conciousness*, by G. Lukacs (Cambriges, Mass: MIT Pre-ss, 1971), 1-27.

於他們兩人而言，是套歷史認知的取向，它需要「理論」與「實際」不斷辯證。霍布斯邦和湯姆森其實並未因挑戰「理論」，而喪失中心思想。他們所反對的是：一元性決定論的那種「理論」，以及實證論或結構馬克思主義所秉持的，那種長程、深層的「理論」。在劃清界線，破解種種僵化的「理論」和思維方式之後，霍布斯邦和湯姆森反而得以昇揚超越，將馬克思主義的「歷史物質論」當作認知「歷史的最高原則」。這套原則如果稱之為「理論」也未嘗不可；不過，這「理論」的層次高於其他「理論」（即一元論的、實證論的或結構馬克思主義的），「理論」的性質也不一樣。先取一個類比，一元論和實證的「理論」恰似古典物理學把科學公式當作價值中立的，放諸四海而皆準的通則。結構馬克思主義的「理論」，雖然擺脫了決定論的窠臼，但是仍然過分借重公式或定理。霍布斯邦和湯姆森與「歷史物質論」，好比現代物理學者與「測不準原理」（principle of uncertainty）的關係一般，同是屬於指導性的「原理」或「原則」，但不是用來供人套用事實，屬於現象界的「定律」或「理論」。霍布斯邦和湯姆森所掌握的「歷史物質論」，如果用比較概念性的話來表達，我們可以說，他們兩人有志一同，都尊奉馬克思對於「人的看法」（concept of man）（即馬克思所講的「人是社會的動物」），以及對「歷史的看法」（concept of history）（即馬克思強調的「人們創造歷史」，Men make history）。他們兩人都以馬克思這兩個概念為中心思想，而且活學活用，加以辯證互動，引導他們的歷史寫作。

霍布斯邦在早期的作品《勞工的轉捩點》中，舉證說明當十九世紀末英國的經濟社會結構開始面臨遽變、原來的「貴族勞工」（aristocracy of labor）不再主宰勞工組織，技術水準較不熟練的

「生手」和「半熟工」，日漸興起勞工意識，進而組織各種團體，為社會主義的理想而奮鬥。[81]換句話說，從這個時候起，勞工開始懂得「創造自己的歷史」。霍布斯邦在一九六○年代初期出版的《勞動者》（The Laboaring Men）和《革命的時代》（the Age of Reolution），可以說是上述觀點的演繹和補充。這兩本書呈現十九世紀勞工的主動意識，即使在重重挫折之下，他們仍是不斷衝撞，拒絕任何擺佈和壓迫。霍布斯邦掌握馬克思本人的思想，不僅以此寫史著書，而且他也進一步詮釋馬克思主義。在《前期資本主義經濟的形成》的〈導論〉中，他明白地說，馬克思所做的分析是以「一套極高的通則」（a very high level of generality）為指引。這套分析的通則，沒有論指任何特殊的歷史階段、任何生產的力量和關係。它把人當作「社會的動物」；它所要分析的是人如何從自然界中逐漸解放出來，以及如何進一步控制自然。[82]在這個「最高的指導原則」之下，其他的歷史問題都是次要的。例如，所謂的「階級」在馬克思的歷史認知中並不是最核心的問題。換句話說，「階級」並沒有和歷史的發展同步進行；早期的歷史中沒有「階級」存在，未來歷史也未必一直有對立的「階級」。所謂「階級」，其實只是歷史上某特定時期社會關係中特定的生產現象而已。[83]由此可見，「階級」在霍布斯邦所撰寫的勞工史中所以佔有相當的分量，只不過因為在資本社會中「階級」的確不容抹殺。他撰寫勞工社會，不是純粹為了針對「階級」而寫歷史，而是為了說明勞工在歷

---

81 Hobsbawm, Introduction to *Labor's Turning Point*, 2nd edition (Rutherford: Fairleigh Dickinson University Press, 1974), xv-xxi.

82 Hobsbawm, Introduction to *Pre-Capitalist Econmic Formations*, Karl Marx, translated by Jack Cohen (New York: International Publishers, 1965), 11-13.

83 *Ibid.*, 11.

史中所扮演的角色，而觸及「勞工」。換句話說，一切都是爲了指出勞工意識和生產的社會關係之間的互動「過程」。本文曾經提起，湯姆森在一九五〇年代出版的《威廉・摩里斯傳》及一九六三年出版的《英國勞工階級的形成》，不外乎爲了呈現：人如何有意識地創造自己的歷史。這兩本書充分證明，湯姆森以馬克思的「歷史物質論」爲指導原則，寫成有關勞工及社會運動的歷史。自一九六〇年代後期以來，湯姆森改變了治史的領域，由原來的一七六〇至一八三〇年，往前移至十六及十七世紀。他的動機，在顯示：早期資本社會中，下層社會人士，如何有意對抗上層社會的欺凌和壓榨。這段時期，勞工們未必有「階級」的觀念，但是，經歷百般的挫折後，他們已逐漸懂得主宰自己的命運。言下之意，由於先有早期資本社會裡下層人士的主動抗爭意識，接著才可有工業資本社會勞工階級的形成。這一前一後的歷史，可以連貫一氣。由此可見，湯姆森的史學思想，也是本著「人創造歷史」及「人是社會的動物」這套辯證法的最高原則，然後落實地從事歷史經驗的研究。

　　霍布斯邦和湯姆的基本史學思想，毫無疑問地，可以歸類在同一個馬克思史學派別之中。這就是約翰生所說的「社會主義人道思想」。[84]這個學派與庸俗馬克思主義（史達林主義）、托派思想和結構馬克思主義的差別，在於這個學派比較重視個別的因素，比較有歷史的變遷意識，而且比較重文化思想的因素，否定經濟物質因素的決定性意義。霍布斯邦和湯姆森一再強調「階級意識」就是主要的證據。本文不擬再加贅述。不過，有待補充說明的是，如果更細膩鑑定、比較他們兩人的思想，且以光譜（spectrum）來表示的

84　Johson, "Edward Thompson, Eugen Genovese and Socialist Humanist History."

話，他們兩人的差別在於，湯姆森比霍布斯邦稍微偏向文化思想的一端。湯姆森不惜筆墨，仔細刻畫威廉‧摩里斯的心靈，這位傳記主如果不屬於文化的精英階層，至少也是中層的知識分子。還有，湯姆森《英國勞工階級的形成》中，鉅細靡遺描述各種中下層階的書刊和社會組織，深入探討美以美會（Methodism）與勞工運動的關係。這一切書寫都涉及文化思想的層次。所以，連湯姆森本人也親口承認他的確比較重視文化思想的因素。[85]不過，從光譜上放大，判別霍布斯邦和湯姆森，只爲了在「大同」之中突顯「小異」罷了。基本上，他們兩人都很關切文化思想與經濟物質因素的互動關係，認爲社會原本是個整體（society as a whole），他們兩人的認知取向都以「歷史物質論」爲基調。

結論

從年輕時代起，霍布斯邦和湯姆森就參加英國共產黨。他們最初的動機，與當時外在的政治社會環境息息相關。而後，因爲「史家小組」的成立，他們與許多馬克思學者一樣，研讀馬克思主義的書籍，接受專業化史學方法的訓練，因而他們的觀點得以奠立學術上的基礎。但是，共產黨及「史家小組」的領導人士懷有強烈的政治目的和現實主義，不容許旗下的知識分子逾越既定的思想框架。共產黨的官僚體制因此牢牢主控著治史的認知取向和價值觀。所幸，「史家小組」的成員仍有部份的空間，能在某幾位資深會員的

85　周樑楷及張四德，「專訪Edward Palmer & Dorothy Thompson夫婦，」 於Kingston, Canada，1988年4月1日。

指導下，免於完全被教條化的馬克思主義所主宰。尤其，在一九五〇年代初期，當霍布斯邦編譯《勞工的轉捩點》及創辦《過去與現在》時，也就是湯姆森撰寫《威廉・摩里斯傳》之際，他們對史學及經驗式研究取向之尊重，遠超過朵布等資深史家的觀點。也許，這是因爲在英國，及在西方自由民主社會中，有不少非馬克思主義的專業史家，馬克思學者若要爭得一席之地，必要在學術上先站穩立足點。所以，這個時期的霍布斯邦和湯姆森，已經懂得在尊奉馬克思的思想之下，不生硬活剝套用公式，僵化馬克思的思想。

　　一九五六年的歷史意義，就政治層面而言，那一年的政治事件促使霍布斯邦、湯姆森和許多馬克思學者徹底看穿共產黨組織的虛僞與官僚。他們或者脫黨，或者與政治權威保持適當距離，從而擁有更寬的、自由的思考空間。這一年的衝擊，也使得他們原來的思想獲得充分開展的機會，並且先後完成不少史學上的佳作。綜觀霍布斯邦和湯姆森的作品，免不了有些觀點和細節值得商榷；甚至他們兩人之間也不乏矛盾之處。例如：有關英國勞工階級何時才形成？這個問題，湯姆森認的答案在一八三〇年代，霍布斯邦的落點卻在相隔數十年之後的一八九〇年代。可見，他們把勞工史的「轉捩點」，分別判定在不同的時刻上。姑且不論這些史觀上的細微差別，他們對「歷史物質論」的見解，的確都能呈現更靈活、更具有建設性的史學思想。至於霍布斯邦和湯姆森是不是完全遵循馬克思本人的思想？這個問題見仁見智，況且很容易陷入是非難斷、永難逃脫的泥淖。本文的主旨，在表明：霍布斯邦和湯姆森把握了馬克思對「人」及對「歷史」的基調；他們兩人進而把這套中心思想的「理論」層次，推舉到「最高的指導原則」。由於一九五六年，之後，霍布斯邦和湯姆森才能獲得伸展的機會，充分發揮他們觀看世

界之道。

永遠的死對頭：
馬克思、史賓塞墓園巡禮*

距離第一次到英國就快整整九年了！記憶裡許多景象似乎仍然清晰可辨。

那一年，一九八九年的五月中旬，為了收集研究資料，我從紐約飛越大西洋到倫敦，正巧趕上這個城市慶祝建置八百週年。前兩個星期，一直住在友人的家裡。大衛（David Gehard）與我的年紀相當，是來自德國的猶太移民，早年擔任屠宰工人，後來由直屬的工會推薦及贊助，就讀牛津大學中專供勞工階級求學的羅斯金學院（Ruskin college）。我們似乎「臭味相投」，一見如故，除了開懷暢談交換意見，評論英國著名的勞工史家之外，也聽他敘述英國的社會近況。

那幾天的倫敦，風和日麗，到處鮮花迎人。這才讓我體會到英文中的May flower（五月花）並非泛泛的普通名詞，而是指一年之中最迷人最美好的季節。

然而，徐徐春風裡卻摻雜了一些擾嚷，難免令人分心。那時候，各報紙和電視節目天天大幅報導中國天安門廣場上學生示威的消息；還有，五月廿三、廿四日兩天，倫敦的捷運司機（tube drivers）也集體罷工。也許英國人早已見怪不怪，適應了他們自己的社會，所以市區裡雖然到處擁擠，行車速度緩慢，可是卻少有情緒浮躁，亂鳴喇叭的現象。不過，他們畢竟未能瞭解中共，還一直相信，天安門廣場上數萬人所凝聚的壓力，已足以讓其政權多多少少妥協讓步。

---

*　本文原刊印《當代》雜誌，第128期（1998, 4, 1），頁68-73。

湯恩比的左派行誼

　　第一個週末，因大衛有意盡地主之誼，驅車載我四處遊歷。
我選擇了倫敦碼頭、東區（East End）和高門墓園（Highgate
Cemelery）。

　　泰晤士（Thames）河畔碼頭一帶在十九世紀的時候，是個車
水馬龍的地區。這個全世界最大的資本主義國家，每天都有大批的
商品在此吞吐進出。然而一八八〇年代，因經濟衰退，碼頭搬運工
人薪資削減，釀成轟動一時的大罷工，不僅震撼了英國的政府，而
且促進了新工會運動（New Trade Unionism）和社會主義的興起。
事隔一百年的今天，這裡一片沉寂，既沒有成箱堆積的貨物，更聽
不見勞工的吶喊。

　　倫敦東區一向是外來移民群居雜處之所，到處違建充斥。十
九世紀時以猶太人居多，現在街道上四處走動的，似乎多半是印
度和巴基斯坦人。每當到國外去旅遊，我總喜歡在貧民區走走逛
逛，看看他們社會的底層。不過，這回來倫敦東區還多了一個理
由，是為了參觀湯恩比館（Toynbee Hall）。這棟三層樓磚砌的建
築物於一八八五年落成啓用，主要因紀念湯恩比（Arnold Toynbee,
1852-1883）。這位左翼自由主義的勞工史家以《工業革命史講
稿》（Lectures on the Industrial Revolution of Eighteenth Century in
England）而聞名後世，同時也使「工業革命」成為眾所週知的名
詞。他在短暫的一生中，為了勞工的利益，到處奔波演講，終於積
勞成疾。過世後不久，他生前的好友建立這棟紀念館，協助清寒大

學生，解決他們的食宿問題。英國自由派的知識分子能劍及履及，知行合一，由此可見一斑。

高門墓園埋雙雄

離開東區之後，大衛開車直往高門墓園。台灣許多遊客出國，通常喜歡參觀著名音樂家、畫家或學者的故居和墓地。我常調侃他們專為掃墓而遠行；我這到高門也懷著同樣的心情。

高門墓園入口處有一小間販賣部，大衛十分好奇說，從前這裡原本空無一物。不過，他建議先到馬克思的墓地。我們順著一條小路前進，路不難走，也不難找，因為來這裡的訪客似乎大家都同一條心，也同個方向。

馬克思的墓地位於路旁轉角處，面積不大，倒是綠草如茵，一束束的鮮花供奉在墓前。馬克思頭部及胸部的塑像安置在大約一百公分高的座基上。深邃的眼神，含著幾分沉思，又具有遠眺的穿透力。座基的上方寫著：「所有地區的勞工，聯合起來！」（Workers of All Lands, Unite!）下方寫著：「哲學家只是用不同的方式解釋世界，而重點，終究在改變世界。」（The philosophers have only interpreted the world, in various ways; the point, however, is to chang it.）顯然這是他生前所說的兩句名言，前者出自〈共產黨宣言〉的結語，後者引自〈論費爾巴哈〉一文。而這兩段話如果聯想在一起，便是馬克思史觀的精髓：「眾人創造歷史」（Men make history）。他認為，歷史既非純粹由經濟物質因素所決定，更不是依賴少數個人的意志，由上而下便可扭轉乾坤；相反地，歷

史得靠勞工的階級意識，由下而上，與經濟社會的變遷相互辯證而形成。馬克思一生總以改變現實世界為職志。一八四八年，歐洲各地革命四起，英國也出現激進的立憲運動（Chartist Movement），馬克思和恩格斯以樂觀自信的筆調，發表《共產主義宣言》（The Communist Maniferto）。而後，各地的革命功敗垂成，保守的勢力再起。從一八五○到一八八○年間，歐洲是個鍍金繁榮的時代，也是資本家居優勢的年代，馬克思只能沉潛以待，青燈黃卷，發憤著述，直到一八八三年三月十四日過世。同年同月的第九日，湯恩比比他先離開這個世界。我沒有興趣再追究馬克思如何下葬？他的墓園如何幾度整修成為今日的面貌？而只深深感觸，一天之內我居然能同時巡禮湯恩比館和馬克思墓園，好像實現了某種願望一般。

　　大衛告訴我史賓塞（Herbert Spencer, 1820－1903）的墳墓就在附近。我想順便瞧一瞧無妨，畢竟他也是個人物，在早期的社會學上佔有一席之地。本來大衛以為立刻可以指出史賓塞埋骨之處，可是眼前雜草叢生，尋覓了一陣子，一度使他失去信心，懷疑自己的記憶。後來終於在藤蔓之間發現了史賓塞的大名。有趣的是，距離馬克思墓前的左方大約只有十步之間而已。

衛布夫婦一時俊彥

　　看見史賓塞，首先想起碧翠絲衛布（Beatrice Webb, 1858－1943），因為我此行到倫敦也是為衛布（Sidney Webb, 1859－1947）夫婦兩人的資料而來的。碧翠絲出身上層社會，家居豪華宅院，社交往來多半上流人士，史賓塞便是常客之一。碧翠絲早年受

史賓塞的思想影響，篤信適者生存的社會原理，支持資本主義，他們兩人年紀相差三十幾歲，關係在亦師亦友之間。年輕貌美的碧翠絲深深暗戀史賓塞，後來因被婉拒，賭氣而下嫁給頭大腿短、家境小康的衛布。衛布的政治立場從一八八〇年代起轉向溫和的社會主義，並由蕭伯納（George Bernard Shaw，1856－1950）的介紹參與剛成立不久的費邊社（Fabian Society）。碧翠絲本人大約在一八八三至九〇年期間日漸傾向社會主義。她曾經隱瞞真實姓名，充當女工，在倫敦東區工作，並將採訪研究所得撰寫論文。碧翠絲與衛布結婚後，雙雙在費邊社裡扮演領導角色，舉足輕重，一八九五年，他們還處心經營，創辦了倫敦政經學院（London School of Economics and Political Science）。面對著史賓塞的墳墓，我想，碧翠絲這位富家千金小姐要不一時賭氣，日後個人的造化可能大不相同，果然如此，則費邊社和倫敦政經學院便不知如何演變？

其次，我又想，馬克思比史賓塞只年長兩歲，一個志在實現共產主義，一個竭力為資本社會、個人主義尋找正當化的學理。生前學院相互齟齬擷抗。死後，不曉得有人故意作弄，或者無巧不成書，他兩人長眠入土之處，居然近在咫尺，相互對立。我不禁莞爾一笑：真是永遠的死對頭！

我和大衛走回高門墓園的入口處，在販賣部駐足了一陣子。我發現那裡出售的商品幾乎都與馬克思有關，想不到終生批判物化和異化的他，身後卻反被政府商品化，大發利市。市場經濟應該勝利無疑了，但吊詭的是，似乎從來沒有任何遊客是因史賓塞而來的。

二十世紀末，共產國家接二連三紛紛垮台，有人歡呼資本主義萬歲，然而馬克思主義是否隨著煙消雲散呢？想要高門墓園裡絡繹不絕的朝香客，我肯定所謂的左派，應是永遠的否定

（negation），朝著理想，永遠不斷的否定。 許我們可以預言，下
個世紀仍有數不盡的「永遠的死對頭」。

寫於《共產主義宣言》一百五十周年

附錄三

激進壯美的烏托邦：
摩爾與湯姆森的職志*

左派與烏托邦

一九六〇年代，成千上萬的青年男女聚集在北美加州西海岸的地區。這些嬉皮（hippies）幾乎人人以天體相向，不僅一幅亞當與夏娃的模樣，而且還自詡是在建立嶄新的「基督教社會」，實現「當下的世界末日」（the imminent end of the world）。[1]

約在嬉皮出現之前稍早一點，波蘭著名的思想家寇拉克烏斯基（Leszek Kolakowski）就撰寫文章，解釋什麼叫做左派。他說：「界定左派，要從其含有否定（negetion）的意義來說，但不能僅止於此：所謂左派，在否定之中還應該有導向（direction），其實也就是含有烏托邦的本質。」[2]寇拉克烏斯基一再強調，左派不能棄絕烏托邦，左派所作所為本來就是在追求現世所沒有的事體。相形之下，右派之所以成為保守的勢力，正因為其本質是在確保既得的利益，不需要有烏托邦。

其實，嬉皮和寇拉克烏斯基都屬於激進分子。他們都對現世不滿，批判之中帶有強烈的否定；也都同樣地有理想，企圖實踐他們的心志。只不過，這兩種激進分子，前者顯得比較急切浮躁，迫不得在有生之年重建伊甸園；而後者頗能堅持既定的價值導向，任重道遠，知其不可為而為之。

---

* 本文原刊於《當代》雜誌，第61期（1991, 5, 1），頁44-45。

1 Yuri Rubinsky and Ian Wiseman, *A History of the End of the World* (New York: Quill, 1982), 13.

2 Leszek Kolakowski, "The Concept of the Left" in *Toward A Marxist Humanism*, by Kolaskowski, trans. by J. Z, Peel (New York: Grove Press, 1968), 69.

　　寇拉克烏斯基長年生活在專制集權的共產世界裡，深知史達林主義（Stalinism）根本與馬克思本人的理念背道而馳。所以寇拉克烏斯基口誅筆伐時下所有庸俗的馬克思主義，有意重振「馬克思主義的人道思想」（Marxist humanism）。他的烏托邦其實就是否定現實當權的共黨意識形態，而朝向賦有人道精神的烏克思主義。閱讀寇拉克烏斯基作品品之餘，不免讓人聯想起當代英國的馬克思學者愛德華・湯姆森（Edward P. Thompson），近幾十年來也不斷地批判資本主義和史達林主義，堅持一貫主張的「文化的社會主義人道思想」（cultural-socialist humanism）。他還積極參與社會運動，領導國際性的反核與和平組織。所以按理，他也應該屬於所謂的左派烏托邦。還有，不得不讓人聯想到的是，《烏托邦》（Utopia）的作者湯瑪斯・摩爾（Thomas More），他的思想通常被冠上屬於文藝復興時代的「基督教人本主義」（Christian humanism）。[3]為了批評時政以及羅馬教會的弊端，最後鋃鐺入獄，犧牲生命而在所不惜。在那個時代英國的社會中，他其實是位不折不扣的左派。

　　自古以來，左派也好，烏托邦也好，應該有無數的種類，不可以任意整齊劃一，或加以概念化。不過，摩爾和湯姆森這兩位生平相距大約有五百年之久的英國學者，無論見識和胸懷都有類似的地方，很值得相提並論。

3　本文所謂的人本主義和人道思想，英文都是Humanism，也是一般人所謂的人文主義。又，本文所謂的基督教指廣義的，信仰耶穌的教會，而不是指狹義的教會。

由末世論轉化爲現世論

　　一五一五年，摩爾以拉丁文寫作的《烏托邦》首度問世。那個
年代，或者說，一五○○年左右那個時期，是歐洲社會和文化一段
重要的轉捩點。當時義大利的文藝復興運動正值高峰之際。米開朗
基羅（Michelangelo）於一五○一年從羅馬返回佛羅倫斯，接受剛
成立的共和政權之委託，雕刻猶太史（也是《聖經》）上曾經推翻
暴政的英雄人物（David）。這座大理石像不論在體材和內涵上，
都象徵著當時盛行於義大利的人本主義。一五○九年，荷蘭籍的天
主教士伊拉斯摩斯（Desiderius Erasmus）出版《愚人禮讚》（The
Prise of Folly），宣揚基督教的人本主義。還有，在時間上稍微晚
一點的馬丁路德（Martin Luther），於一五一七年引發了宗教改革
運動。

　　其實，歷史上義大利的人本主義、歐洲北區的基督教人本主
義，以及宗教改革，並不是涇渭分明，相互孤立的思潮。不僅在發
生的時間和空間上有部分重疊，思想本質上也都以「人性的尊嚴」
爲價值導向，但又不違背對神的信仰。所以在摩爾所描寫的烏托邦
社會裡，人們普遍認爲「密斯拉」（Mithra）是至高無上，愛護眾
生的神，祂與耶穌的精神相差無幾。[4] 此外，更值得留意的是，烏
托邦裡不僅人人虔誠敬神，而且也相當尊重智能愚鈍之輩，凡是戲
弄或傷害他們的人，必然遭受譴責。

4　Sir Thomas More, *Utopia*, trans. by R. M. Adams (New York: W. W. Norton, 1975), 78-
79.

　　摩爾所使用的「Utopia」，原來是由希臘文結合而成的，指「莫須有的地方」（ou topos; no place），不過，也可以借用為「美好的地方」（outopos; good place）。談起世界上最美好的地方，不管猶太人和基督徒，當然首推伊甸園。可惜，那僅出現在創世紀，人類歷史起源的時刻。當人類因原罪而逐出伊甸園以後，歷史或時間的移動，只能往前朝向未來，不能再回溯到過去。還好，對猶太人和基督徒而言，另有一個「美好的地方」等待未來的「終點」（the End）：那就是所謂「世界末日」和「最後審判」，也是所有信仰耶和華的人最企盼的時刻。西元五世紀，聖奧古斯丁（St. Augustine）在他的《天主之城》（the City of God）最後四卷中，深刻地論述當世界末日來臨之際，「地上之城」（the Earthly City）如何遭受懲罰和結束，而「天主之城」則永恒屹立。[5]聖奧古斯丁所詮釋的這套末世論（Eschatology）明確地指出，最早的那個「美好的地方」已經隨著時間流逝了，下一個「美好的地方」則有待來日；當然更重要的是，不會在此地表上出現。

　　　摩爾是位虔誠的信徒，毫無疑問地，他會接受教會長久以來這種「線型史觀」（the linear interpretation of history），把歷史的流程當作一條長線，有起點也有終點，而且一頭一尾都是最美好的時刻和地方。然而，值得深思的是，《烏托邦》一書並沒有彰顯聖奧古斯丁末世論中的時間觀念：這本書並沒有把人類的希望放在時間流程的終點，相反地，摩爾與烏托邦的距離只在於空間而已。《烏托邦》開卷第一篇，摩爾自稱他從英國前往安特衛普（Antwerp），首先，由於他認識當地人傑爾（Peter Giles），因而

5　St Augustine, *The City of God* (New York: Image Books, 1958), part five, @passim@.

得以和拉斐爾（Raphael）晤面。拉斐爾不是專業的海員而是飽學之士，卻已經有四次海上航行的閱歷。摩爾接著杜撰，他所知道的烏托邦就是由拉斐爾口中傳述的。假使我們仔細觀看《烏托邦》裡的插圖，摩爾與拉斐爾站立的地方與烏托邦之間有海水相隔，海上有船隻來往。可見有意前往那「美好的地方」，只要依靠船隻來解決空間的問題就夠了，時間的問題反而微不足道。更何況，烏托邦全島的面積與英國差不多，這兩個地方被設定同時並存在地表之上，而不是在天國。

從聖奧古斯丁的「天主之城」到摩爾的《烏托邦》，很明顯地，原來的時間已被換成空間，末世論已轉化成現世論。推究其因，除了上述有關「人性的尊嚴」從十五、十六世紀起普遍成為歐洲文化的新價值導向之外，另一個原因就是這個時候的歐洲正是航海勃興的初期。任何略知近代歐洲發展史的人都曉得下列幾件大事：一四八六年狄亞士（Bartholomeu Diaz）發現好望角；一四九八年達伽瑪（Vasco da Gama）航行到印度西海岸；一四九二年哥倫布（Christopher Columbus）發現美洲；一五一九年麥哲倫（Ferdinand Magellan）啟航繞行地球。現代的學者大都強調經濟上的誘因促進航海的興起，然而，我們不應該完全忽略十五、十六世紀狂熱的宗教激情。據載，一五○一年哥倫布向西班牙國王費迪南（Ferdinand）和女王伊薩貝拉（Isabella）呈上一封信，說明他決定向西航行是受了聖靈的啟示，他並且相信經過一百五十年之後，全人類都將改信基督教，屆時也就是世界的終點。[6]這一段記載是否屬實，當然有待更進一步地考證。不過，即時是偽作的文

---

6 Rubinsky and Wiseman, *A History of the End of the World*, 91.

件，其所反映的心態與摩爾的《烏托邦》也是一致的，即，「時間」並沒有困擾他們之嚮往「美好的地方」，世界末日只有在「全世界各地方」都改信唯一的神之後就可以實現了。可見，哥倫布與摩爾的理想，既有宗教神聖的一面，也有當下現世的一面。

　　然而，自從一五○○年以來，全世界的變化令人目不暇給。隨著新航線和地理大發現，世界地圖繪製得一張比一張精準，地球上每個角落都清清楚楚地呈現在眼前，不再含有任何神秘的色彩。當初摩爾杜撰的烏托邦，雖然表明了是個莫須有的地方，但是他的假設總算還能言之成理，因為十六世紀之際，地球上仍然存在許多空間讓人暇想。不像二十世紀當今，想要在世界地圖上填空，多畫個島嶼，都變得不太可能。加上，十六世紀以來的科學革命、啟蒙運動、工業革命和資本社會的發展等，要不是使人懷疑神的存在，就是把世界末日那個「美好的地方」變得越來越渺茫，越屬於遙遠的未來。從摩爾的時代到二十世紀，烏托邦的本質從原來憧憬的含有宗教性的現世空間，扭轉成完全世俗現世的時間。換句話說，對於二十世紀的人們而言，追求美好的地方至少得以時間換取，然而，二十世紀的人們似乎又缺乏末世論的耐煩等待。於是，有六○年代西皮的「當下世界末日」，也有科幻小說中所綺想的「時間機器」（time machine）。只不過如今嬉皮的踪影已被加州的海浪淘盡；而「時間機器」衝向未來之際，所看見的並不是「美好的地方」，反而是全世界毀滅之前的驚悚和顫慄。嬉皮和「時間機器」只不過是二十世紀烏托邦文化中，一對急切浮躁的孿生子。

在人間世長期跋涉

二十世紀懷有理想主義的人，假使不願以「世界末日」或「西方淨土」爲寄託的話，的確，只好在地球上的人間尋求出路。不過，追尋的途徑中，是不是有耐性的能任重道遠，就得依個人而論了。

一九二四年出生的湯姆森，青少年時期正值歐洲反法西斯主義的浪潮澎湃不已之時。湯姆森的大哥（Frank Thompson）就是爲了推翻右派的集權政治，自願前往保加利亞，參加當地的革命；然而不幸於一九四四年在南塞爾維亞遭到秘密警察的殺害。湯姆森本人於一九四〇年代初期加入英國共產黨。面對自己兄長的悲劇，他絲毫沒有動搖既定的理想，反而於一九四六年志願加入青年團，前往南斯拉夫，義務協助修築鐵路。從這個時候起，湯姆森將理想付諸行動，在現世中奮鬥，追求充滿人性尊嚴的社會。

第二次世界大戰末期及戰後不久，湯姆森一度就讀於劍橋大學。由於他積極參與社會運動，又不滿校園內教授的保守思想，所以沒有在這所第一流的學府中專心求學，也沒有立志當專業性的史家。倒是由於他加入了英國的「共產黨史家小組」（the Communist Party Historians' Group），受到幾位先進的馬克思史家，例如鐸爾（Dona Torr）和希爾（Christopher Hill）之啓發，才得以具備基本的史學訓練和馬克思史觀。[7]畢業之後，他不僅放棄

7　E. P. Thompson, William Morris, *Romantic to Revolutionary* (London: Lawrence & Wishart Ltd., 1955), 8, and Thompson, "An Interview with E.P. Thompson", conducted by

任何深造就讀高學位的機會，反且更熱中反戰的和平運動，以及在成人學校中教導一批具有工人身分的學生。對於這項工作，湯姆森日後一直覺得非常欣慰，所以他說：「對我而言，（成人教育）像是一個新天地，使我認識了工業時代的英國；在那裡，我教人們，人們也教我。」[8]

一九五六年對於全世界的共產黨員和馬克思信徒而言，是非常關鍵性的一年。是年的二月，赫魯雪夫（N, S. Khrushchov）在蘇聯共黨二十大會中發表「秘密演說」，揭發史達林的罪行，使得共產世界中素來所推崇的巨人之聲名一落千丈。同年年底，蘇俄軍隊和坦克軍鎮壓了匈牙利革命，充分暴露共黨集權的猙獰面目。這兩件大事粉碎了許多人對於共黨的幻想，紛紛脫黨而去。湯姆森本人在當年十一月間，先發表〈穿越布達佩斯的硝煙〉（Through the Smoke of Budapest），痛陳史達林主義的中央集權和背離馬克思的思想。史達林主義的「無產階級專制論」，充其量只能算是庸俗馬克思主義，把人類的意識當作機械，完全泯滅了人性。[9]由於湯姆森深惡痛絕共黨的官僚體系，所以也毅然宣布脫黨而去。

一九五六至一九六三年之間，湯姆森鍥而不捨，一直抨擊史達林主義。不過，首先值得留意的是，所謂的史達林主義，不僅指史達林本人的思想，而且還指大多數共黨產世界的領導人及其親信在內。這種思想其實摻雜了教條主義、反智主義和集權官僚，並且已經浸蝕蘇俄、中國以及其他共產國家。另外，值得留意的

Mike Merrill in March 1976 in New York City, in *Vision of History*, eds. Henry Abelove (Manchester: Manchester University Press, 1983), 19.

8   *Ibid.*

9   Thompson, "Through the Smoke of Budapest," *The Reasoner*, vol. 3 (Nov. 1963), supplement 56.

是，湯姆森雖然脫黨，但仍然堅信馬克斯思義，一心想為這種意識氣尋找新的出路。他曾說：「從事運動最需要嶄新、有活力、有原則的社會主義。這種觀念是年輕一代的專業者和工人雙向交流所得的成果。」[10]為了這個理想，湯姆森於一九五七年夏天創辦《新理性者》雜誌（New Reasoner）。在創刊號上，他撰寫了一篇長文，題目是〈社會主義的人道思想〉（Socialist Humanism）。全文除了有一大半篇幅攻擊史達林主義之外，其基本宗旨是在宣揚所謂的「社會主義的人道思想」。他說，這個名詞所要彰顯的是：「回歸人自身，從抽象化和經院化的形式主義回歸到真正的個人，從詐騙和神話回歸到真實的歷史。」[11]仔細閱讀這篇長文，讀者不難發現，湯姆森的史觀仍然根源於馬克思對人的看法（concept of man），即：人們製造自己的歷史。

湯姆森以及《新理性者》雜誌對於英國新左派運動有開創之功。一九五九年間，他首先提出「新左派」（New Left）這個名詞，以便與舊左派畫清界限。[12]不久之後的一九六〇年，他創刊了《新左派評論》（New Left Review）；再經過一番努力，到了一九六一年，已經有四十多個組群或團體參加左派俱樂部（Left Club），並且成立了專職的委員會。湯姆森這個時候終於親眼見到自己的理想和辛勞，催生出一本新雜誌和社團。不過，也就在這個時刻，安德生（Perry Anderson）參與編輯《新左派評論》，由於他的縱橫謀略，這本雜誌不僅日漸脫離湯姆森原來的思想取向，甚至還在雜誌上出現點名批評湯姆森的文章，以致於在一九六三至一

---

10 Thompson, *"Socialism and the Intelletuals" Universities and Left Review* vol. 1 (Spring 1967), 35.

11 Thompson, "Socialist Humanism" *The New Reasoner*, vol. 1 (Summer 1957), 109.

12 Thompson, "The New Left" *The New Reasoner*, vol. 9 (Summer 1959), 1-17.

九六四年之間，湯姆森完全失去了他一手創辦的雜誌。

湯姆森和安德生之間的恩怨離合，與他們的思想觀念不無關係。安德生的立場比較接近托洛斯基主義（Trotskyism），也就是一般簡稱的托派馬克思主義。另外，安德生的認識論也與阿圖舍（Louis Althusser）的結構馬克思主義（Structural Marxism）有密切的關係。然而，湯姆森與「史家小組」裡的希爾與哈有市斯邦（Eric Hobsbawm）一樣，都反對任何形式化的歷史模式、理論或普遍法則。湯姆森在所著的《英國勞工階級的形成》（The Making of the English Working Class）一本書中，強調他所襄究的「階級」，既不是「結構」，也不是「範疇」，而是「歷史現象」，是「人際關係上實際發生的事」。[13]由於他主張勞工階級、文化傳統和價值體系密不可分，所以他把階級意識視為時間流動的過程，也是勞工主動有意的活動所凝結而成的，其「形成」是進行式的，英文應當寫成「making」。湯姆森在他的著作裡，極力表達勞工的社會運動是主動的，是他們有意製造歷史，有某種文化價值為導向的。更重要的，勞工運動是屬於現世的、長期時間中的流程。

湯姆森反對庸俗馬克思主義的經濟或下層結構決定一切，所以他曾經以一種機械圖樣（見附圖甲），說明這種馬克思主義完全否決了上層結構的作用。湯姆森也以另一種機械圖樣（見附圖乙），表示結構馬克思主義還是把生產模式當作整體社會的底座，以致於意識形態及其他文化活動在整體結構的作用上，頂多只能擔負一點點囊助性的功能而已。還有，這張機械圖樣也顯示了，結構馬克思主義因為太倚重「理論」的實際運作，結果幾乎忽略了「時間性」

13　Thompson, *The Making of the English Working Class* (New York: Vintage Books, 1966), 9.

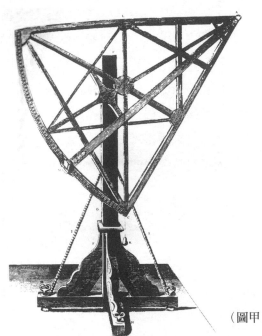

（圖甲）庸俗馬克思主義

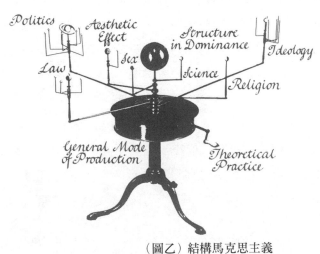

（圖乙）結構馬克思主義

或「歷史性」。[14]從湯姆森的論點，我們不僅發現結構馬克思主義
也對時間相當不耐煩。在他們的觀念中，好像只要能找到某些「理
論」，改造了原有的下層結構或者所謂的深層結構，那麼，彈指
間，舊式的社會即刻魔幻式的轉化成新式的社會。好談下層結構或
深層結構的學者，往往鄙視類似湯姆森這種含有「烏托邦」思想的
人，因為對他們而言，苦等烏托邦的來臨根本是不智的。結構主義
者恨不得抽離一切的時間。然而沒有時間，改造社會的理想反而顯
得一廂情願，更是空想。

　　從一九六○年代中期以來，湯姆森仍然一方面研究歷史，一方
面不斷關切現世社會。早幾年前他寫《英國勞工階級的形成》，其
內容所涵蓋的時間是由一七六○至一八三○年。因為他認為英國勞
工經過這幾十年的奮鬥，到了一八三○年左右已經形成一個階級。
湯姆森沒有往近代史繼續研究，相反地，他折回到十六及十七世紀
的早期資本社會。他有意一步一步觀察，從這個時候起英國的下層
社會，如何有意對抗上層社會的欺凌和壓榨。當然，早期下層社會
的民眾未必有「階級意識」，但是累積一再的挫折經驗之餘，他們
也日漸懂得主宰自己的命運的重要。湯姆森回頭研究早期資本社會
的目的，就是為了證明先有早期下層人士的主動抗爭意識，接著才
會有工業資本社會勞工階級的形成。換言之，這兩段歷史前後可以
連貫一氣，展示「人們如何製造自己的歷史」。

　　湯姆森所撰寫的歷史，總結而言，在彰顯下層社會的大眾及勞
工如何抗爭與否定現實的弊端，並且在長達幾百年的過程中，逐漸
凝結成共同的導向。其實，湯姆森本人也是把自己的生命旅程，

14　Thompson, "The Poverty of Theory or An Orrery of Errars." *In The Poverty of Theory &.
　　Other Essays*, by Thompson (London: Merlin, 1978), 99-100.

與英國五百年來社會運動的過程銜接在一起。從一九六○年代中期以來，他仍然不斷撰寫文章批評時政，領導歐洲反核能武器組織（European Nuclear Disarmament），以及批評美蘇兩大集團的對峙。湯姆森在屢遭挫折中，也曾經有過無力感之嘆，認爲美蘇兩大惡勢力好比兩隻大鯨魚一樣。[15]不過，爲了人性的尊嚴，他仍然以社會主義的人道思想爲導向，在現實中長途跋涉，力挽狂瀾。

激進壯美的烏托邦

湯姆森距離摩爾所生長的時代，相差大約有四、五百年。這段期間的英國、歐洲，甚至全世界的變化都太大了。摩爾所處的時代是歐洲史上一段重要的轉型期。原來人們在末世論的影響下，把所有的祈盼都寄託在未來，在歷史或時間流程中的終點。到了十五、十六世紀，歐洲人即使仍然奉守神意史觀，相信歷史及時間的軌跡是線型的；不過，他們已轉換成越來越重視現世，越來越肯定人性的尊嚴。摩爾一向和伊拉斯摩斯齊名，認爲是基督教人本主義的大師。他們都否定中古教會的種種缺點。雖然他們兩人拒絕路德之公開與羅馬教皇決裂，但是，他們希望把基督教世界改造得更樸質純眞，更符合人性。摩爾當然知道他所理想的「美好的地方」其實是「莫須有的地方」。他撰寫《烏托邦》的動機純粹是爲了「言志」，提供世人一個價值導向，以便改革現世的缺點。後人解讀《烏托邦》，假使太計較烏托邦島上居民的生活細節，或者一味掉

15　Thompson, "Outside the Whale," in *The Poverty of Theory*, 213.

書袋，討論摩爾是不是社會主義者，勢將忽略了摩爾的心志。摩爾的《烏托邦》在思想史上的意義，是他把「美好的地方」從時間上的等待轉化爲空間上的嚮往。由此可見，摩爾的社會意識非常入世前進。綜觀他的生命旅程，悲而不憤世，當世上有人選擇不願意爲五斗米而折腰的生活意趣時，摩爾卻偏偏挺拔地走向刑台。

近五百年來，繼摩爾之後不斷地有各種觀念推陳出新，想要在現世中建立「美好的地方」。只不過，當地球上的每個角落逐漸被人看穿，而失去了暇想的空間以後，人們再度把「美好的地方」安排在時間流程上的未來，但是那勢必只能放置在每個人落實生長的地方。湯姆森研究英國下層社會民眾與勞工的歷史，主旨即在刻劃他們長時期的抗爭和否定。奮鬥過程中，勞工階級越來越意識到社會主義的人道理想。湯姆森把自己的生命意識與勞工意識融合而爲一體。他飽嚐挫折，但卻任重道遠，應該是屬於二十世紀的烏托邦者。

二十世紀許多人都不懂得時間，或者不耐煩時間苦等，所以要不是孤絕衝撞、急切浮躁；就是一廂情願，如同魔術師一樣，彈指間就想改造社會結構。湯姆森和五百年前的摩爾，縱使見解上有許多差異，但是，他們的社會意識和生命意識都是激進壯美的。所謂激進，是因爲他們秉持最終的價值理想，不斷否定現世的缺點。而所謂壯美，是他們都符合王國維所說的：

若其物直接不利於吾人之意志，而意志爲之破裂，唯由知識冥想其理念者，謂之曰壯美之感情。[16]

---

16 王國維，錄於《中國美學史資料選編》，下冊（台北輔新書局，一九八四），頁七七七。

附錄四

麥克尼爾和霍布斯邦
世界史觀的比較*

　　＊前記：本文初稿是「世界史研究與教學學術研討會」的會議論文（二〇一〇年十二月四日）。麥克尼爾和霍布斯邦於一九一七同年出生，本文撰寫期間，他們高壽健在。然而，不幸的，霍布斯邦於 二〇一二年十月一日在倫敦逝世，享年九十五歲。麥克尼爾於二〇一六年七月八日於美國 Connecticut 往生，享年九十八歲。本文於二〇一四年收錄於台師大研討會論文集中，現在（二〇一七年元旦）轉載於本書，僅向兩位史學名家致最高敬意及追思。

兩位世界史的巨擘

　　麥克尼爾（William McNeill,）和霍布斯邦（Eric Hobsbawm,）是當代兩位著名的史家。他們的著作，自從一九六〇年代以來，便暢銷世界，贏得不少佳譽，而且有不少人探討分析他們的歷史思想。

　　麥克尼爾於一九六三年出版《西方的興起》（The Rise of the West），只隔了一年，立刻榮獲美國「國家著作獎」（National Book Award）。在臺灣，除了《西方的興起》已有中譯本，劉景輝教授也曾翻譯麥克尼爾的《歐洲歷史的塑造》（The Shape of European History），並且下了工夫評析麥克尼爾的貢獻。[1]到了一九九〇年，麥克尼爾本人有感於個人昔日的作品頗有歐洲中心論

＊　本文原收錄於《世界史研究與教學學術研討會論文集》，國立台灣師範大學歷史學系編印（2014），頁347-365。

1　劉景輝譯《歐洲史新論》（*The Shape of European History*）（臺北：臺灣學生書局出版，1966）；此書於2007年，經劉景輝及林佩蓮聯手合譯，《歐洲歷史的塑造》（臺北：時報文化出版公司）。劉先生在兩書中都有〈譯序〉，專論麥克尼爾的史學成就。

（Eurocentrism）的色彩，撰寫了一篇省思性的文章〈世界史的一個新結構〉（The Rise of the West: after Twenty-Five Years）。這是一篇引人注目的文章，提供大家檢討世界史的書寫觀點。邢義田教授不久翻譯全文，刊登在《當代》雜誌之上。[2]其實，邢教授早先曾受教於麥克尼爾，並且已發表一篇訪談性的文章。[3]劉教授與邢教授對麥克尼爾的史觀認知深刻，發揚深遠，值得大眾稱讚。我個人在拜讀〈世界史的一個新結構〉的中譯後，曾立刻回應，寫了〈麥克尼爾世界史新架構的侷限－兼論「文明」的自主性〉。內容主要指出，雖然麥克尼爾難能可貴，深度自省，但是「新架構」終究還無法擺脫歐洲中心論的基調。[4]

相對於麥克尼爾，霍布斯邦的著作較晚才引起臺灣學界的注意。其中最重要的原因，可能與馬克思主義（Marxism）在一九八○年代中期之前是種政治禁忌有關。自從一九九○年代以來，霍布斯邦的著作已有多種被譯成中文，而且每一本都頗為暢銷，深受讀者喜愛。我個人於一九八○年代留美期間，專攻近代歐洲史學史，尤其偏愛英國左派史家的史學思想與現實意識，其中包括霍布斯邦和湯姆森夫婦（E. P. and Dorothy thompson）等三位馬克斯史家。研究期間，也曾專訪他們，留下深刻印象。而後，以〈霍布斯邦的社會思想和史學思想〉一個章節，討論霍布斯邦的史學。[5]

2　William McNeill，〈世界史的一個新結構〉，邢義田譯，錄於邢義田編譯，《古羅馬的榮光Ⅱ》臺北：遠流出版公司，1998，頁723-745。

3　邢義田，〈西方的興起的代言人——威廉‧麥克尼爾訪問記〉，收錄於《西洋古代史參考資料》，邢義田譯著（臺北：聯經出版事業公司，1987），頁487-500。

4　周樑楷，〈麥克尼爾世界史新架構的侷限——兼論「文明」的自主性〉，《當代》，第67期（1911, 11），頁132-141。

5　周樑楷，〈霍布斯邦的社會思想和史學思想〉，錄於周樑楷，《史學思想與現實意識的辯證——近代英國左派史家的研究》（臺北：合志文化出版，2001），頁155-207。該書於2017年再版，即本書，由商周出版出版。

　　麥克尼爾和霍布斯邦於一九一七年同年誕生，這是件有趣的巧合。兩人對世界史觀的建構和影響，也都為世人有目共睹。很值得我們將這兩位世界史的巨擘相提並論，從事深入的研究。今年（二〇一〇）年，他們兩位都已達九十三歲的高齡，然而，近十年來他們還出版有關世界史的論述：麥克尼爾與兒子J. R. McNeill合著《文明之網》（The Human Web）；[6]霍布斯邦有《霍布斯邦看二十一世紀：全球化，民主與恐怖主義》（Globalisation, Democracy and Terrorism）一書集結成冊。[7]同時，他們也先後撰述了個人的回憶錄：麥克尼爾的《真理的追求：一位史家的回憶》（The Pursuit of Truth: A Historian's Memoir）；[8]霍布斯邦的《趣味橫生的時光：我的二十世紀人生》（Interesting Times: A twentieth – Century Life）。[9]他們勤於著作，旺盛的生命力足以讓世人嘆為觀止，深表敬佩。就學術研究而言，我個人先是好奇，這兩位先輩史家在面對九〇年代以來全世界的遽變，會有怎樣的回應？接著，當然想進一步追蹤他們的世界史觀，延續我個人從前對他們的初步認識，並且藉此機會將兩人合併對照，比較他們的史學思想，尤其他們如何面對當今全球種種的困境？

　　本文的寫作，屬於史學史的取向，內容注重麥克尼爾和霍布斯

6　J. R. McNeill and William McNeill, The Human We b: A Bird- Eye View of World History (New York: W. W. Norton, 2003)，張俊盛和林翠芬譯，《文明之網：無國界的人類進化史》（臺北：書林書局，2007）。

7　Eric Habsbawm, *Globalisation, Democracy and Terrorism* (Little, Brown & Company, 2007)，吳蘇君譯，《霍布斯邦看二十一世紀：全球化，民主與恐怖主義》（臺北：麥田出版社，2008）。按本書是霍布斯邦的文集，內含十篇文章。

8　William McNeill, *The Pursuit of Truth: A Historian's Memoir* (Lexington, Kentucky: University Press of Kentucky).

9　Eric Hobsbawm, *Interesting Times: A Twentieth －Century Life* (New York: The New Press, 2005)，周全譯，《趣味橫生的時光：我的二十世紀人生》（臺北：左岸文化公司，2008）。

邦的史觀，並且配合時代的脈絡，說明在一九九〇年代之前和之後他們的史觀有什麼延續的部份？以及有什麼轉變的部份？由於個人曾經探討過他們的史觀，所以本文評析他們兩位在一九九〇年代之前的史觀時，只做簡要的引述，不再重覆論證。至於一九九〇年代之後他們兩位的史觀才是重點。本文希望藉著對比的方式，呈現他們兩人的特色及共同點。

麥克尼爾的世界史觀，一九九〇年以前

　　拿起麥克尼爾的回憶錄時，一股衝動想要了解他的歐洲州史觀或世界史觀是怎樣釀造而成的？還有，他的現實意識、政治立場到底站在哪裡？從麥克尼爾年輕時代的經歷來看，他應該屬於幸福中成長的小孩。生於加拿大溫哥華（Vancouver），父親是位史家，專攻歐洲中古史，母親也受高等教育。十歲時，全家遷移到美國芝加哥（Chicago）。[10]一九三三年入學芝加哥大學（University of Chicago）。這所大學的新任校長哈琴斯（Robert Maynard Hutchins）於一九二九年經濟大恐慌（The Great Depression）爆發時到任。他力挽狂瀾，推出新的治校理念和策略，雖然引起不少爭議，但也將學校帶往新的境界。一直到一九五〇年才卸任。[11]在麥克尼爾的回憶錄及他所著的芝加哥大學史（即Hutchins' Uriversity）這兩本書裡，他沒有具名提起當時歷史系的師長，

10　McNeill, *The Pursuit of Truth*, p. 4.

11　William McNeill, *Hutchins' University: A Memory of the University of Chicago, 1925-19\50* (Chicago: University of Chicago Press, 1991), pp. 68-69.

反而語帶批評，只說他們鮮少興趣「大型模式」（large scale patterns）的建構或解釋。[12]我們如果從史學史的演變來推斷，他所說的，這些歷史教授應該屬於那些比較偏重科學派史學（scientific school of history），一向以專題研究爲尚的學者。麥克尼爾在大學裡，比較喜歡社會科學，尤其深受人類學者Robert Redfield的影響。[13]由此可見，麥克尼爾的性向，偏愛從現象中找出具有有普遍性或通則性的模式及法則。他曾經表示：「學術的眞誠和精神所需要的，是在可理解的理論大架構和缺乏共通性的煩瑣研究之間取得適當的平衡。」[14]這個平衡點應該可以說，就是他日後撰述歐洲史或世界史的基本原則。一九三〇年代，當時在學校裡，有些學生比較熱衷馬克思主義。麥克尼爾坦言也曾閱讀《共產主義宣言》（Communist Manifesto）。不過，他並未因此成左傾，爲馬克思主義的信徒。[15]

麥克尼爾對歐洲史及世界史的見解，換個角度來說，主要來自對艾克頓（Lord Acton, 1834-1902）的史觀及其主編的《劍橋現代史》（Combridge Modern History）的反感。按，艾克頓是位溫和的或右翼的自由主義者，生平一向最佩欽柏克（Edmund Burke）。艾克頓曾經推崇柏克是位「人類的老師」。[16]艾克頓不僅在宗教和政治方面秉持自由主義，就是在史學方面，也緊抱著這個理念。曾經立志，傾畢生之力完成一部空前的巨著《自由史》

12　McNeill, *The Pursuit of Truth*, p. 5.

13　*Ibid.*, pp. 22-23.

14　麥克尼爾，《歐洲歷史的塑造》，頁50。

15　McNeill, *The Pursuit of Truth*, pp. 14-15.

16　周樑楷，〈論艾克頓在近代史學思潮中之地位〉，錄於《近代歐洲史家及史學思想》，頁194。

（History of Liberty）。他認為，唯有以「自由」這個觀念，才能掌握歷史的線索和一貫性（Unity）。[17]如果就認識論來說，艾克頓是位道地的觀念論者（idealist），同時也因此堅持以「自由」的「理念」（idea），撰寫一部世界史。可惜，他一輩子沒有完成這項壯志，倒是主編了一部著名的《劍橋現代史》巨著，在英、美兩地都普遍受人推崇。倒是，麥克尼爾不以為然，認定這套叢書宣揚「自由的擴張史是歐洲的基本形態」，地地道道反映了維多利亞時代（Victoria Age, 1837～1901）的史觀。[18]由此可見，麥克尼爾既不滿意類似艾克頓的這種已經過時的右翼自由主義歷史解釋，同時也不肯轉向左派的馬克思的史觀。

　　由於教學相長的互動，麥克尼爾終於完成《西方的興起》。對於這本至少流行二十多年的著作，麥克尼爾到了一九九〇年，在〈世界史的一個新結構〉中，首先坦承個人含有「思想上的帝國主義」（intellectual imperialism）。我曾指出，這是因為他「承認自己曾經挾著第二次世界大戰以後美國技術和財富的優勢，以勝利者的高姿態俯視世界，並且有意宣揚和推銷西方文明的價值觀。」[19]換句話說，麥克尼爾所秉持的這種觀點與五〇年、六〇年代盛行於美國的「現代化理論」（theory of modernization）相互呼應，這也是為什麼《西方的興起》出版後一年，能夠立刻贏得美國學術著作大獎的原因。一九九〇年，麥克尼爾公開自我批判，這種精神令人可佩。不過，他的自省似乎有限，所以我曾指出：〈世界史的一

17　周樑楷，〈論艾克頓在近代史學思潮中之地位〉，錄於《近代歐洲史家及史學思想》，頁196。

18　麥克尼爾，《歐洲歷史的塑造》，頁49。

19　周樑楷，〈麥克尼爾世界史新架構的局限──兼論「文明」的自主性〉，頁133-134。

個新結構〉一文中，至少有二分之一的篇幅在勾勒如何以「世界體系」觀看世界史。他說：「近代的世界體系，很顯然第一是以經濟的互補和交換爲基礎，其次則在以軍事與政治爲主的制度安排，以及隨變動的經濟、政治行爲而產生的觀念、技術、品味的交流。」。這段話充分點出了麥克尼爾的史觀相當傾向物質的取向（materialist approach）。當他從古代往近代一路分析世界體系的時候，討論的不外乎是糧食穀物、軍事力量、貿易圈、船隻商隊、運河交通、疾病、生態……等等。至於思想、觀念、文化等，則殊少提及。如果將〈一個世界史的新架構〉及《西方的興起》綜合起來研判，麥克尼爾的史觀當然不至於像教條化庸俗的馬克思主義（Vulgar Marxism）完全淪爲物質的決定論。同時，他也不致於向羅斯托（Walt Rostow）一樣，以經濟現象爲主軸，把世界史簡化爲六個階段。甚至，麥克尼爾可能還比一般「經濟史取向」的經濟史學者更高明一點，不會一味只重視經濟的因素和量化的統計數字。然而，毫無疑問地，他的史觀一向偏重物質－經濟－科技。例如，分析古代史的時候，犁和馬拉的戰車（chariot）所導致的影響，是他津津樂道的話題。讀近代史時，他最喜歡各種現代化的，最具效率和威力的工具。就憑這點而論，麥克尼爾其實比湯姆森（E. P. Thompson）和霍布斯邦還要偏重歷史上物質－經濟的因素。因爲湯姆森和霍布斯邦這兩位當代英國馬克思史家都屬於「文化與物質因素並重的人道主義者。」[20]

20　周樑楷，〈麥克尼爾世界史新架構的局限 —— 兼論「文明」的自主性〉，頁138-139。

霍布斯邦的世界史觀，一九九四年以前

閱讀霍布斯邦在一九九〇年代之前完成的史書以及他新近撰寫的回憶錄，很容易讓人和麥克尼爾產生強烈的對比。首先，麥克尼爾的一生平順，似乎一直分享著二十世紀美國的繁榮和強盛；相反地，霍布斯邦身爲猶太人，曾飽受納粹的威脅，顛沛流離，焦慮著生命主體性的消逝。一九三二年，年僅十五歲的他，就加入學童的共產黨組織。[21]他日後曾經回憶，說明了箇中的原因：

什麼力量迫使人們走向自覺性的革命之途呢？並非有目標，有企圖，而是所有可能的出路都失敗了，每一道門都被堵死了。[22]

其次，麥克尼爾的《西方的興起》、《世界史》（A World History）和《歐洲歷史的塑造》（The Shape of European Mistory），就書籍的結構和內容來說，都屬於地道的「世界通史」或「歐洲通史」。由於這幾本書都成爲暢銷的教科書，所以他名正言順、被人們歸類爲世界史的學者。相反地，霍布斯邦並未出版任何世界的或歐洲的「通史性」著作。他的作品討論的範圍，幾乎都集中在工業革命之後近兩百年來的歷史。但是，我一向把霍布斯邦列爲世界史的學者，因爲他的確擁有一套世界史觀，而且他前後所著的《革命的年代》（The Age of Revolution: Europe, 1789-

---

21　An Interview with Eric Hobsbawm, conducted by Pat Thane and Liz Lunbeck, *Radical History Review*, No. 19 (Winter, 1978-1979), p. 117.

22　Eric Hobsbawm, "Intellectuals and the Class Struggle", in *Revolutionaries*, by Hobsbawm (New York: Dantheon Books, 1973), p. 249.

1848），《資本的年代》（The Age of Capital, 1848-1875），《帝國的年代》（the Age of Empire,1875-1914）和《極端的年代》（the Age of Extremes: the Short Twentieth Century, 1914-1991）等書，如果合併起來頗可以視爲一套近代世界史的叢書。[23]

第三，麥克尼爾的世界史觀，如前文所述，雖然後來經過反省，有所修訂，但是仍然不改「物質論的取向」，偏重從「物質－經濟－科技」的層面分析歷史，討論各個歷史分期中世界各地的交流。而霍布斯邦是位馬克思史家，自從一九五〇年代起，擺脫了庸俗馬克思主義和共產黨的桎梏，朝向「文化與物質因素並重的人道主義者」。他除了強調勞工意識（class consciousness）和階級鬥爭（class struggle）外，也相當重視「文化」因素與「社會－經濟」因素之間的辨證關係。[24]

以上有關歷史認識論的差別，我們不妨再進一步，從西方史學上的論戰來考察。按，打從二十世紀初以來，西方史家檢討工業革命的影響時，大致可以分成兩大派別。第一類的史家，比較偏重中產階級或資本主義的立場，並且在歷史研究上，喜好從經濟因素切入，舉證說明工業革命在長遠的時間內對勞工們的生活有大幅度的改善。第二類的史家在現實立場上，屬於自由主義左翼或社會主義的史家。當撰寫歷史時，特別描述工業革命初興時，勞工在精神及物質兩方面所遭到的種種困境；同時，他們也偏好筆伐工廠的僱

23　Eric Hobsbawm, *The Age of Revolution*, new York: New American Library, 1962；王章輝等譯《革命的年代》（臺北：麥田出版社，1997）。*The Age of Capital*, New York: New American Library, 1975；張曉華等譯《資本的年代》（臺北：麥田出版社，1997）。*The Age of Empire*, New York: Vintage Books, 1987；賈士蘅譯《帝國的年代》，臺北：麥田出版社，1997。*The Age of Extremes*, London: Abacus, 1994；鄭明萱譯《極端的年代》（臺北：麥田出版社，1996）。

24　周樑楷，〈霍布斯邦的社會思想和史學思想〉，頁205-206。

主，甚至他們在字裡行間期望「由下而上」改造資本社會。很顯然
地可以看得出來，這兩類史家相互傾軋，除了政治社會立場左右有
別，他們在史學認識論上也各有所宗。在史學史裡，有人稱呼第一
類的學者為「樂觀史家」（optimist），第二類的學者為「悲觀史
家」（pessimist）。[25]所謂「樂觀」、「悲觀」之別，全在於工業
資本社會對勞工的影響而言。凡是持正面多於負面者，則屬於「樂
觀」。另外，凡是持負面多於正面者，屬於「悲觀」。在了解這股
史學的脈絡後，我們不妨借用這兩個類別說，麥克尼爾是位「樂觀
史家」，相對地，霍布斯邦是位「悲觀史家」。

　　為了避免對「樂觀」、「悲觀」之說過分被衍義而產生誤解，
應該特別留意：這種所謂的「樂觀」、「悲觀」，僅指工業資本社
會對勞工的影響而言，至於對人類的歷史前程何去何從？則不屬於
這個範疇，因為這又是個迥然不同的問題。如果我們將話題轉向後
者，試問：在一九六〇及一九七〇年代之際，也就是麥克尼爾出版
《西方的興起》、《歐洲歷史的塑造》，以及霍布斯邦出版《革命
的年代》等三部曲時，他們兩位史家對人類歷史的未來有何看法？
那麼答案應該是樂觀的。不過，兩者的樂觀態度雖然相同，但是理
由卻南轅北轍。麥克尼爾之所以樂觀，在於他相信「物質－科技與
經濟」。《西方的興起》的結語中，他說：

未來參與方式的這樣一種幻景，換言之，即世界範圍的世界主義的
最後建立。這和我們這個年代的疑惑與草率相比，世界主義具有更
廣泛的穩定性。適合這種社會的政治基礎，也許產生在戰爭中的突

25　周樑楷，〈英國史學上的「經濟史取向」〉，錄於周樑楷，《近代歐洲史家及史家
　　思想》，頁40。

然勝利與失敗，或者說，在日趨完善的國際官僚體系內，通過世界權力特殊平衡的逐漸緊縮而慢慢產生。但是，不管怎樣出現，未來世界一定會帶有西方的烙印。至少在最初階段，任何世界性國家都將會成為西方的一個帝國。即使非西方人掌握了全球範圍政治軍事當局的最高控制權，也只會出現這樣的局面。非西方人可以通過他們來利用西方原有的工業化、科學以及通過鼓吹這個或那個民主的政治信仰而減少的公共權力。因此，「西方的興起」可以作為迄今為止的人類社會歷史的簡要概述。[26]

至於霍布斯邦所以「樂觀」，不是因為他對勞工的遭遇而言，而是這位馬克思主義史家對社會革命滿懷憧憬，長期保有六〇年代社會運動的熱情。這也難怪在《帝國的年代》的結語中，他說：

我們現在可以回顧這一希望。我們現在仍可分享這一希望，但不可能不帶著懷疑和不確定的感覺。我們已經看到太多烏托邦的允諾實現，卻未造成預期的結果。我們不是已經生活在這樣的時代，在這個時代的大多數先進國家當中，現代通訊意謂著運輸和能源已消除了城鄉的差異？在從前人的觀念中，唯有解決了所有問題的社會才可能辦到這一點。但是我們的社會顯然不是如此。二十世紀已經歷了太多的解放運動和社會狂喜，以致對它們的恆久性沒有什麼信心。我們之所以還存希望，是因為人類是喜歡希望的動物。我們甚至還有偉大的希望，因為縱然有相反的外表和偏見，二十世紀在物質和思想進步上（而未必在道德上和文化進步上）的實際成就，是異常可觀且無法否認的。

26　麥克尼爾，《西方的興起》，頁1168-1169。

我們最大的希望，是爲那些從恐懼和匱乏之下解放出來的自由男女，創造一個可以在善良的社會中一塊過好日子的世界。我們還可能這樣希望嗎？　爲什麼不？十九世紀告訴我們：對完美社會的渴望，不可能由某種預先劃定的設計圖（摩門教式、歐文式等）予以滿足。而即使這樣的新設計會是未來的社會所本，我們也不可能在今天就知道或決定它會是什麼樣子。找尋完美社會的目的，不是要讓歷史停止進行，而是要爲所有的男男女女打開其未知和不可知的種種可能性。在這個意義上，對人類而言幸運的是，通往烏托邦之路是暢通無阻的。

第四，一九八〇年代至一九九〇年代初期之間，由於國際情勢面臨重大的巨變，此時麥克尼爾終於不得不承認自己過去含有「思想的帝國主義」及「歐洲中心論」；因此，他撰寫了〈世界史的一個新結構〉。只是，他的「微調」，並未完全擺脫「物質－經濟－科技」的觀點。在《西方的興起》和〈世界史的一個新結構〉中，其實都還前後一致，以「經驗－實證論的取向」分析歷史，由於這種認識論是啓蒙運動理性主義和工業革命影響下的產物，所以他對於近兩百年來由西方主導的世界史一直相當樂觀。[27]

反之，在《極端的年代》中，霍布斯邦原先對人類未來的期望和樂觀幾乎完全崩潰了。閱讀這本書，如同聆聽黑人的藍調（blues）一樣，無限的低沉哀怨：

作者一路寫來，並不能爲人類提出解答。世人能否解決、如何解決千年來面臨的問題，此處並沒有答案。本書或許可以幫助我們認識

27　周樑楷，〈麥克尼爾世界史新架構的局限〉，頁141。

我們面臨的問題為何，解決的條件何在；卻不能指出這些條件已經具備幾何，或有幾分正在醞釀之中。本書提出的討論，也可以讓我們恍然我們所知何其有限，以及本世紀負擔決策重任諸人的認知何等貧乏（已過種種，尤其是本世紀下半期發生的諸般事情，他們事先幾乎毫無所知，更遑論有所預測）。更進一步，亦證實了許多人早已疑心的事實：所謂歷史—在其他許多更重要的事情之外——乃是人類罪行與愚行的紀錄。我們只能記錄，卻不能預測。預言，一點用處也沒有。

……

資本主義的發展，帶來了巨大的經濟科技變遷，這個過程，已成為過去兩、三百年人間的主調。我們所生活的動盪世界，被它深陷活捉，被它連根拔起，被它完全改變。但是我們深深知道，至少有理由假定，這種現象不可能無限期永久繼續下去；未來，不是過去的無限延續。而且種種內外跡象已經顯示，眼前我們已經抵達伊個歷史性危機的關鍵時刻。科技經濟產生的力量，如今已經巨大到足以毀滅環境，亦即人類生存所寄的物質世界基礎。我們薪傳自人類過去的遺產，已遭融蝕；社會的結構本身，甚至包括資本主義經濟的部分社會基石，正因此處在重大的毀滅轉捩點上。我們的世界，既有由外炸裂的危險，亦有自內引爆的可能。它非得改變不可。[28]

在回憶中，霍布斯邦對於表面上視若獨霸的美國，深表不安：

今天沒有任何國家約束得了美國。基於這個理由，在我撰寫本書的2002年4月，美國的國力龐大得足以—而且顯然正在—讓世界陷入

28　霍布斯邦，《極端的年代》，頁858-859。

不安。……

美國還遠遠稱不上是可供世界各國仿效的典範。……

我們的問題其實在於，美利堅帝國不知道自己想做什麼、可以用自己的國力來做什麼，以及自己權力的極限何在。它只是一味地堅持：不擁護美國的人即為反美人士。這正是生活於「美國世紀」全盛時期的問題所在。[29]

四、比較霍布斯邦和霍布斯邦的世界史觀，自一九九○年代以來

　　自從撰寫《西方的興起》以來，麥克尼爾一向主張：「世界史家關切的重點應該在同時期中各文明間的接觸。」[30]平心而論，這種見解十分可取，值得借重。一部世界史假使忽略了各文明之間的接觸，而只分別描述各文明孤立成長的過程，那麼就像馬賽克拼圖一樣，頂多只能算是一部匯編的世界史「百科全書」。二○○二年，《文明之網》正式出版，在〈導論〉中，他明白表示：

本書融合了新酒與陳釀，一起裝入新瓶。書中的一些想法與觀點，部分是半世前就已提出的想法，再加精練，部分是在本書首度提出。形塑本書的『新瓶』，就是以互動網路為人類歷史核心的概念。

　　在我們看來，網路就是一組串連人與人的連結，有著各種的形

29　霍布斯邦，《趣味橫生的時光》，頁486。
30　麥克尼爾，〈世界史的一個新結構〉，頁48。

式：偶遇、親緣、信仰、競爭、敵對、經濟交易、生態依存、政治合作，甚至軍備競賽。在種種關係中，人們都在交換資訊，並利用所得的資訊來引導未來行為。除了資訊，我們還傳播或交換有用的技術、物品、作物、想法，不一而足。我們甚至無意間地交換了有害的疾病和無用之物，影響到我們的生死。資訊、物品、病害的交換和散佈，以及人類的回應，正式形塑歷史的動力。

人類想要改變環境，以求滿足自我願望的企圖心，是推動歷史的動力。然而不論在物質層面或精神層面，人類的願望與追求願望的方式，皆有賴於他們所能取得的資訊、想法和先例。所以互動網路時時刻刻地疏通與協調人類的企圖心與行為，過去如此，今日亦然。雖然人類網路長存，但其本質與意義卻與時推移，變動劇烈。所以我們談的不是一個網路而是許多網路。追根究柢，人類網路至少可以追溯至語言的源起。[31]

這段話首先呈現了「互動網路為人類歷史核心的問題」。換句話說，它既是「陳釀」，因為它指的就是「世界史家關切的重點應該在同時期中各文明間的接觸」；同時，它又是「新瓶」，因為這本書大量引用了「網路」、「資訊」等等比喻性的論述，顯然這是受了一九九○年代以來資訊革命的影響。

按照麥克尼爾父子的論述，所謂「網路交換」，可以分成資訊和物質兩大部分。前者「資訊」應該溯自語言的起源，而後涉及文字、印刷術……等，乃至於www.，後者「物質」，包括食物、科技和病菌等等。值得注意的，麥克尼爾父子只重語言之「溝通」，而非語言之「意識」和「內涵」等文化層面，他們講科技，指的是

31　麥克尼爾，《文明之網》，頁13-14。

弓箭、帆船、輪車、鐵路等等，而非科學的「知識」及「思考方法」。至於有關病菌，他們似乎只重視有害生命之細菌，而非有利人生之細菌。從這些「物質－經濟－科技」原因動力切入，他們把歷史分成幾個重要的階段：1. 距今一千兩百年前，農業出現，同時「區域性網路出現」；2. 距今六千年前，城市出現，同時「都會網路」出現；3. 距今兩千年前，即「古代世界網路」之出現；4. 距今五百年前，大約西元一五○○年，「大都會網路」出現；5. 距今一百六十年前，大約西元一八五○年，電報出現，即「單一全球網路」出現，以至今日www.之通行。

閱讀《文明之網》，不管「新瓶」，還是「陳釀」，一般細心的歷史學者其實不難察覺。只怕年輕的學子不識麥克尼爾的舊著，對世界史的知識又欠缺踏實，讀起這本書來只有骨架，沒有肌理。我個人覺得，麥克尼爾的「新瓶」創意有餘，但難免有些生硬牽強，尤其對思想文化因素在歷史上的影響幾乎被漠視。至於麥克尼爾的「陳釀」，仍不失「樂觀史家」的本色。不過，形勢比人強，面對二十一世紀全球的變遷，麥克尼爾多少也感染了「悲觀」的論調。他有感而發：

矛盾的是，為了維持我們既有的生活，以及我們和子孫後代的生存，人類必須改變生活方式，既能生活在都會網，又能生活在各種多樣化的小型社群中。如何調合互相對立的兩種社群，是當代的重要問題，也可能是長遠未來的關鍵。除此之外，另外一個明顯的可能發展，就是現行的文明之網崩潰，造成極度的貧困及災難性的死亡，而也許如果人類能倖存下來，就可能在殘局中重新開始。最後，我認為人類正處於碎浪的浪頭，隨時都可能發生巨變。文明之

網要觸於碎裂崩解，或許要靠運氣、智慧，以及勉爲其難的寬容心。但願如此。[32]

「悲觀」的史家霍布斯邦自從一九九〇年代中期以來，還是一樣的「悲觀」。《霍布斯邦看二十一世紀》總共收錄了十篇文章，霍布斯邦在〈序言〉中首先指出，有五個問題特別需要大家一齊釐清思考，那就是：1.「戰爭與和平」這個大問題在二十世紀的發展；2. 世界帝國的過去與未來；3. 民族主義的本質和變化脈絡；4. 自由民主的前景；以及5. 政治暴力與恐怖主義。[33]接著，他將這五個問題又歸納爲兩項緊密相關的世界局勢。其一是，人類藉由科技和經濟活動來改變地球的能力，變得無比巨大且持續加速；其二是全球化。[34]霍布斯邦談起全球化時，火力全開，大肆抨擊。他指出：「首先，當前蔚爲時尚的自由市場全球化，在國內和國際之間造成非常嚴重的經濟和社會不平等。」[35]換句話說，自由市場全球化已促成失衡的地球村以及國內和國際性的緊張關係。接著，他又表示：「對全球化衝擊感受最強烈的，是那些從中獲益最少的人。」[36]對已開發國家中大多數靠薪水和工資維生的人而言，「二十世紀帶給他們的，若稱不上是最艱難性的前景，至少也是個棘手的未來。」[37]

依照霍布斯邦的藍調史觀，二十世紀是有史以來最屠戮的一個時代，而且自從一九一四年第一次世界大戰以來，這個世界從未處

32　麥克尼爾，《文明之網》，頁350。
33　霍布斯邦，《霍布斯邦看二十一世紀》，頁8。
34　霍布斯邦，《霍布斯邦看二十一世紀》，頁8。
35　霍布斯邦，《霍布斯邦看二十一世紀》，頁9。
36　霍布斯邦，《霍布斯邦看二十一世紀》，頁9。
37　霍布斯邦，《霍布斯邦看二十一世紀》，頁10。

於和平狀態，至今仍然紛擾不安。不過，在霍布斯邦的眼中，二十
世紀和二十一世紀有一項重大的差別，那就是：

二十一世紀的戰爭舞台，不再是一個分割成許多疆域，並由壟斷該
疆域所有公共權力工具的政治所主導統治的世界。[38]

　　換句話說，所謂的領土國家，在自由經濟全球化的衝擊下，不
僅快速失去了對軍事武力的獨占性，而且國家和非國家組織之間的
平衡關係，也隨著產生了空前的變化。結果是全球化、民族認同和
仇外心理彼此形成辯證互動的關係。有趣的是，霍布斯邦舉世界足
球大賽這項運動文化為例，說它同時結合了上述三種特色的公共活
動，是當今最戲劇性的寫照。[39]總而言之，面臨二十一世紀初期的
種種現象，霍布斯邦憂心忡忡，只能感嘆這是一個暴力的年代，連
電影文化也難逃這種噩運。[40]

　　綜合觀察麥克尼爾和霍布斯邦，他們同年出生，在中年以前的
遭遇幾乎完全不同。因此，種下了兩種生命意識。他們都受過正規
專業史家的訓練，而且一生秉著嚴謹的學術態度治學，贏得學術
界的好評。然而，就史學史的取向而言，麥克尼爾是位重視「大
歷史」（grand history）「大敘述」（grand narrative），擅於應用
「大型模式」解釋歷史的學者；霍布斯邦活學活用馬克思的辯證史
觀，考察近二、三百年的世界情勢。可見，他們奠基在專業史學的
基礎之上，卻從事大格局的學術論述。在一九六〇至一九七〇年代
之間，也就是他們大約在四十多歲至六十歲之間，他們在學術上終

38　霍布斯邦，《霍布斯邦看二十一世紀》，頁34。
39　霍布斯邦，《霍布斯邦看二十一世紀》，頁113-114。
40　霍布斯邦，《霍布斯邦看二十一世紀》，頁170。

於有卓越的成就。就外部背景而言，麥克尼爾的歐洲史和世界史搭上了「現代化理論」及冷戰時期的列車，在西方世界擁有廣大的讀者。至於屬於新馬克思主義，或者說是「文化與社會因素並重的社會主義人道思想」，霍布斯邦也因六零年代新左派運動而水漲船高，頗受激進前衛人士及青年子弟的推崇。他們兩位於對工業資本社會對下層人士影響，一位屬於「樂觀史家」，另一位則屬於「悲觀史家」。只不過「樂觀」也好，「悲觀」也好，他們對人類的未來都各有期盼和遠景，在他們主觀的生命意識卻不失樂觀進取。

經過七〇及八〇年代的閱歷，到了一九九〇年前後，麥克尼爾和霍布斯邦都過了七十歲。麥克尼爾反思昔日的史觀，有意擺脫「歐洲中心論」及「文化帝國主義」，這是莫大的膽識，值得後人效法。可惜，他的史觀仍然堅信「物質－經濟－科技」的取向，在歷史認識論上偏向「物質論」，疏忽思想文化的因素。我們可以說，此時他依舊是位樂觀史家。反之，霍布斯邦眼見一九九〇年前後之變向，不僅悲觀史家的論點依舊，而且更深一層連對人類未來的憧憬也轉為失望悲觀。他的一切論述，好比藍調的弦律在紐約市小酒館裡幽幽的發聲。

有趣的是，二十一世紀雖然僅僅過了十分之一的腳步，這十年的時光使得麥克尼爾多少也染上了「悲觀」的情調，在《文明之網》之中，不免有幾乎矛盾的心態。他熱愛自己的「陳釀」，以「物質－經濟－科技」取向建構一套「新瓶」的世界史觀，部分修訂他的世界史分期，但是環保、全球化等問題也讓他深感焦慮。反之，霍布斯邦年過九十，歲數已高，脾氣卻有增無減，砲火四射。明眼人一看就知道，這位人道主義的馬克思史家，除了悲觀，還是悲觀。

　　儘管麥克尼爾和霍布斯邦的世界史觀極為不同，但是他們一生從不踰矩，堅持史家應有的本色。麥克尼爾有子克紹箕裘，父子同著史書。霍布斯邦反而給史家賦於更崇高的職志（vocation）。在回憶中，他自述：

當我躺在病床上，身邊圍繞著各種聲音和紙張的時候，我所得出的結論是：二○○二年時的世界比從前更需要歷史學家，尤其是具有懷疑精神的歷史學家。或許閱讀該行業一名老邁成員畢生的報導，能夠幫助年輕人於面對二十一世紀的晦暗前景之際，除了具備不可或缺的悲觀態度外，擁有較透徹的眼光，得自於歷史記憶的見識，而且有能力避開當下的狂熱激情與政治兜售伎倆。[41]

　　為什麼麥克尼爾和霍布斯邦面對災難（sublime）時，反而更能堅持史家應有的職責和現實關懷呢？這或許要從西方古典文化的遺產裡尋找答案。古希臘史家修昔的底斯（Thucydides）在看穿雅典敗亡，民主政體公民意識喪盡殆盡，心境轉而昇華，撰述史著。他一方面說：「伯羅奔尼撒戰爭不僅繼續了一個很長的時間，並且在整個過程中，給希臘帶來了空前的痛苦。」[42]但是另一方面又說「我這部歷史著作很可能讀起來不引人入勝，因為書中缺乏虛構的故事。但是如果那些想要清楚地了解過去所發生的事件和將來也會發生的類似的事件（因為人性總是人性）的人，我認為我的著作還有一點益處的話，那麼，我就心滿意足了。我的著作不是只想迎合群眾一時的嗜好，而是想垂諸永遠。」[43]

41　霍布斯邦，《霍布斯邦看二十一世紀》，頁488-489。

42　修昔的底斯，《伯羅奔尼撒戰爭史》（*History of the Peloponnesian War*），謝德風譯（臺北：商務書局，2000），頁18。

43　修昔的底斯，《伯羅奔尼撒戰爭史》（*History of the Peloponnesian War*），謝德風

　　最後，我們或許可以肯定，麥克尼爾和霍布斯邦都追隨著修昔
的底斯的身影。

譯（臺北：商務書局，2000），頁18。

國家圖書館出版品預行編目資料

從湯恩比到霍布斯邦：英國左派史家的世紀／周
樑楷著. -- 初版. -- 臺北市；商周，城邦文化出
版；家庭傳媒城邦分公司發行，民 106.1
　面　；　　公分. --（Discourse；72）
ISBN 978-986-477-178-3（平裝）
1.史學家　2.史學史　3.英國

601.99　　　　　　　　　　　　105025050

從湯恩比到霍布斯邦：英國左派史家的世紀

作　　　者／	周樑楷
企畫選書人／	林宏濤
責 任 編 輯／	陳思帆

版　　　權／	翁靜如
行 銷 業 務／	李衍逸、黃崇華
總 編 輯／	楊如玉
總 經 理／	彭之琬
發 行 人／	何飛鵬
法 律 顧 問／	台英國際商務法律事務所　羅明通律師
出　　　版／	商周出版

台北市中山區民生東路二段 141 號 9 樓
電話：(02) 2500-7008　傳眞：(02) 25007759
Blog：http://bwp25007008.pixnet.net/blog
Email：bwp.service@cite.com.tw

發　　　行／英屬蓋曼群島商家庭傳媒股份有限公司城邦分公司
聯絡地址：台北市中山區民生東路二段 141 號 11 樓
書蟲客服服務專線：(02) 25007718．(02) 25007719
24小時傳眞服務：(02) 25001990．(02) 25001991
服務時間：週一至週五09:30-12:00．13:30-17:00
郵撥帳號：19863813　戶名：書蟲股份有限公司
讀者服務信箱 Email：service@readingclub.com.tw
城邦讀書花園網址：www.cite.com.tw

香港發行所／城邦（香港）出版集團有限公司
地址：香港灣仔駱克道 193 號東超商業中心 1 樓
Email：hkcite@biznetvigator.com
電話：(852)25086231　傳眞：(852) 25789337

馬新發行所／城邦（馬新）出版集團【Cité(M)Sdn. Bhd.】
41, Jalan Radin Anum, Bandar Baru Sri Petaling,
57000 Kuala Lumpur, Malaysia.
電話：(603) 90578822　傳眞：(603) 90576622

封 面 設 計／	黃聖文
版 型 設 計／	鍾瑩芳
排　　　版／	游淑萍
印　　　刷／	高典印刷有限公司
總 經 銷／	聯合發行股份有限公司

電話：(02) 2917-8022　傳真：(02) 2911-0053
客服專線：0800-055-365
地址：新北市231新店區寶橋路235巷6弄6號2樓

■ 2017 年（民 106）1月10日初版　　　　　Printed in Taiwan

定價／400元

城邦讀書花園
www.cite.com.tw

商周出版

| 廣　告　回　函 |
| 北區郵政管理登記證 |
| 台北廣字第000791號 |
| 郵資已付，免貼郵票 |

104台北市民生東路二段 141 號 2 樓

英屬蓋曼群島商家庭傳媒股份有限公司　城邦分公司

- -

請沿虛線對摺，謝謝！

| 書號：BK7072 | 書名：從湯恩比到霍布斯邦：英國左派史家的世紀 | 編碼： |

 商周出版

讀者回函卡

謝謝您購買我們出版的書籍！請費心填寫此回函卡，我們將不定期寄上城邦集團最新的出版訊息。

姓名：＿＿＿＿＿＿＿＿＿＿＿＿＿＿＿＿＿＿ 性別：□男 □女

生日：西元＿＿＿＿＿＿＿年＿＿＿＿＿＿＿月＿＿＿＿＿＿日

地址：＿＿＿＿＿＿＿＿＿＿＿＿＿＿＿＿＿＿＿＿＿＿＿＿＿

聯絡電話：＿＿＿＿＿＿＿＿＿＿ 傳真：＿＿＿＿＿＿＿＿＿

E-mail：＿＿＿＿＿＿＿＿＿＿＿＿＿＿＿＿＿＿＿＿＿＿

學歷：□1.小學 □2.國中 □3.高中 □4.大專 □5.研究所以上

職業：□1.學生 □2.軍公教 □3.服務 □4.金融 □5.製造 □6.資訊

□7.傳播 □8.自由業 □9.農漁牧 □10.家管 □11.退休

□12.其他＿＿＿＿＿＿＿＿＿＿＿＿＿＿＿＿

您從何種方式得知本書消息？

□1.書店 □2.網路 □3.報紙 □4.雜誌 □5.廣播 □6.電視

□7.親友推薦 □8.其他＿＿＿＿＿＿＿＿＿＿＿＿＿＿

您通常以何種方式購書？

□1.書店 □2.網路 □3.傳真訂購 □4.郵局劃撥 □5.其他＿＿＿＿

您喜歡閱讀哪些類別的書籍？

□1.財經商業 □2.自然科學 □3.歷史 □4.法律 □5.文學

□6.休閒旅遊 □7.小說 □8.人物傳記 □9.生活、勵志 □10.其他

對我們的建議：＿＿＿＿＿＿＿＿＿＿＿＿＿＿＿＿＿＿＿＿

＿＿＿＿＿＿＿＿＿＿＿＿＿＿＿＿＿＿＿＿＿＿＿＿＿＿

＿＿＿＿＿＿＿＿＿＿＿＿＿＿＿＿＿＿＿＿＿＿＿＿＿＿

＿＿＿＿＿＿＿＿＿＿＿＿＿＿＿＿＿＿＿＿＿＿＿＿＿＿

＿＿＿＿＿＿＿＿＿＿＿＿＿＿＿＿＿＿＿＿＿＿＿＿＿＿